本书的调查得到国家社会科学基金项目
"民族旅游村寨治理模式的实践逻辑与制度创新研究"（项目编号：15BGL126）支持

出版得到贵州师范学院科研专项资金支持

陈志永 —— 著

民族旅游村寨
治理模式

实践逻辑与制度创新

THE GOVERNANCE MODEL OF
ETHNIC TOURISM VILLAGES

Practical Logic
and Institutional Innovation

社会科学文献出版社
SOCIAL SCIENCES ACADEMIC PRESS (CHINA)

前　言

　　民族村寨旅游是我国旅游业的重要组成部分，民族旅游村寨公共事务的有效治理关乎国家治理体系与治理能力现代化战略在基层的顺利推进，关乎区域旅游业的可持续发展，关乎乡村振兴战略的有效实施。民族旅游村寨治理研究具有重要的现实意义和理论意义。

　　自2007年课题主持人获批首个国家社科基金项目"少数民族村寨社区参与旅游发展研究"以来，主持人及其课题组成员以贵州黔东南雷山县郎德苗寨、西江苗寨以及安顺市平坝县天龙屯堡作为村落旅游研究田野点展开10余年的研究。该课题是对以往相关课题研究的纵深推进。研究中，课题主持人及其课题组成员以扎实的田野调查为基础，努力打破学科间的壁垒和界限，综合运用政治学、经济学、社会学、法学、历史学、旅游学、文化人类学的方法与理论，拉长研究的历史时段，将民族旅游村寨治理模式研究主题嵌入村寨地域环境、历史文化、生计方式、社会结构、基层权力秩序中，研究民族旅游村寨治理模式的实践逻辑，探寻民族旅游村寨公共事务治理之道，推动村寨旅游研究方法上的创新和研究范式的转换。经过课题组成员的共同努力，课题最终顺利结题。后由社会科学文献出版社出版。本书出版后，我们还将继续村寨旅游的研究，推动民族村寨旅游研究的深入。

陈志永

2023年11月

目　录

第一章　绪论 ……………………………………………………… 001

第二章　民族旅游村寨公共事务治理：一个分析框架的建构 ……… 016
　第一节　民族旅游村寨的功能 ………………………………… 016
　第二节　民族旅游村寨公共事务治理的环境特征 …………… 026
　第三节　民族旅游村寨公共事务治理的多元视角与研究进路的
　　　　　展开 ………………………………………………… 038
　第四节　民族旅游村寨治理模式研究：一个基于实践逻辑的
　　　　　分析框架 …………………………………………… 042

第三章　郎德苗寨"公司+村寨组织+农户"的旅游开发模式 ……… 060
　第一节　研究缘起 …………………………………………… 060
　第二节　案例地概况、研究过程与研究价值 ……………… 062
　第三节　郎德上寨旅游开发进程中的组织方式与治理结构：
　　　　　缘起与演化 ………………………………………… 066
　第四节　郎德上寨旅游开发进程中"公司+合作组织+农户"的
　　　　　组织特征与制度优势 ……………………………… 084
　第五节　郎德上寨"公司+村寨组织+农户"的旅游开发模式：
　　　　　多元建构与生成逻辑 ……………………………… 091
　第六节　郎德上寨旅游开发进程中组织模式的延扩性 …… 115
　第七节　结论与讨论 ………………………………………… 140

第四章　旅游村寨治理结构的演化分析：一个多重面向的视角 ……148
　第一节　研究缘起 ………………………………………………148
　第二节　案例地的典型性与研究价值 …………………………150
　第三节　天龙屯堡乡村社会的运行机制：组织制度
　　　　　及行为框架 ……………………………………………152
　第四节　天龙屯堡旅游业发展演化分析 ………………………156
　第五节　贵旅集团进入与天龙屯堡新的治理结构形成 ………177
　第六节　天龙屯堡旅游开发进程中治理结构演化的启示 ………194

第五章　民族旅游村寨治理模式的制度创新研究 ………………200
　第一节　民族旅游村寨治理：结构特征、模式界定与理论限度 ……200
　第二节　民族旅游村寨治理研究目标：以实践研究为基础探寻
　　　　　上下贯通的多层级复合"共治"模式 …………………214
　第三节　民族旅游村寨复合共治模式的动力机制与限制因素 ……218
　第四节　民族旅游村寨合作共治模式的路径探索 ………………224

第六章　民族旅游村寨治理模式：实践逻辑、研究反思
　　　　　与未来展望 …………………………………………232
　第一节　民族旅游村寨治理的实践逻辑 ………………………232
　第二节　民族旅游村寨治理模式研究的反思 …………………234
　第三节　未来展望：迈向实践的民族旅游村寨治理模式研究 ……245
　第四节　研究不足及下一步研究进路 …………………………249

参考文献 ……………………………………………………………251

后　记 ………………………………………………………………267

第一章
绪 论

一　选题缘由

民族村寨旅游是我国旅游业的重要组成部分，民族旅游村寨公共事务的有效治理关乎国家治理体系与治理能力现代化战略在基层的顺利推进，关乎区域旅游业的可持续发展，关乎乡村振兴战略的有效实施。因此，民族旅游村寨治理研究具有重要的现实意义。

民族村寨旅游开发是一项系统工程，是一个资源转化为旅游产业要素并逐步趋于完善的过程。在此过程中，仅凭村寨自身很难实现有效转化，需要地方政府、村寨、外来资本以及专家学者合力完成。[①]值得关注的是，因村寨与景区叠合，旅游者流动与集聚引发外来力量入村。在外来力量与村民互动的过程中，政府逻辑、市场逻辑、社会与文化逻辑在同一空间场域叠合与嵌套，形成多元共存的制度结构。如此制度逻辑下的村寨治理既不同于传统中国乡绅基础上的村庄治理模式，也有别于各少数民族地区因特殊的地理环境与历史过程形成的治理样态；与自上而下的集体组织制度大相径庭；与改革开放以来国家权力选择性上移与市场化进程逐步推进过程中形成的"城中村"，以及广大中西部地区因农民外流形成的"空心化"村庄存在结构上的差异；与西方国家"多中心"权力结构有着属性与功能上的明显差异。那么，民族旅游村寨治理

---

① 吴亚平，陈志永.民族村寨旅游开发发展中地方政府逐利行为的生成逻辑及治理研究[J].黑龙江民族丛刊，2016（3）：84-89.

的结构、样态与特征是什么？民族旅游村寨治理模式为我们探寻公共事务治理之道提供了载体，而接下来需要追问的是，现有的民族旅游村寨治理模式是如何形成的？组织过程与运行机制如何？有何特征？会产生什么样的治理绩效？如何在现有治理绩效的基础上对治理结构进行优化？对上述问题的追问中，笔者凝练出"民族旅游村寨治理模式的实践逻辑与制度创新研究"的选题。将"民族旅游村寨治理模式"这一主题嵌入村寨地域环境、历史文化、生计方式、社会结构、基层权力秩序中，拉长研究的历史时段，研究治理模式的实践逻辑，探寻民族旅游村寨公共事务治理之道。

二 国内外相关研究的学术史梳理及研究动态

（一）国外旅游目的地治理研究的学术史梳理及研究动态

治理是理解目的地复杂性和推动目的地管理模式优化的新范式。通过 Science Direct、Springer Link、EBSCO 等国外文献数据库以及 Google 学术搜索，以"tourism governance""destination governance"为题名、主题、关键词分别进行搜索发现，国外基于治理范式的旅游研究的文献最早出现于1993年。2000年以后，该领域文献数量逐渐增加，其中，1999~2003年欧盟资助的"欧洲可持续城市旅游治理项目"成为该领域研究的最重要推动者。[1]从对国外相关研究文献的总体分析中，可以看出国外的治理研究将治理理论的相关成果引入旅游系统，并用以解析旅游系统的复杂性和动态性，研究者在目的地治理的概念与内涵、模式构建、绩效评价等问题上取得了丰硕的成果。在实践层面，国外研究者关注不同国家或地区重要旅游目的地的治理实践经验总结及其进程与模式优化的研究，特别重视地方层面和社区层面之多元化治理模式的构建。从最新研究趋势来看，国外旅游目的地治理研究正受到越来越多研究者的重视，目

---

① 王京传，李天元. 国外旅游目的地治理研究综述［J］. 旅游学刊，2013（6）: 15-25.

的地治理实践的空间范围正在由传统的中心区域欧洲向其他地区延伸。当然，国外旅游目的地治理研究并不完善，还需从以下方面进一步深化。

（1）从目的地治理研究案例的空间分布来看，所选案例主要集中于欧洲，这与欧洲是治理理论的起源地有密切关系；但除欧洲国家外，亚太地区快速发展的旅游业，以及复杂、多元的治理实践决定了已有研究的局限性，使研究结论缺少共性，适用面难以扩大。

（2）从目的地治理研究领域来看，已有研究大多以决策性事务为中心，聚焦政策制定、旅游规划及战略制定，而有关制度设计与治理结构是如何形成的，现有研究尚未涉及。

（3）从旅游目的地治理的实现机制来看，现有研究虽然已有基于网络分析等视角对目的地治理中的参与者及其相互关系的探讨，但多停留于概念化阶段，尚未构建完整的治理之实现机制。治理作为目标向善的多主体行动过程，需要深入研究如何让公众有序、有效参与到治理实践中来，探讨治理的实现机制，并基于制度视角构建相应的制度保障机制。

（二）国内旅游目的地治理研究的学术史梳理及研究动态

国内研究者自 21 世纪初期开始以关注旅游企业治理[①]为起点，逐步拓展到旅游景区治理[②]、社区旅游治理[③]、区域旅游治

---

① 张爱萍. 旅游企业的信用问题及其治理对策 [J]. 旅游科学，2003（2）：25-27.

② 彭德成. 中国旅游景区治理模式 [M]. 北京：中国旅游出版社，2003：1-197；张朝枝，徐红罡. 中国世界自然遗产资源管理体制变迁 [J]. 管理世界，2007（8）：52-65；吴三忙，李树民. 基于交易成本节约视角的旅游景区治理模式选择研究 [J]. 旅游科学，2006（4）：24-29；吴文智. 中国公共景区政府规制研究 [M]. 北京：旅游教育出版社，2011：1-253；田世政. 中国自然保护区域管理体制：解构与重构 [M]. 北京：中国环境出版社，2018：1-76；孙九霞. 大理洱海旅游环境治理事件中的主体博弈与权益协商 [J]. 地理科学，2020（9）：1468-1475.

③ 王翔. 共建共享视野下旅游社区的协商治理研究——以鼓浪屿公共议事会为例 [J]. 旅游学刊，2017（10）：91-103；史玉丁，李建军. 过度旅游：乡村社会的现实挑战与治理创新 [J]. 商业研究，2019（8）：9-13；杨昀，保继刚. 旅游大发展阶段的治理困境——阳朔西街市场乱象的特征及其发生机制 [J]. 旅游学刊，2018（11）：16-24；周国忠，姚海琴. 旅游发展与乡村社会治理现代化——以浙江顾渚等四个典型村为例 [J]. 浙江学刊，2019（6）：133-139.

理①、宏观旅游治理②等议题。研究理论上，借用公共选择理论、交易成本理论、委托代理理论、社会资本理论来分析与解读中国旅游治理典型案例。不难发现，旅游治理研究总体特点是从小部分研究者的自发关注转变为对当前旅游研究中热点问题的关注。已有文献为本书研究的展开提供了理论框架和研究范式的参考，但以下问题仍值得关注。

（1）从目的地治理研究案例的空间分布来看，所选案例大都集中于东、中部地区，对西部少数民族贫困区域关注不够。东西部地区的地域环境、社会结构、历史文化等结构性要素差异，使东部地区旅游目的地治理的案例研究难以对西部地区做出合理而有效的解释与回应。

（2）从旅游地类型来看，所选案例以自然景区、海滨度假旅游地为主，对景区与社区空间交叉重叠、族群性特征较为明显、有自治传统的民族旅游村寨的研究鲜见。

（3）从研究理论视角来看，以新制度经济学产权理论、交易成本理论以及委托代理理论为主，缺少政治学、社会学的理论视角观照，尤其是历史学家们所关心的"纵向历史演变问题"明显研究不足。

（4）从研究方法来看，旅游目的治理模式的个案研究大多以静态描述为主，缺少结构性、层次性、动态性的深入解读，亟须由点到面，从更广泛的区域、多个案的综合比较研究中挖掘具有指导性意义的一般性结论与规律。

民族村寨旅游是我国旅游业的重要组成部分，以民族旅游村寨为载

---

① 任鸣.健全"跨界治理"机制 共筑旅游合作基石［J］.旅游学刊，2007（12）：28-31；黄爱莲.分权与旅游治理：基于欠发达地区的实证分析［J］.广西民族研究，2012（2）：178-183；张毓峰，乐雅.旅游目的地治理理论构建：一个整合分析框架［J］.财经科学，2019（8）：123-132.

② 刘庆余.从"旅游管理"到"旅游治理"——旅游管理体制改革的新视野［J］.旅游学刊，2014（9）：6-7；孟危，保继刚.从运动式治理到常态治理：5A景区治理的政策网络分析［J］.旅游学刊，2019（4）：66-76；陈水映.基于多元共治的政府治理机制与优质旅游发展［J］.旅游研究，2018（6）：2-5.

体的治理研究引起了学者们的关注，主要集中在以下几个方面。

（1）民族旅游村寨自组织研究。王汝辉、刘旺以四川理县桃坪羌寨为例，基于对资源系统特殊性的深层次考察，提出少数民族村寨旅游开发的治理路径[①]；王林以广西龙脊平安寨为例，研究遗产旅游实现自组织的治理过程[②]；盖媛瑾、陈志永以贵州郎德苗寨为例，对民族村寨旅游发展中的自组织模式的缘起、价值、面临困惑与矛盾以及优化路径展开研究。[③]白凯、杜涛基于社区治理视角，对兼具民族性、地方性和旅游功能的民族旅游社区进行相关分析后指出，他组织与自组织、外部冲击与内部稳定是两对主要矛盾。治理不仅是弱化社区矛盾的有效途径，也是社区维系自我状态的内生性结果。[④]

（2）民族旅游村寨精英治理研究。"乡村精英的存在，无论在任何时代，都是农村自治的依托，失去了这个依托，真正意义上的乡村自治是无从谈起的。"[⑤]民族旅游村寨治理同样离不开精英角色和功能的发挥，这一议题在民族旅游村寨研究中得到了广泛关注。吴其付以阳朔"月亮妈妈"为例，研究普通村民如何成长为社区精英，以及作为精英遭遇的"公地悲剧"困境。[⑥]王林以广西龙脊梯田平安寨村委会选举为例，认为精英治理是一个较优的"博弈"，在从自发性、被动的配合到内发性、主动的治理过程中，龙脊平安寨的精英逐渐成长

① 王汝辉，刘旺.民族村寨旅游开发的内生困境及治理路径——基于资源系统特殊性的深层次考察 [J].旅游科学，2009（3）：1-5.
② 王林.从困境到理性：村落遗产旅游中的自组织研究——以龙脊平安寨为例 [J].旅游科学，2013（2）：36-45.
③ 盖媛瑾，陈志永.民族村寨景区化发展中自组织模式及其优化研究——贵州郎德苗寨的案例 [J].黑龙江民族丛刊，2016（6）：56-71.
④ 白凯，杜涛.民族旅游社区治理：概念关联与内部机制 [J].思想战线，2014（5）：94-98.
⑤ 张鸣.来自传统世界的资源 [J].读书，2003（1）：146-152.
⑥ 吴其付.从普通村民到社区精英：中国旅游精英的典型个案——以阳朔"月亮妈妈"为例 [J].旅游学刊，2007（7）：87-90.

起来。^①陈纪、赵萍对三个典型案例研究指出，政府主导型合作性事务参与、精英自发型协商性事务参与、精英自发型分歧性事务参与是当地精英参与公共事务治理的三种实践形态，这一研究有助于把握当前我国少数民族地方民族事务治理的基本状况及未来发展走向。^②

（3）国家与村寨合作治理研究。孙九霞、史甜甜以新疆喀纳斯社区为例，研究旅游商业化治理面临的困境及原因，探索社区与政府合作治理的路径。^③吴炆佳、孙九霞以云南红河哈尼梯田世界文化遗产地为案例，通过引入文化治理和日常生活政治的概念，探讨旅游发展背景下政府对世界遗产地的文化治理过程，分析当地居民在旅游参与过程中的实践行为和抵抗策略。^④徐莉等以贵州黔东南、重庆酉阳、湖南湘西三地风景区为案例，探讨旅游扶贫对民族社区治理的影响，分析旅游开发过程中权力主体的转移和权力结构的变化，构建新时期民族社区治理的多元权力结构模型。^⑤王超基于贵州肇兴侗寨旅游产业帮扶的扎根分析，研究精准帮扶与社会治理路径之间的内在逻辑关系。^⑥唐仲霞、刘梦琳以青海省两个典型社区为例，将当地政府、社区居民、游客和旅游相关企业作为研究对象，通过构建不同主体之间的关系模式，力求把旅游社区治理主体间的关系研究从"消极或积极"的态度研究转向各主体"共

---

① 王林. 乡村旅游社区文化遗产的精英治理——以广西龙脊梯田平安寨村委会选举为例 [J]. 旅游学刊，2009（5）：67-71.
② 陈纪，赵萍. 多元精英参与地方民族事务治理：基于乡村旅游治理实践形态的个案考察 [J]. 西北民族研究，2019（4）：90-101.
③ 孙九霞，史甜甜. 旅游商业化的社区治理研究——以新疆喀纳斯社区为例 [J]. 中南民族大学学报（人文社会科学版），2012（3）：47-52.
④ 吴炆佳，孙九霞. 哈尼梯田世界文化遗产地文化治理研究 [J]. 旅游学刊，2020（8）：71-80.
⑤ 徐莉，马阳，孙艳. 旅游扶贫背景下民族社区治理的多元权力结构探究 [J]. 西南民族大学学报（人文社科版），2018（10）：198-202.
⑥ 王超. 精准帮扶与社会治理路径研究——基于贵州肇兴侗寨旅游产业帮扶的扎根分析 [J]. 中国农业大学学报（社会科学版），2017（5）：70-78.

赢关系"的新格局。①刘俊以贵州雷山县"西江模式"为例，探索民族旅游村寨治理的法治路径。②

民族旅游村寨治理研究主要有精英理论、组织社会学理论、国家与社会双向互动理论、参与理论、利益相关者理论等。已有研究成果为我们展开该议题的研究提供了借鉴和启示；但需引起重视的是，受已有概念或理论视野的束缚，加之田野深度不足，实践中一些富有理论创新价值的鲜活素材往往会被上述研究遮蔽，相关研究无法对民族旅游村寨治理的复杂性做出有效回应。推动民族旅游村寨治理的深入研究，需要我们将治理的议题嵌入区域整体性的自然、社会与文化场域中，拉长研究的历史时段，在理论和实践之间反复穿梭，这样才能找到公共事务治理之道，推动研究的深入。

三　应用价值和学术价值

近年来，治理范式得到国内公共管理领域的接纳和认可，尤其是党的十八届三中全会提出"推进国家治理体系与治理能力现代化"决策以来，公众参与国家或地区公共事务治理已经成为公共管理体制创新的方向。但由于传统行政管理体制的限制，各界对治理理念的理解尚停留于初步认知层面，治理理论体系尚未构建。在此背景下，从治理视角出发对民族旅游村寨治理模式展开研究，具有重要的应用价值和学术价值。

从应用价值来看，本书以党和国家制定的政策文件作为指导，选择民族旅游村寨治理议题展开研究，既把握时代脉搏，又切中时弊，研究成果为民族村寨旅游开发及公共事务治理提供经验借鉴和理论指导；为

---

① 唐仲霞，刘梦琳.旅游社区治理多主体共生模式研究——基于青海省两个典型社区实例［J］.人文地理，2018（6）：125-131.

② 刘俊.民族旅游村寨治理的法治维度——以贵州雷山县"西江模式"为例［J］.原生态民族文化学刊，2019（1）：48-55.

在民族旅游村寨发展中落实"治理体系与治理能力现代化"的会议精神提供具有可操作性的实施方案。

从学术价值来看，本书以民族旅游村寨治理中产生的经验现象作为问题，以优化治理模式作为回应问题的假设前提，并以此构建治理模式的分析框架，探寻民族旅游村寨公共事务治理之道。研究中，研究者力图打破学科之间的壁垒和界限，综合运用政治学、经济学、社会学、法学、历史学、旅游学、文化人类学的方法与理论，拉长研究的历史时段，将民族旅游村寨治理模式研究议题嵌入村寨地域环境、历史文化、生计方式、社会结构、基层权力秩序中，研究治理模式的实践逻辑。本书通过构筑民族旅游村寨治理的分析框架，推动旅游目的地研究由传统的管理范式向治理范式转化；有助于与西方理论对话，避免"人云亦云"现象，提出富有见地的观点和看法；有助于推动村寨旅游研究方法上的创新和研究范式的转换。

四 研究内容

（一）研究对象

本书从民族旅游村寨的特征、功能与价值以及公共事务治理的实践出发，以民族旅游村寨治理模式作为研究对象。将治理模式置于当地空间环境、历史文化、社会基础、生计方式、基层权力结构中，以系统的村寨基线调查与长期田野跟踪为基础，拉长研究的历史时段，研究模式的缘起、演化、特征及其功效，探寻民族旅游村寨公共事务治理之道。

（二）总体框架

第一章　绪论。本部分内容包含选题缘由、国内外文献综述、研究价值和意义、研究框架与内容、思路与方法、创新之处。

第二章　民族旅游村寨公共事务治理：一个分析框架的建构。本部分内容从民族旅游村寨的功能与特征出发，阐述公共事务治理的复杂性，进而呈现民族旅游村寨公共事务治理中的问题。在此基础上，建构民族旅游村寨公共事务治理研究的分析框架，为本书展开提供理论依据。

第三章　郎德苗寨"公司+村寨组织+农户"的旅游开发模式研究。本部分内容基于对郎德苗寨10余年的长期田野调查，在对村寨内部结构性要素进行关联性思考的基础上，从郎德苗寨"公司+村寨组织+农户"的治理模式缘起出发，研究该模式的缘起与演化、组织特征与制度优势、多元建构与生成逻辑、遭遇的问题与挑战、模式的延扩等问题。以上述研究为基础，对治理结构与产权结构的关系、农民与民主的关系、"公司+农户"理论研究基点、村民自治的微观机制进行讨论分析。

第四章　旅游村寨治理结构的演化分析：一个多重面向的视角。本部分内容以贵州天龙屯堡为案例地，基于长期田野追踪，拉长研究的历史时段，将村寨旅游发展演化嵌入历史发展进程中，讨论村寨旅游发展演化与治理结构变化之间的内在逻辑关联，从治理结构视角回应村寨旅游发展演化的内在特征与演化规律。

第五章　民族旅游村寨治理模式的制度创新研究。本部分内容以郎德苗寨、天龙屯堡以及西江苗寨为例，分别对村寨层面的治理以及村寨内部公共事务的微观治理进行深入、系统的研究，归纳民族旅游村寨治理结构特征，提出上下贯通的多层级复合"共治"模式应成为我国民族旅游村寨治理的理想目标。最后，对复合共治模式的动力机制、限制性因素、路径找寻展开研究。

第六章　民族旅游村寨治理模式：实践逻辑、研究反思与未来展望。本部分内容从民族旅游村寨治理模式的实践逻辑出发，对已有研究中存在的理论上的"先入为主"、民族村寨的社会结构与文化机制被忽视、社区居民的主体性与地方性知识被遮蔽、缺少长期田野调查与纵向历史关照、横向比较与层次分析不足、"过程-事件"分析与国家视角的缺失等问题进行评析。对未来民族村寨旅游研究进行展望，指出研究中存在的不足以及下一步的研究进路。

（三）重点与难点

1. 重点

源自于西方国家的治理范式与制度分析框架，是在民主化程度、公众参与意识及能力较高的社会文化和制度环境中生成的。我国民族旅游村寨治理模式研究不能简单套用发达国家的模式，应立足我国特殊的国情及民族旅游村寨非均衡化的现实与特征，对治理范式和制度要素加以"解释、补充、修改"，构筑适宜民族旅游村寨治理模式的分析框架，这将是本研究的重点和基础。

2. 难点

民族旅游村寨不同于自然景区，村寨由活态的人组成，景区空间与村寨空间交叉叠合，各行动主体目标多元，构成要件复杂、多变。本书选取的案例点，虽然有部分阶段性研究成果作为基础和支撑，但前期成果因为学科视野不够宽泛，理论准备不充分，未能对村寨治理的结构要素与治理主题进行深度逻辑关联，导致前期有关治理的研究存在诸多缺陷。为消除这样的缺陷，笔者视前期研究成果为"中间产品"，从现实的经验材料出发，打破学科壁垒，拉长研究的历史时段，对治理主体的构建与治理模式之间内在的逻辑关系进行反复推演和琢磨，力求从村寨内部的视角出发，研究治理模式的实践逻辑。这样的研究范式难度极大，案例地区域背景、历史文化基础等方面差异悬殊，需将田野点治理模式嵌入不同的地缘文化与权力结构中展开深度的逻辑关联与理论推演。

（四）主要研究目标

一是价值目标，有效处理民族旅游村寨的公共事务，提升民族旅游村寨的公共福利水平。

二是应用目标，通过深度的个案研究和多区域、多个案的综合比较研究，探寻中国民族旅游村寨治理模式的实践逻辑，提炼出治理结构特征，用以指导我国民族旅游村寨实践；为构建我国民族旅游村寨发展的政策体系提供基础，使民族旅游村寨在制度创新的背景下不断提升治理能力，在治理过程中不断完善制度体系。

三是理论研究目标，我国类型各异的民族旅游村寨治理模式，在实践中正在不断调整、深化，理论上正在逐步拓宽研究领域。本研究旨在建立一套民族旅游村寨治理模式的分析范式，起到抛砖引玉的作用，推动旅游目的地治理研究的深入。

五　研究方法

本研究将从民族旅游村寨公共事务治理的实践出发，在文献研究和实地调研的基础上，综合运用政治学、经济学、社会学、法学、历史学、旅游学、人类学的方法与理论，对民族旅游村寨治理模式的实践逻辑展开研究，探索民族旅游村寨治理模式的缘起、演化、特征与作用。具体方法有以下几个。

（一）文献档案研究法

本研究收集了大量地方文献，包括县志、村寨资料（家谱、村规民约等）、行业管理部门资料，在田野工作中拍摄了大量的影像和图片资料。并系统梳理了与研究议题相关的著作和论文，以及与田野点有关的学术成果。

（二）田野调查法

治理究其本质而言，是多主体行动过程。因此，在研究过程中，既要对民族旅游村寨涉及的外来利益主体进行广泛与多层次的深入访谈，也需要在传统田野调查的基础上，利用参与式调查工具，把发言权交给村民，让村民充分表达社区意愿，获取各方的诉求与信息，满足治理研究之所需。在研究中，笔者分别对地方政府领导、行业管理部门领导、企业负责人、村支两委干部、村寨精英与能人、村民等进行深度访谈，如郎德苗寨村支两委负责人，旅游接待小组历届组长，主持招龙、扫寨仪式的鬼师等。这是本研究所依据的最主要的资料，也是学术创新的重要源泉。

　　传统的管理向治理的转换，在一定意义上是一个分权的过程，是各级政府、同级政府不同行业管理部门，以及政府与市场、社会组织角色与分工重构的过程。因此，为提供可应用性、可决策性、可操作性的研究成果，除在上述田野点进行长期观测、深度研究外，笔者还先后到贵州黔东南雷山县雷公山腹地格头苗寨、乌东苗寨，大塘镇大塘村、桥港村，云南玉龙县玉龙雪山景区内的甲子村，青海省湟中县卡阳村等地调研。对甲子村、卡阳村的案例研究，充分利用团队优势，联合中国社会科学院社会学研究所、华东理工大学、贵州大学、贵州民族大学、贵州师范学院等高等院校的科研人员，采取跨区域、跨部门、跨行业的协同攻关研究方法，进行了多层次深入访谈。最后，笔者利用参加学术会议的机会，到浙江、四川、江西等省乡村旅游地进行实地考察和调研。上述案例地公共事务治理的地方经验虽未能反映在本研究中，但却对笔者深度认识书中的田野点起到了非常重要的辅助作用。

（三）历史演化分析

　　研究民族旅游村寨治理模式的实践逻辑不仅需要围绕治理议题，与村寨内外的结构性要素进行横向逻辑关联，还需要拉长研究的历史时段，从历史维度探寻民族旅游村寨公共事务治理的历史逻辑，将治理结构演化逻辑嵌入村寨历史发展进程中。在研究的案例中，我们均进行了深入历史分析。

六　创新之处

（一）学术思想与问题的特色和创新

　　黑格尔所著《法哲学原理》的导言部分提到，任何一种高深的知识，都一定产生于特定的时空之下。[①]因此，任何理论在一定程度上都

---

① 黑格尔.法哲学原理［M］.张企泰，范扬，译.北京：商务印书馆，2009：2.

是对"地方性知识"的提炼和总结。这也就意味着对来自西方国家的治理理论，一方面需要积极吸收其理论内核，另一方面还需要弄清楚治理理论的缘起，以及治理概念在实践中的运作逻辑。

（二）学术观点方面的特色和创新

1．"公司+农户"讨论基点需要反思与重构

本研究以郎德苗寨的案例为支撑，针对国内学者借鉴新制度经济学中的"交易成本"理论，讨论"公司+农户"产业组织模式与治理结构的议题。现有研究认为，"公司+农户"产业组织模式的交易主体为企业公司，而非缺少对资本与技术、处于弱势地位的农民的讨论。在这样的治理结构中，农民因资本、信息、经营与管理技能、技术缺失而处于谈判的不利地位，常常被资本拥有者所掌控。对小农户而言，他们所要付出的"交易成本"，其实主要不是获取信息以及达成、拟定和执行契约的成本，而是因为不对等的权力关系而产生的高成本。因此，对于"公司+农户"产业组织模式中的农民而言，明晰的产权与有形的契约并不是促成合作的关键问题，将农民有效组织起来，建立对等的权力关系才是双方走向合作的起点。

2．产权结构与治理结构的关系

按照西方新制度经济学的理论逻辑，产权界定是降低交易成本、实现市场有序竞争和资源优化配置的重要起点。然而，民族村寨的地域环境、聚落景观、公共活动的组织安排，甚至村民的生产、生活都是旅游开发的资源凭借。村寨资源的完整性、系统性和不可分割性是景观价值存在的内在条件，以村寨为载体的景区资源产权无法被清晰地界定，景区资源处于公共产权状态。实际上，在村寨旅游开发过程中，地方政府、外来公司与村民之间并不是先通过清晰的产权界定各自的权利义务，而是以地方政府领导与村寨组织、寨内精英在互动过程中逐渐建构起来的特殊关系为基础，在项目建设中充分考虑村寨内部各个群体的诉求，以及通过艰苦的民主协商过程最终达成合作方案。这样的合作方案

是对产权制度的另一种替代，与西方国家明晰的产权界定不同，这样的合作方案实际上是一种将基层社会、经济、政治，乃至伦理关系融合起来的复合产权。这样的产权安排政企不分、公私不分，借助企业经营管理村寨获得的市场份额和村民的整体性参与，确立了复合产权的合法性。显然，产权理论无法对这个带有制度创新特点的复合产权类型做出合理解释，这为我们研究民族村寨旅游开发的组织过程与运作机制提供了新的视角与思考维度。

3.旅游经济运行需要社会基础作为支撑和保障

天龙屯堡旅游开发的经验显示，以村落为载体的旅游开发成功与否，并非取决于资本私有或国有的属性，关键是在资源向产品转换的过程中，能否获得社区的认可与支持。

以村落为载体的旅游开发和运营活动，不同于以自然景区与人造景观为载体的旅游开发和运营活动。旅游产品的文化内涵、旅游吸引力的维系，甚至国家赋予的各类荣誉、符号的价值都需要社会支持。缺乏村民的有组织参与，不仅会使旅游产品因缺乏活态文化支撑而弱化旅游吸引力，村民的无序参与甚至会导致景区进入"丛林社会"，使旅游活动不得不停止或被新的治理主体与规则所取代。

公司主导村落旅游开发与运营，社会关联的逐步断裂，基层公共事务治理中"讨价还价"的协商民主过程，以及监督管理中民主环节的缺失，加之市场规模扩大与社会福利增量目标未能有机关联，使旅游经济运行脱嵌于村落的社会基础，最终走向失序。村寨与景区的叠合，以及合作的失序必然会反映到市场秩序中，给游客体验带来负面影响。

(三) 研究方法的特色和创新

已有的关于旅游目的地治理模式的研究还停留于总体描述和一般性阐述的层面，无法解释治理模式的内在结构与属性、构建过程与运行逻辑。本研究从治理模式的内在结构和制度内核出发，通过建立民族旅游村寨治理研究的分析框架，拉长研究的历史时段，将治理模式或结构嵌入村寨的地域环境、历史文化及其演化进程、生计方式、社会基础、基层权力结构中，梳理治理模式的发展脉络以及治理理论在中国的适用范围，使治理模式研究走向较为系统的"解释性"研究而非传统的"描述性"研究，使研究凸显"本土化"特征。研究方法上，本研究从鲜活的田野资料以及日常生活实践中把握各行动主体之间的关系，探寻民族旅游村寨公共事务治理的内在逻辑、结构属性与治理之道。

第二章

民族旅游村寨公共事务治理：
一个分析框架的建构

第一节　民族旅游村寨的功能

按照结构功能主义观点，社会是具有一定结构或组织化手段的系统，社会的各组成部分以有序的方式相互关联，并对社会整体发挥着必要的功能。整体是以平衡的状态存在，任何部分的变化都会趋于新的平衡。按此逻辑，民族村寨是人与自然环境联系最密切的空间载体，村寨内物质空间与社会结构是村寨的有机组成部分。其中，空间结构包含地域环境、自然资源以及建筑设施。地域环境由地质地貌、水温气候、水域等组成；自然资源由土地、能源、动植物资源等组成；建筑设施由住房、道路、寨门、公共活动场域等组成。社会结构包含村民及组织。村民构成包括人口多少、劳动力数量、家庭结构等；组织由村寨内组织及村寨层面组织所构成，按功能还可分为生产组织、文化组织、经济组织等。在民族村寨旅游蓬勃发展的过程中，如何正确认识民族村寨功能，是民族村寨旅游相关研究的一个重要问题。

一　民族村寨的功能

村寨作为人们的一种居住单位，必然有其功能。[①]失去功能，村寨将无存在的价值。

（一）生产功能

农业社会时期，村寨的形成与农业生产高度相关，村寨能否建立往往以当地是否适合农耕作为重要考量因素。村寨形成后，村民往往以村寨为轴心，形成村寨与农业生产一体的聚落格局。在这样的聚落格局中，从采集活动到农业种植，从禽畜饲养到手工制作，以及农产品加工与食品制作，都是以村寨为中心或依托完成的。因此，村寨具有极其重要的生产功能。

（二）社会功能

村寨不仅生产物质产品，同时也生产社会关系、习俗与惯例。村寨中的邻里互助、家族制度、社会组织等，都是在村寨生产性功能的基础上产生的。缺少了村寨的物质生产，人类的定居生活、家族关系，也就无法维持下来。在古代原始村落中，人们基本上是按照"日出而作，日入而息"的生产方式形成自己的生活习惯；各种季节性风俗活动大都与农业生产有着密切的联系。[②]综上，村寨不仅生产物质产品，同时也是社会关系和习俗惯例的生产载体。

民族村寨社会文化属性依赖于个体成员的特征，但不是个体特征的简单堆积，而是个体特征及其相互关系综合的结果。因此，村寨内个体特征的变化或个体相互关系的改变很难引起村寨总体特征的变化。[③]这实际上意味着村寨文化一旦形成，个体行为将受村寨文化的整体性影响，个体行为嵌入村寨中，使村民行为出现趋同性，村寨的规范性、教

---

① 徐勇.乡村治理的中国根基与变迁［M］.北京：中国社会科学出版社，2018：50.

② 司马云杰.文化社会学［M］.北京：华夏出版社，2011：167-168.

③ 杨宗亮.云南少数民族村落发展研究［M］.北京：民族出版社，2012：8.

育性功能得以彰显。在这样的村寨文化中，个体日常的言行举止、衣食住行，甚至社会交往活动，都会自觉或习惯性地遵守村寨文化的规约。若有人违反了村寨规约，个体必将会受到全体村民的指责，甚至被驱逐出村寨。综上，对于生活在民族村寨的人们，村寨的整体性文化与规约早已悄无声息地浸入每个村民的意识和日常行为中，因此村寨具有规范性功能。

民族村寨除了具有规范性的功能外，还具有整合性功能。村寨中的个体因出生背景、家庭结构、生活经历、社会角色等方面的差异，其价值取向、行为方式也呈现多元化的趋势。不仅如此，村寨资源的稀缺性使村民之间具有互助与合作的需要，同时也使家际充满了竞争关系，这会导致村寨走向分化。村寨中的竞争与分化因为宗亲、血缘关系或生产、生活中的相互需要而得以弥合。尤其当村寨面对恶劣的自然生态环境与外部力量进入时，分歧与矛盾可以自然化解。从这一角度来看，村寨同时具有整合功能，并呈现多样性、安定性、稳定性与持续性特征。

除了具有规范性和整合性功能外，村寨还具有独特的社会福利功能。村寨的物质生产和社会交往空间为村民之间频繁的互动与情感交流提供了机会和可能。尤其是村中的老年人，在互动交流中找到了生活的价值和意义。外出务工的年轻人在村寨举办公共活动时，会想尽各种办法回到村寨。除了获得身份认同、不被边缘化的原因外，外出务工人员在外务工期间遭遇的各种不幸和委屈，也能通过村寨公共活动中的情感交流得以疏解。这是城市的"陌生人社会"无法供给的社会福利。

（三）文化功能

民族村寨历史演化进程在一定程度上是村寨物质文化、组织与制度文化，以及精神、宗教信仰文化的形成过程。文化的形成与延续不仅需要纵向的传承，同时也需要横向与其他文化之间的交流与互动，确保文化的活力。换言之，村寨是文化传承与交流的重要载体，发挥着文化传承与交流的功能。传承与交流均是指文化信息的传递。通过文化信息的输出与输入，在不同的人或不同的社会群体之间都可能构成文化传承与交流的关系。[①]

传承是文化延续的保障。在村寨内部，文化传承主要通过代际或人与人交往与互动获得传承。代际是指文化的传承主要通过父辈、长者的权威传递给下一代。通过代际传承，获取文化知识是获得生存技能、赢得尊重与认同，进而建构自己在村寨中社会地位的必要途径。这样，就有了内部传承机制，村寨文化被一代代地传承和延续，形成传统，具有了相对稳定的内容、特征与形式。

文化交流是村寨文化获得发展的动力。通过文化交流，彼此相互学习与借鉴、取长补短，进而推动文化的创新与延续。文化交流中隐秘的竞争关系，迫使文化主体不断寻求获取竞争优势的手段与策略，进而推动村寨文化繁荣与发展。20世纪50年代以前，由于自然环境、交通条件以及国家化进程差异等原因，民族村寨大多处于相对封闭的状态，文化信息主要以传承方式为主。即使存在文化交流，也主要以近距离、区域性交往为主，大规模、范围较广的文化交流难以发生。新中国成立以后尤其是改革开放以来，自上而下的文化传播与横向交流空前高涨，村民对村寨文化的依赖不断降低，村寨内部文化传承功能逐渐减弱。

（四）生态功能

在人地互动中，村寨是破坏生态还是保护了生态，不同地理位置的村寨可能存在不同的情况。在生态脆弱区，人的活动容易对自然生态形成干扰，甚至破坏生态系统，导致人地矛盾突出，最终出现了生态移民。而在有些地区，特殊的地理环境、生存条件以及历史文化，使村寨与生态环境形成了有机整体。

---

① 杨宗亮.云南少数民族村落发展研究［M］.北京：民族出版社，2012：10.

生态环境为村寨发展与延续提供资源凭借，不同的生态环境对于居住其中的群体都有一种限制性的潜力，即我们通常所说的"承载量"。对于一个长期定居的民族而言，为了长期的生存与发展，他们往往根据对生态环境的依赖程度以及生存资源的丰歉程度进行自我调适，并创造出独特的生态民族文化。如贵州的占里侗寨，早在700年前就开始有计划地控制人口——古老的计划生育习俗。700年来该村寨实现了人口的零增长，创造了人类文化历史上的一个巨大的奇迹。① 占里侗寨的奇迹实际上是当地人为适应自然的发展主动调适的结果。

不同民族在对自然环境的适应过程中，除了不断积累对可利用资源的适应能力之外，还要随时根据资源的波动进行不断地调整，创造有效利用自然生态的地方性智慧。以"游耕"为例，因为游动迁徙"游耕民可以迅速摆脱生存的困境并立即获得良好的食物生产条件，而对于自然环境，则可以使因过垦而遭受破坏的自然生态系统免除人类进一步的干扰和冲击，从而获得缓慢调适，逐渐恢复平衡的机会"。②

为了获得存续和发展，不同地域、不同环境中的民族或群体，以他们特有的、不成文的习俗惯例，世代传承的信仰赋予自然不同的意义，从而形成了他们特有的生态观，维护着当地及周围区域的生态系统。③ 到过贵州黔东南从江县岜沙苗寨的人，都会被其优美的生态环境所折服。村寨树竹幽深、浓郁蔽日、楠竹成片、枯藤缠树，这与村民恪守禁止乱砍滥伐的古规民约和人们保护生态环境的意识密不可分。④ 按照当地人习俗，人在出生和死亡时，均要栽树。为了限制当地人过度伐木，

---

① 潘年英. 占里侗寨的两个时代 [J]. 中国民族，2016 (3)：46-49.

② 尹绍亭. 一个充满争议的文化生态体系——云南刀耕火种研究 [M]. 昆明：云南人民出版社，1991：148.

③ 管彦波. 民族地理学 [M]. 北京：社会科学文献出版社，2011：294-296.

④ 朱启臻，鲁可荣. 柔性扶贫——基于乡村价值的扶贫理念 [M]. 郑州：中原农民出版社，2016：128.

村寨制定村规民约，对违反者进行严厉的处罚。如果有人偷伐村寨的风水林或随意砍伐棺材木、建房木，除了向村集体退赃外，还要接受当地三个"120"处罚。罚120斤米、120斤酒、120斤肉，然后宴请全村人，在全村人面前公开道歉。

（五）自治功能

与市场组织、科层制的权力组织相比，中国乡村虽然并不是紧密组织起来的社会，但也不是毫无章法的。[①]美国著名汉学家费正清在分析1949年前的中国社会结构的特点时指出，中国社会自古以来就划分为两个部分："一是农民社会，那里每个树林掩映的村落和农庄始终占据原有的土地，没有什么变化；二是城市和市镇，那里住着地主、文人、商人和官吏——有产者和有权势者的家庭。……社会的主要划分是城市和乡村，是固定在土地上的百分之八十以上的人口和百分之十到百分之十五的流动上层阶级人口之间的划分。这种分野仍旧是今天中国政治舞台的基础。"[②]受费正清研究的启发，著名中国农村问题研究专家徐勇提出"城市与乡村的二元政治结构理论"，并用于分析中国乡村政治社会。徐勇认为，"中国文明史一直是伴随着城市与乡村的分离、对立过程行进的，而且具有鲜明的独特性，政治社会状况的城乡差别和不平衡尤为突出。只有深入对城市和乡村社会内部及其相互间的二元结构进行研究，才能科学地解析发生在中国政治舞台上的扑朔迷离的景观"。[③]上述观点为理解并展开民族村寨自治功能的分析提供了重要视角。

与汉族地区相比，历史上民族区域因特殊的地理环境与交通条件，

---

① 萧公权. 中国乡村：19世纪的帝国控制［M］. 张皓，张升，译. 北京：九州出版社，2018：10.
② 费正清. 美国与中国（第四版）［M］. 张理京，译. 北京：世界知识出版社，1999：20.
③ 徐勇. 城乡差别的中国政治［M］. 北京：社会科学文献出版社，2019：6.

大多远离皇权，村寨成为自治主体和权力中心。村寨形成以来，不仅成为村民生产生活的主要活动空间，更是社会交往与公共事务治理的空间。在日常生活中，资源的有序分配、公共活动的开展以及矛盾纠纷的有效解决，都需要村寨具有自治功能。妥善处理内部事务，建立有序和谐的村寨秩序，村寨才能与恶劣的自然生态环境作斗争，才能在与外部力量的竞争中获胜。村寨自治包含两个层面，一是家庭内部的自我管理；二是家庭之间、宗亲家族之间在村寨资源占有、分配、公共产品与服务等方面的治理。家庭作为最小的、原生性质的社会组织，具有生产、消费、娱乐、教育甚至政治功能，因家庭成员对家庭有较强的认同，自我消解矛盾的能力较强。村寨矛盾更多聚焦于家庭或宗亲、宗族之间。在国家权力尚未下沉至村寨之前，为维系村寨秩序有序地运行，大部分少数民族村寨均有一套自我管理的组织与制度体系。如苗族社会的议榔制、侗族社会的款组织、彝族社会的家支。即使在当今社会，这些组织往往以另外一种形态出现，为当地社会经济的发展提供有效秩序。总体看，由于特殊的地理环境以及历史演化等原因，一些民族村寨居民往往以语言为基础、以血缘为纽带，或通过拟血亲关系建立村寨。这样的村寨常常具有较为稳定的社会结构、较强的村寨记忆与族群认同，即使是面对全球化的冲击，面对国家权力的基层建构和改革开放以来市场经济的影响，但因其特殊的地域空间和历史记忆、农业生产的延续、互帮互助的传统，以及带有宗教祭祀和文化娱乐特征的公共活动，在与国家、市场、周边村寨长期互动过程中，村寨的自治传统不仅没有消解，反而因内外力量互嵌互栋、相互引援，延续着较强的集体行动能力与自治传统。

上述关于村寨功能的讨论并没有囊括全部，在民族村寨历史演化进程中，村寨还有防御的功能，担负着抵御外族入侵和防范动物侵扰的重任。随着人类抵御自然能力的不断提升，尤其是新中国成立后国家权力下沉，对村寨、族群之间矛盾的处理能力增强，村寨中原有的壕沟、寨门等防御设施失去了原有的意义，防御功能弱化，防御设施逐步消失或处于废弃状态。

二　民族旅游村寨的功能

改革开放以来，在内外力量的推动下，西部民族地区的青壮年农民涌向东部发达城市，村寨"空心化"问题凸显。部分村寨的建筑设施破败不堪无法修复；部分村寨的公共文化活动因无人参加，被迫中断。村寨过去所承载的生产性功能、社会规范与整合功能、文化传承与交流功能、生态功能以及自我管理功能受到削弱。但可喜的是，在旅游发展背景下，一些自然生态环境较好、民族传统文化浓厚、建筑风格独特的民族村寨获得了城市游客的青睐。与游客流动相伴随的，有物的流动、信息的流动、观念的流动、资本的流动以及权力的流动，这些流动要素进入村寨后，与村寨内原有的结构要素产生复杂的关联和效应，形成新的结构关系，输出新的功能，实现了村寨原有功能的延续与再造。

（一）经济发展功能

由于特殊的历史、社会等原因，民族村寨的经济功能并不明显。相反，村寨传统意义上的交换以物物交换为主，通过物物交换，也就是礼物的流动建构社会关系，获取社会支持。即使是以村寨为空间载体开展的集市活动，村民交换的目的也仅仅是满足自身需要，并非扩大再生产，为获取更多的资本。改革开放以来，村民的经济活动也主要发生在村寨以外的城市或东部发达地区。即使村寨内存在交换关系，也常常带有"道义经济"的特征，即带有情感投入和建构社会关系目的，并不属于纯粹的市场交换。

旅游兴起后，民族村寨经济功能凸显。游客流动带来的不仅仅是人员、物资、信息，村寨资源的聚集、游客流动及村寨潜在的商业价值也受到外来资本的青睐，不仅包括中小资本持有者，甚至还有战略型投资商。在旅游发展的助推下，游客的聚集与潜在消费、资本的进入与竞争导致村寨土地资源及房屋不断升值。另外，旅游经济与一般经济活动最大的差异在于产品生产与消费具有同一性的特征，旅游经济交换过程需要在村寨内完成。在此过程中，村民不仅获得了就业机会，产品与服务在地化消费也无疑增加了村民收入。

（二）社会再造功能

民族贫困地区往往文化资源富集，村寨旅游兴起后带来的商机与就业机会吸引着大量返乡的村民，这为村寨社会的再造提供了基本的人员基础。在旅游收入及政府项目的支持下，村寨原有的公共设施得以更新或改造；因村民外出务工而消失已久或处于沉寂状态的地方性文化活动及传统组织得以复兴或再造。婚、丧、嫁、娶活动也由于返乡人员的参加而再次活跃起来，村民间原有的社会关系得以延续和重构。每年寒假至春节期间，贵州西江苗寨村民经营的商铺、农家乐大多处于关停状态，加之不时有房屋转租的商业广告信息，这让外来游客误以为当地的商铺、农家乐经营惨淡，关门歇业。事实上，这段时间正好是村寨婚、丧、嫁、娶最忙碌的时候。为了参加这样的活动，当地村民宁可选择关门歇业，也不愿得罪仪式的主办者。外来的经营者在这期间也常常被迫选择关门歇业。一名来自浙江的农家乐经营者告诉我们："这边一到冬季不好招工，尤其是春节过后至元宵节这段时间，更是招不到当地人。哪怕是给10倍的加班费，当地人也不愿来上班。他们常常要去喝酒聚会，如果周边村寨有斗牛活动，就更不会来了，只能在斗牛场边找到他们。"

在民族村寨旅游发展进程中，传统的亲情与认同、个人声誉与相互信任、家族主义等秩序规则与价值取向依旧能发挥作用，村民在注重收益和效率的同时，当然也不会忘记互惠互利与感情投资。[1]从这

---

① 郑宇. 中国少数民族村寨经济的结构转型与社会约束［J］. 民族研究，2011（5）：23-32.

一意义上说，旅游经济在社会空间中生产，而且也生产着社会空间。①

（三）文化传承与交流功能

对民族村寨村民而言，生计方式不仅是维持和延续民族文化的重要途径，更是一个民族的历史记忆和文化传统，是当地人维持本民族族群特征和族群认同的重要标识，是他们在自己所生活的地方适应自然、利用自然的选择结果。②从这一角度来说，生计方式的延续使村寨文化传承获得了内生机制。然而，改革开放以来，村民外出导致生计方式改变，村民对村寨的依赖不断降低，村寨作为民族文化的聚集地，其传承内生机制受到影响。不仅如此，外出打工的村民见识了城市的高楼大厦和现代生活，他们迫切想改变现有的生活条件，模仿都市人的着装与行为方式，村寨文化传承与交流功能受损。

与之相比，民族旅游村寨的聚落结构、村民的生计方式与文化活动不仅获得游客与外来资本的青睐，同时得到政府的支持。在与游客交流互动中，村民传统的生计方式、民族文化不仅可以转换为生计资本，游客对当地民族文化的喜爱也让村民意识到传统生计方式与文化资源的价值。因此，在民族村寨旅游开发进程中，政府对村寨文化的支持与市场对村寨文化的青睐，让当地村民真正感受到村寨文化的价值，文化自觉的意识逐步建立。在此过程中，民族旅游村寨无疑具有文化传承与交流功能。

（四）政治功能——推动村民自治的深化

改革开放以来，随着家庭联产承包责任制的逐步推行，"村民自

---

① 王春光. 移民空间的建构——巴黎温州人跟踪研究 [M]. 北京: 社会科学文献出版社, 2017: 97.
② 王建民. 扶贫开发与少数民族文化——以少数民族主体性讨论为核心 [J]. 民族研究, 2012 (3): 46-54.

治制度"作为一项国家制度性框架，取代原有的"人民公社制度"。村寨逐步通过民主选举、民主决策、民主管理、民主监督，实现自我管理、自我服务、自我教育。然而，实践表明，在我国中西部地区乡村，由于大量青壮年劳动力外出，制度框架内的"四个民主"仅有"民主选举"处于正常运行状态，其他三项民主因为人员的缺失无法真正落实。

与之相比，民族村寨旅游业的快速发展改变了村民自治的社会经济条件，村民自治的制度环境发生了变化，村民自治深入推进有了可能。首先，旅游业兴起后，返乡创业、寻求商机的村民为村民自治的推进提供了可能。参与旅游获益的村民为维护自身权益，参与选举、决策、管理与监督的意识增强，一定程度上对村委会干部形成压力，迫使其行为面向村寨利益。在旅游发展中，村寨原有的社会组织开始复兴与再造，与村寨法定组织形成合作与竞争关系。个别村民在旅游发展中逐步崛起，成为村寨旅游发展中不可或缺的人物。新的结构性力量的出现，与村寨原有的权力结构形成竞争关系，推动着村民自治的深化。

当然，民族旅游村寨的上述功能并不会自然实现，常常受制于一些约束条件，需要村寨内外条件或微观机制作为支撑。

第二节　民族旅游村寨公共事务治理的环境特征

民族旅游村寨与民族村寨、自然景区及人造景区不同，以人为主体的活态景区的特征尤为明显。在村寨向景区转换的过程中，村寨空间与景区空间交叉重叠，村寨资源产权模糊，利益交叉密集，地方政府和外来资本的进入使利益主体多样、目标多元，在此过程中，权力网络、市场规则与传统制度相互交织，公共事务治理的复杂性凸显，治理难度增加。

一 公共空间交叉重叠

民族旅游村寨具有村寨和景区双重特征。民族村寨以物质空间与社会空间作为村寨的有机组成部分。随着旅游开发的进行，村寨内原有的物质空间与社会空间转换为旅游吸引物与产品业态。如果说自然景区旅游吸引力以资源的独特性与垄断性为依靠，那么以村寨为载体的活态景区则需要和谐而有序的人文环境作为支撑。离开和谐而有序的人文环境，即使自然资源独特性强，也会被外来游客贴上"穷山恶水出刁民"的标签而降低了自然资源的吸引力。可见，以村寨为空间载体的景区因具有自然与社会人文相互交织的复合属性而区别于自然景区，这无疑增加了景区开发与治理的难度。

景村同构的民族旅游村寨引发的首要问题便是旅游功能与村寨原有功能的冲突。在旅游开发前，村寨生产、生活、娱乐空间相互叠合与嵌套，一些民族村寨与周边村寨共同构筑市场圈、婚姻圈和文化娱乐圈。如贵州黔东南最大的苗族村寨——西江苗寨，最大的侗族村寨——肇兴侗寨，旅游开发前均为周边村寨重要的市场交换及社会文化交往空间，发挥着政治、经济、文化甚至地方交通枢纽的功能。村寨被"打造"成景区后，当地村民的生产、生活需全部被纳入景区管理的范畴，这意味着村寨原有的功能与旅游功能既可能协同，同时又可能产生张力。在利益的驱使下，村寨原有功能常常被旅游功能所挤压或覆盖，在此过程中结构性矛盾必将凸显。如云南丽江拉市海周边的少数民族村寨，村民通过牵马获取经济收益。牵马旅游线路与原有的交通路线部分重叠，导致旅游功能与交通功能产生矛盾与张力。曾有外地游客驾车驶入该路段，因不清楚路况的复杂程度，随意按响喇叭，导致该路段驮运游客的马匹受到惊吓，游客从马背摔落，跌成重伤。事后，该车主与牵马人就游客摔伤的责任承担问题产生分歧，双方最终诉诸法律。后经法院判决，由车主承担主要责任，牵马人承担次要责任，车主最终承担了该游客大部分的医疗费用。事后，当地人形象地说道："拉市海周边自驾车游客不能随意按喇叭，稍不注意很有可能将普通私家车按成'宝马'车。"从旅游功能的角度来说，健康、有序、安全的旅游市场是确保游客流向景区的根本保证。然而，当外来游客涌入村寨，尤其是在黄金周期间，势必扩大村寨原有的矛盾与张力，增加公共事务治理的难度。

景区与村寨空间交叉重叠增加了门票收取的难度。在我国，除了部分特殊的公共景区（红色旅游景点）及目前正探索的国家公园要依靠国家专项资金投入维持景区运转外，绝大部分景区主要靠收取门票维持景区的正常运转。尤其是以观光产品为主、休闲度假产品供给不足、游客停留时间较短的景区，门票收入是景区收益及景区正常运转的重要来源。对以村寨为载体的景区而言，收取门票往往需要增设大门等进出障碍物，这无疑给居民出行及亲朋好友来访带来诸多不便。若没有灵活的处理机制，或采取相应的补救措施，则容易引发村民不满。贵州西江苗寨景区做出收取门票的决定后，随即设置进出门禁卡系统，雇佣当地人帮助识别进出村民。对于来访的亲朋好友，需要寨内村民亲自到景区门口办理相应手续，确认和来访人员关系后，方可进入。这给当地人出行带来诸多不便，直接引发了村民拥堵景区大门的群体性事件。该事件发生后，景区增开了电瓶车，为当地村民进出及来访村民提供免费运输服务，矛盾逐渐得以化解。在景村同构的景区，门票管理难度最大的当属部分村民在利益诱惑下与希望逃票的游客合谋产生的投机行为。面对高额的门票价格，一些为节约旅行成本的散客与带客逃票的村民常常一拍即合，共同编造"远方亲戚、朋友到访"的谎言进入景区。有的村民则带着游客途经人迹罕至的偏僻通道偷偷进入景区。双方"合谋"使村民获得一定利益。景区经营管理部门则想尽办法对逃票人员展开"围追堵截"。这类"猫捉老鼠"的游戏，不仅增加了景区管理成本，也导致游客安全缺乏保障。为辨别进出景区村民的身份，景区公司往往优先招募本地村民作为门票监管人员。但熟人社会的行动逻辑使监管人员在面对带客逃票的村民时选择"睁一只眼闭一只眼"的态度，不会轻易得罪村里人。有的监管人员与带客逃票的村民在景区门票查验中的"合谋"行为使门票监管难以奏效。

景村同构的民族旅游村寨，除了旅游功能与村寨原有功能存在张力增加公共事务治理的难度外，乡村治理与景区治理之间的协同与张力同样值得关注。乡村治理体系除了包括必需的权力赋予、组织结构及制度安排以外，还包括区域空间范围、主体、对象、经费等必要条件。从治理主体与空间关系看，村民委员会作为基层群众性自治组织，设立在建制村；在村民委员会之下，还分设若干村民小组。由此，中国的乡村治理就呈现"1+N"的治理体系特征："1"指的是以村民委员会为主导的村级治理，"N"指的是以村民小组为单元的治理形式。[1]在民族村寨旅游发展中，各种原因导致旅游空间与乡村治理空间不一致，出现"下沉""整合""扩张"三种不同的形态。

（1）"下沉"，即景区空间与村寨空间不一致，景区空间下沉至自然寨。如贵州郎德上寨，郎德上寨由郎德上寨、包寨两个自然寨组成，但旅游活动仅在郎德上寨开展，包寨并未被包含其中，包寨村民对此不满。包寨村民表示，同属郎德上寨，仅一河之隔，却不能享受旅游发展带来的收益。郎德上寨因为旅游经济活动与村寨历史、社会、文化、自治单位的契合，形成民族村寨旅游共同体。

（2）"整合"，即在村寨旅游开发进程中，为降低管理成本，将多个行政村合为一体。合并后的村寨治理单元比以往更大、范围更广。在此

---

① 刘金海.乡村治理模式的发展与创新［J］.中国农村观察，2016（6）：67-74.

过程中，各行政村之间因缺乏合作基础，仅凭行政力量推动，整合的难度较大。2008年，在西江苗寨旅游开发进程中，地方政府将村寨原有的四个行政村合并为一个行政村。合并后的西江苗寨，因村寨之间缺乏认同，导致两届村主任无法正常选出，村支书长期由乡镇领导兼任。然而，在经历短暂的行政波动后，行政区划调整和村寨原有的社会文化空间叠合，为村寨景区保持着有序、活力与繁荣的局面提供了社会文化基础。

（3）"扩张"，即随着村寨旅游业的蓬勃发展，为发挥村寨旅游的带动作用，出现了村寨治理空间与范围向周边区域扩展的情况。如青海省西宁市湟中区卡阳村，乡村旅游成功启动后，为打造以卡阳村为中心的乡村生态旅游辐射区，在当地县委县政府的建议、组织和协调下，卡阳村与周边6个行政村联合成立卡阳乡村旅游中心党委，借助党组织的领导核心作用，带动周边6个行政村的党员群众共享卡阳村发展成果。

二　复合产权的实践逻辑

按照西方新制度经济学的理论逻辑，产权界定是降低交易成本，实现市场有序竞争和资源优化配置的重要起点。然而，民族村寨的地域环境、聚落景观、公共活动的组织安排，甚至村民的生产、生活都是旅游开发的资源凭借。村寨资源的完整性、系统性和不可分割性是作为景观价值存在的内在条件，客观上使以村寨为载体的景区资源产权无法被清晰地界定，景区资源处于公共产权状态，"公地悲剧"发生的可能性增大。最突出的表现就是村民在利益驱使下，在景区主干道两侧及游客聚集区大规模违规建房。村寨空间产权主体的虚置及村民经济理性诉求的过度扩张，导致新修建房屋与村寨原有的聚落景观格格不入。

在旅游开发前，民族村寨及其周边的自然资源以及建筑设施，除家庭建筑外，基本属于集体所有，产权归属清晰。在民族村寨旅游开发进程中，村寨内物质空间转换为旅游吸引物。然而，这样的有机转换并非由村寨完成，往往需要借助地方政府及其行业主管部门、企业注入资金、项目、管理、技术等要素。这就使本应属于村寨产权的物质空间因为功能与形态的转换变为地方政府、村寨及公司共同所有，增加了产权归属的复杂程度。产权不可能完全界定的特性决定了合约不完善，留在"公共领域"的部分价值是利益相关主体之间纠纷的又一重要根源。[①]2011年6月25日，云南西双版纳傣族园景区突发的"6·25"事件，反映了村寨资源产权未能清晰界定，导致村寨与公司在利益分配问题上出现了矛盾与冲突。该景区成立时，村民与公司并未就村寨资源产权进行协商与界定，采用"公司+农户"的开发与运营模式，由公司负责景区的建设与运营，负责收取门票；社区居民作为景区员工、参与旅游接待与经营，获取收益。在地方政府的支持和协调下，该模式取得了明显的成效：旅游市场规模及村民收入增长明显，旅游扶贫成效显著。然而，随着旅游业的快速发展和村民产权意识的逐步增强，村民对原有的利益分配方案越来越不满。村民表示：公司通过土地租赁的方式"搭便车"，使用傣族村寨的干栏式民居建筑、傣族聚落景观、佛寺等核心旅游资源，但村民却并未在景区发展中得到实际收益。公司则认为：大部分门票收入必须用于平衡景区建设的贷款资金。双方互不相让，大小摩擦不断。公司对村民的诉求一直采取回避、拖延和漠视的态度，最终将矛盾升级为"6·25"事件。[②]

不可否认，产权清晰是资源优化配置和降低交易成本的重要保障。

---

① 王汝辉.民族村寨社区参与旅游制度与传统文化保护比较研究［M］.北京：人民出版社，2012：102.

② 钟洁.西部民族地区社会转型时期的旅游社会冲突问题研究［M］.北京：科学出版社，2018：88.

照此逻辑，若产权无法清晰界定，村寨旅游的缘起与发展将变得困难重重。事实上，我国众多的村寨景区均是在未界定产权的基础上进行旅游开发的，但其中也不乏成功的案例。这提醒我们，民族村寨旅游开发的顺利进行，产权界定绝非唯一条件。在不满足产权清晰的前提下，旅游开发同样有成功的可能。同时也说明，产权问题绝不是简单的经济问题，常常和基层权力等级秩序、社会结构、历史文化甚至宗教信仰等问题相互交织在一起。这使民族村寨旅游开发不仅无法通过界定产权解决诸多矛盾和问题，同时使我国民族旅游村寨治理不能完全依赖单一的结构力量机制，因此必须统筹考虑村寨内部不同的力量机制以及治理构件要素之间的相互关系。

三 利益交叉密集

中西部地区的一般农村，因土地附着的利益较少，很少能吸引精英留在乡村，有的地方甚至出现了土地长期抛荒的情况。因缺少产业支撑，村集体几乎没有收入可言，村干部用于组织开展村寨治理的资源与方式较少。与之相比，民族旅游村寨则截然不同，甚至出现相反的治理景象。

在民族村寨旅游开发进程中，游客的进入以及潜在的商业价值，使之前普通的村寨成为利益密集区域。以下从三个角度来理解利益密集。首先，随着旅游业的发展，村寨获得了大量前所未有的获利机会。如外来企业进入后形成的就业机会，接待游客过程中产生的经营机会等。其次，单位面积的经济总量增加。过去一亩土地的农业产值不过千元。如今，在游客密集的地方建房，每年租金高达数十万元，个别地方甚至近百万元。用"寸土寸金"形容土地的价值也毫不为过。最后，补偿费用。外来企业进入后，因流转土地，企业使用集体及农户资产，并给予集体及农户一定的补偿。有的村寨为提高村民保护地方文化的积极性，设立奖励基金，奖励农户。

利益密集不仅吸引着当地村民参与经营，也吸引了外来的战略型投资商、中小资本企业和地方政府的加入，为争夺新出现的密集利益，各主体展开激烈的利益博弈。因为利益密集，农户与农户、农户与企业、农户与地方政府、农户与村集体之间的利益接触点极多，牵涉利益深广，利益分割必然产生大量的矛盾和问题。以农户之间的矛盾为例，由于居住空间、家庭结构、个人能力的差异以及游客分布不均衡，农民内部出现了矛盾与分化。这样的矛盾与分化同村寨内部深层的家际竞争、宗亲竞争、村际竞争叠加，导致民族旅游村寨表面看似和谐，内部却暗潮涌动。

理解利益密集型农村地区的治理具有重要的现实意义和理论意义。[①]利益密集型农村的治理实践与中西部一般农村的治理实践有着巨大差异。我们不能用利益密集型地区的治理实践来看农业型地区的治理实践，当然也不可以反过来，而是既要分别研究又要进行比较，以形成对中国农村基层治理的总体认识。[②]利益密集可能唤醒沉睡的社会制度，增强制度引援的可能，降低各方互动的成本。在互动与博弈中，各方为获得优势地位，相互采借对方的优势资源，利用对方受到的制度约束达到自身的目的，满足自己的诉求与偏好。可见，利益密集引发外来利益主体介入、制度引援与资源优势的相互采借，使单一、静态的治理结构视角无法诠释如此复杂而隐秘的治理样态。

四　村民参与不足与过度参与并存

在民族村寨旅游开发进程中，之所以将村民参与纳入公共治理

---

① 贺雪峰.论利益密集型农村地区的治理——以河南周口市农村调研为讨论基础[J].政治学研究，2011（6）：47-56.

② 贺雪峰，谭林丽.内生性利益密集型农村地区的治理——以东南H镇调查为例[J].政治学研究，2015（3）：67-79.

的范畴，主要基于以下原因。首先，村民作为活态文化的载体，本身属旅游资源的重要组成部分，其与村寨地域环境、聚落景观的和谐共生与良性互动是旅游吸引力得以持久的根本保障。若村民参与不足，其人力资本价值在旅游开发中未能实现，村民就会选择主动贬低自己的人力资本价值①，弱化旅游吸引力。如不穿戴民族服饰、谩骂游客等。尤其是随着村寨居民的主体与权力意识的逐步增强，爆发矛盾与冲突的可能性也随之增加。其次，民族村寨具有自治的传统，历史发展演化中遗存的、与治理有关的地方性知识若能通过社区参与有效嵌入景区治理结构中，可降低村寨与外来开发主体协同治理的成本。最后，从文化的结构内涵以及保护与传承的视角看，治理作为一项制度性安排，是连接物质与精神文化的内核。借助村民积极参与，与治理相关的地方性制度的激活与应用，能够有效勾连物质文化与精神文化，使文化不易断裂。从实践来看，社区参与在民族旅游村寨发展实践中存在"过度参与"与"参与不足"的问题，影响民族旅游村寨有效治理与旅游业可持续发展。

"过度参与"表现为村民将参与旅游经营活动的内容锁定在狭窄的范围内。面对蓬勃发展的旅游热潮，长期处于贫困状态的村寨居民大都渴望从参与旅游中获益。由于知识和能力所限，村民将参与重点锁定在房屋出租、家庭旅馆经营、摆摊设点、到旅游公司就业等方面，导致"过度参与"现象出现。村民对致富的渴望与狭窄的参与范围容易引发矛盾与冲突。从旅游吸引力和带动能力来看，若村民大规模卷入范围狭窄、缺少合理分工的旅游经营中，一方面会因为村民放弃传统的农耕活动而降低村寨旅游吸引力；另一方面，缺少互补性供

---

① 周其仁. 市场里的企业：一个人力资本与非人力资本的特别合约 [J]. 经济研究，1996 (6): 71-80.

给（农产品生产者向农家乐经营者提供所需原材料）使蓬勃发展的旅游业无法保证在社区参与旅游经营基础上实现"旅游产业链本地化"。①

"参与不足"首先表现为村民参与空间不足。旅游村寨主干道两侧是游客较为集中的区域，村民可以利用自家房屋开门面、农家乐等，出租房屋获取资产性收益；而住房位置偏僻、远离景区主干道的村民因区位劣势很难获得经营机会，不仅如此，他们可能还要承受旅游业发展所带来的物价上涨等负面影响。其次是行业内部经营者参与不足。以农家乐为例，少数经营大户垄断了大部分团队及地方政府安排的客源，剩余经营户仅能接待小部分散客，经营户之间收入差距较大。收入差距拉大使经营户无法就经营中面临的共同问题达成一致意见，治理难度增大。最后是参与内容不足。在由地方政府、外来企业快速推进的民族村寨旅游发展进程中，一些涉及村民利益、村寨发展的公共事务未能进入民主、公开程序中，村民在重大事务以及事关村民利益的重大决策中未能充分、有效表达意愿，公共决策的合法性基础缺失，村民利益得不到有效保障，个别极端的村民选择将怨气发泄到景区环境和基础设施上，如故意打砸路灯、破坏护栏等。

综上，在村寨旅游开发中，村民作为人力资本具有特殊价值。然而，村民参与不足与过度参与并存的现实问题无疑增加了村寨治理的难度。

五　条块体制的"结构性"矛盾导致治理"碎片化"

任何事物都有一个产生和发展的历史，因此需要对之做历史的考

---

① 邹统钎. 北京市郊区旅游发展战略研究——经验、误区与对策 [M]. 北京：旅游教育出版社，2004: 192.

察①，公共事务治理同样不例外。在漫长的历史演化过程中，中国社会基本上是一个乡土社会，农村宗法制度和乡邻互助的社会关系提供了维系中国社会长期稳定、缓慢延续的基础。农业社会"分散居住、村自为政"的生活方式及相应的风尚习俗、人际关系，积淀成为中国传统文化的渊源，塑造了中国社会的基本特点：封闭性、局部性、本土性。②在这样的熟人社会结构中，村民往往通过私人的道德、家族情感、礼治秩序维持人与人之间的关系，借助无讼、长老、无为政治维持乡土社会内部的秩序。③

民族村寨所处区域历史上多采取"羁縻"制度，自我管理的能力较强。在一些民族村寨，传统组织与自我整合的力量依旧有发挥作用的空间，传统社会组织因为旅游发展而得以复兴与重构。组织属性与传统虽不能完全等同，却与传统有着密不可分的联系。同样不能忽视的是，新中国成立后，国家建构与整合的经验表明，连续的、强有力的政治体制，既是政治稳定和社会稳定的保障，也是整合和驾驭市场与社会机制的条件。因此，不论从哪个角度探讨中国的社会变迁与治理结构转型，连续的政治体制的存在和其事实上的作用，都是认识中国的社会转型和治理的关键因素。④富有中国特色的"党政治理"结构特征，在民族旅游村寨中的生动实践，使其优势得以彰显。

在民族村寨旅游开发进程中，地方政府和行业管理部门的介入有利于推动村寨基础设施建设、完善公共服务、丰富产品业态、拓宽并延长旅游产业链，最终达到提升村寨景区品质、提高村寨

---

① 费孝通. 费孝通全集：第十七卷（2002-2004）[M]. 呼和浩特：内蒙古人民出版社，2009：112.
② 周雪光. 社会建设之我见：趋势、挑战与契机 [J]. 社会，2013（3）：11-17.
③ 费孝通. 乡土中国 生育制度 [M]. 北京：北京大学出版社，1998：48-75.
④ 刘平. 新二元社会与中国社会转型研究 [J]. 中国社会科学，2007（1）：104-117.

旅游目的地综合经济效益、推动当地贫困户脱贫致富的目的。然而，体制内"条块分割"的治理结构无法实现有效整合，导致分属于不同行业管理部门的项目与资源始终处于分散化的使用状态，资源无法有效衔接形成在地板块化优势。在村寨旅游开发进程中，文化旅游部门本应成为项目建设中的重要主体，在项目建设中发挥重要的指导和引领作用。但从现实情况看，文化旅游部门在体制内属于"弱势部门"，在项目建设中没有话语权。项目建设中缺少行业管理部门的有效指导，加之项目实施中往往缺少市场考量，使得资源无法真正发挥优势转换成有吸引力的产品业态。在旅游村寨经营与管理过程中，"条块体制"的结构性矛盾未能实现有效整合，导致公共管理与服务碎片化、地方政府治理的目标难以达成。

六　复杂制度逻辑

部分少数民族地区经历了国家与市场力量的建构，传统的整体性、独立性、封闭性已经发生了彻底的改变；但同时必须看到的是，由于特殊的地理环境和历史条件，传统体系并未就此土崩瓦解或简单断裂。[①]实践表明，在民族村寨旅游开发进程中，公共事务治理往往与村寨历史文化、自治传统有着纵向的内在关联。换言之，传统的社会组织与结构性力量在民族村寨旅游开发进程中不仅没有完全消失，反而在村民的日常生活及公共活动中发挥着重要作用。因此，在民族旅游村寨治理研究中，若不能将治理结构与村寨历史文化传统进行纵向关联与演化，将制度安排嵌入原有的权力逻辑中，最终会因无法真正理解民族旅游村寨治理的内在演化逻辑而不能提出民

---

① 郑宇.中国少数民族村寨经济的结构转型与社会约束［J］.民族研究，2011（5）：23-32.

族旅游村寨公共事务治理之道。同时，连续而强有力的政治体制，是民族旅游村寨治理的前提，是认识民族旅游村寨公共事务治理结构转型的关键因素。在民族村寨旅游开发进程中，与游客流动相伴随的还有外来资本及其资本持有者。他们与当地村民并非熟人关系，契约或理性交往成为村民处理与游客、外来企业关系的手段和依据。因此，民族旅游村寨存在市场交换和社会交换两种关系，形成市场规则与社会制度同时并存的现象。与之相比，自然景区则缺少这样的社会关系，以市场规则为主。这样，民族旅游村寨实际上存在国家、市场、社会三种不同的组织运行以及资源配置机制，从而形成三种不同的制度安排。

不同组织承载的制度既相互耦合、相互强化，同时也充满结构性的矛盾和张力。多元嵌套的制度逻辑的缘起？生成机理与演化机制是什么？制度逻辑在村寨治理中的角色、功能与意义何在？对现阶段乡村治理结构调整与转向有何启示？通过研究能否建构新的概念，丰富已有研究的理论内涵？上述问题无疑值得追问与深入思考。

第三节　民族旅游村寨公共事务治理的多元视角与研究进路的展开

一　基于社区参与视角的民族旅游村寨公共事务治理

社区参与是民族旅游村寨公共事务治理的必要环节，是民族村寨旅游可持续发展宏观系统中不可或缺的机制。[①]通过参与，村民在履

---

① 刘纬华. 关于社区参与旅游发展的若干理论思考 [J]. 旅游学刊，2000（1）：47-52.

行权利和义务的过程中，不仅发展了自身能力，而且增强了主人翁精神和公共意识；村民有组织地参与公共决策也更具合法性，决策在执行过程中得到了村民的认可，降低了决策执行的成本；在参与过程中，与外来利益主体的博弈和互动，增强了相互间的信任与认同，降低了合作成本。

自参与式理论被引入中国后，受到了国内学者的广泛关注，成为民族旅游村寨治理研究的重要内容。以社区参与为理论基础，以村落（村寨）为载体，学界发展出社区参与旅游模式、社区参与阶段、社区参与感知以及比较研究等颇为丰富的内容。其中，关于民族旅游村寨治理研究，颇具代表性的是中山大学的保继刚、孙九霞团队，在这一领域取得了丰硕的成果。孙九霞根据傣族园、遇龙河和世外桃源三种社区旅游参与的现状和特点，借鉴参与理论和实践，立足于中国旅游开发现实，建构起具有中国本土特色和治理结构特征的社区参与旅游模式[①]，如图 2-1 所示。该模式为我们探寻中国民族旅游村寨治理结构与模式提供了非常重要的视角。但该研究也存在以下问题。

首先，社区参与研究是对西方民主理论的简单引入，缺少对村落内部权力秩序和传统组织优势的深度关注，研究中主观切割村落中碎片化的结构要素为理论服务，自然无法找到影响社区参与的真正原因。

其次，因缺少对参与过程的深入田野和长期研究，尤其是未对参与的机制及其相应的支撑条件做深入研究，难以触及参与不足的真正原因。模式停留于静态层面描述，忽略了不同参与主体的主体性价值。

---

① 孙九霞. 旅游人类学的社区旅游与社区参与 [M]. 北京：商务印书馆，2009：323.

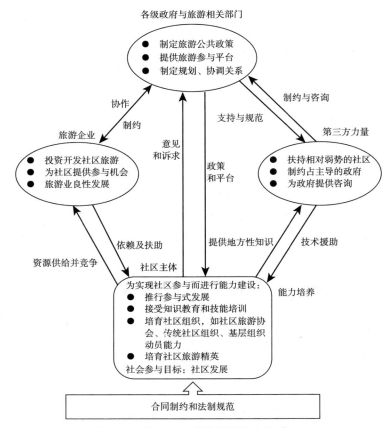

图2-1 社区参与旅游开发的有效模式

资料来源：孙九霞.旅游人类学的社区旅游与社区参与［M］.北京：商务印书馆，2009：323。

最后，村落内部的社会基础、文化网络和历史条件，具有稳定而隐性的特征，对当地政府、外来企业有一种无形的约束力。地方干部进入体制内，与当地村落保持着较强的关联，在实施政策过程中常常借助地方的社会和文化的力量。对于学者而言，重要的任务是发掘这样的社会文化网络中所蕴含的组织传统与制度优势，使其在村寨旅游开发进程中借助空间平台，实现传统功能转换与价值再创造，而不是简单地引入外来"先进理论"遮蔽村寨原有的资源禀赋优势。这样的研究范式，忽略了村寨原有的族群政治的特征，割裂村寨旅游开发进程中本可以借用的传统资源，反而使不具有明显正式制度结构特征、经营管理技能和资本优势的当地村民，因为失去传统组织资源的依托，弱化了与外来主体博弈的能力。

二　基于政府、市场和社会三者互动视角的民族旅游村寨公共事务治理

有关"政府—市场—社会"结构关系的理论探索，一直存在于国家现代化过程的实践之中。①三种不同的治理机制（见表2-1）成为近年来理解民族旅游村寨治理结构或模式的重要理论依据，许多与民族旅游村寨治理相关的研究也因此展开。

表2-1　三种治理机制特点比较

结构性要素	自组织	市场	政府（层级）
思想基础	社群主义	个人主义	集体主义
权力基础	小团体自治权	个人权利	大集体的暴力垄断权
人性假设	镶嵌于社会网络的人	理性经济人	社会人
关系基础	信任关系	交易关系	权力关系
行为逻辑	关系逻辑	竞争逻辑	权力逻辑
道德基础	伦理	守约	为大我牺牲小我
精神特质	志愿者精神	企业家精神	雷锋精神
秩序来源	礼治秩序，小团体内的道德监督	看不见的手	权威与法治秩序
适合环境	高频率互动、高资产专属性、高行为及环境不确定性时，但交换双方行为不易于观察、衡量、统计，需要双方信任	低频率互动、低资产专属性、低行为及环境不确定性时	高频率互动、高资产专属性、高行为及环境不确定性时，但交换双方行为易于观察、衡量、统计
追求目标	可持续发展	效率、效能	集体的一致性、稳定性

资料来源：罗家德，等.云村重建纪事——一次社区自组织实验的田野记录[M].北京：社会科学文献出版社，2014：11.

① 王春光，等.社会建设与扶贫开发新模式的探求[M].北京：社会科学文献出版社，2014：67.

需要注意的是，三种不同的治理机制为我们研究民族旅游村寨公共事务治理提供了多元视角。在民族旅游村寨的结构场域中，三种不同的治理机制相互交织、互为支撑，但并不是简单的力量拼合，而是并存、相持、互动与相互渗透。不仅如此，处于不同机制中的行动主体一方面充分利用自身依托机制中的资源禀赋优势，另一方面借助其他机制的优势和机制内的结构性要素，寻求发展的机会与可能。概而言之，在这三重结构力量并存的复杂场域中，每一个行动的个体受到三重力量，以及三重力量在不同时空场域中相互作用形成的复杂场域的制度约束，但同时又会借助其他力量机制打破约束。即结构与建构在这样的复杂场域中同时发挥作用。因此，对于如此复杂结构场域下的公共事务治理，除了要防止简单的单一化倾向或复制某种模式，更重要的是要发现和验证三种不同治理机制在民族旅游村寨中的共生依据。

与西方国家三种力量平衡不一样，三种不同的力量机制在不同的时空条件下存在明显的结构差异。如在传统力量和国家力量相对较强的区域，市场力量往往受到牵制，资源配置往往发生在地缘、亲缘及血缘建构的社会网络中，或者出现在自上而下的权力网络中。全国各地的市场化进程并不统一，市场化的发展不仅取决于资本、劳动力以及生产要素市场，而且与传统社会力量以及计划体制高度关联。通常来讲，市场机制发挥较好的区域，往往是传统社会制度让位于市场规则，权力网络服务于市场机制。

第四节 民族旅游村寨治理模式研究：一个基于实践逻辑的分析框架

一 治理概念：来龙去脉

要建立一个以"治理"为主题的分析框架，自然要首先明确治理的基本概念和内涵。要了解其内涵，首先需要从词源开始。治理一词源自英文"governance"，考察其词根发现该词源自意大利文"governo"或法文"governe"，其含义为具有权威的统治。"governance"的含义为管理、控制、统治某个事物或某个实体。直到20世纪90年代以前，governance的含义没有太大变化，"治理"与"统治"往往交叉使用，并无严格的区分。自20世纪90年代以来，西方政治学家和经济学家赋予了"governance"新的含义，使其不仅涵盖的范围远远超出传统的经典意义，而且其本身的含义也与"governance"相去甚远。它不再仅限于政治学领域，同时被广泛运用于经济社会领域。如著名制度经济学家威廉姆森将"治理"引入经济组织中，对市场治理与层级治理展开专门讨论和比较分析。之所以出现这样的变化，与三股强劲的暗流有关系。[1]第一股暗流来自欧美发达国家，且与福利国家的危机有关。欧洲国家最早的福利政策源于资本主义制度内在的阶级矛盾。福利政策的出台在一定程度上是为了缓和资产阶级和工人阶级之间的矛盾，是阶级双方相互妥协的结果。然而，20世纪70年代发生的石油危机，使欧洲国家的公共福利难以为继。资本主义国家的阶级妥协要付出更高昂的代价，如果继续增加福利，国家将无法承受。因此，国家的角色必须做出调整，福利支出应该由市场与社会共同完成。第二股暗流来自发展中国家和世界银行的推动。二战后，大多数发展中国家的经济得到了快速发展。然而，自20世纪80年代以来，拉丁美洲、非洲部分国家的经济发展出现了停滞。各方寻求解决方案之时，世界银行表示，这些国家和地区面临的最大问题是，国家管理经济的能力有限、方式不当，应当借助外来力量推动国家角色转变。第三股暗流来自全球化浪潮。全球化带给各国发展机遇的同时，跨国问题也越来越凸显。很多问题绝非单一国家所能解决的，必须借助多方力量。在应对上述问题的过

---

① 王绍光.治理研究：正本清源［J］.开放时代，2018（2）：153-176.

程中，人们对"governance"的概念与内涵进行了重新解读，做出了许多新的界定。

"治理"是一个众说纷纭的概念，到目前为止，各国学者对作为一种理论的治理提出了以下观点。①"治理"意味着一系列来自政府，但又不限于政府的社会公共机构和行为者。即政府不再是国家唯一的权力中心，其他各类公共的和私人的机构只要获得公众认可，都有可能在各个层面成为权力中心。②"治理"意味着在为社会和经济问题寻求解决方案的过程中，存在界限和责任方面的模糊性。③"治理"明确肯定了在涉及集体行为的各个社会公共机构之间存在权力依赖。换言之，致力于集体行动的组织必须依赖其他组织，相互交换资源。④"治理"意味着办好事情的能力并不仅限于政府的权力，不限于政府发号施令或运用权威。在公共事务的治理中，还存在其他的管理方法和技术。①如既有传统的政治和法律层面上的治理范式，也有新兴的社会、经济、文化层面上的治理方式；既有使人们不得不服从的具有强制性和正式规章制度性的治理方式，也有弹性十足的非正式规章制度安排的治理方式。②

在关于"治理"的各种定义中，全球治理委员会的定义具有很大的代表性和权威性。该委员会在《我们的全球之家》的研究报告中对治理做出了如下界定：治理是个人和机构管理其共同事务的诸多方式的总和。治理是使相互冲突的或不同的利益得以调和并且采取联合行动的持续的过程。治理有四个特征：①治理不是一整套规则，也不是活动，而是一个过程；②治理过程的基础不是控制，而是协调；③治理既涉及公共部门，也包括私人部门；④治理不是一种正式的制度，而是持续

---

① 格里·斯托克，华夏风. 作为理论的治理：五个论点 [J]. 国际社会科学杂志（中文版），1999（1）：19-29.
② 张小劲，于晓虹. 推进国家治理体系和治理能力现代化 [M]. 北京：人民出版社，2014：81.

的互动。①

为进一步认识治理的内涵和属性,笔者根据已有成果,对统治、管理、治理三个概念内涵及其包含的要素进行对比分析,如表2-2所示。

表2-2 统治、管理与治理比较

	统治	管理	治理
权威来源与性质	唯一性:权威、合法权利只能来自政府。权威具有强制性特征	为主性:权威、合法权利主要来自政府。权威具有强制性和自愿性双重特征	多样性:权威、合法权利来自三大部门。权威具有自愿性特征
运作过程	单向性:自上而下的命令,要求其他两部门服从	主辅性:自上而下为主,自下而上为辅	双向性:自上而下、自下而上双向结合,强调上下互动
民主参与	凌驾性:排斥民主参与,政府凌驾在两大部门之上	半民主性:主观上要民主参与,但由于政府主导的习惯,民主往往是为民做主	民主性:通过合作、协调及对共同目标的确定等手段达到对公共事务的治理
权力行使	号令性:依靠政府的权力发号施令	管控性:由政府主导的习惯,习惯于对市场、社会进行管控	平等性:三大部门作用不同、地位平等,平等协商是主要方法

资料来源:郑杭生.“理想类型”与本土特质——对社会治理的一种社会学分析[J].社会学评论,2014(3):3-11;俞可平.民主与陀螺[M].北京:北京大学出版社,2008:81-83。

综上,虽然学界并未对治理概念形成一致性意见,但对于治理的共同点和支撑维度,大体达成如下共识:①治理多中心,并非政府单一力量;②与多中心相辅的是权力来源的多元化;③关注过程,规则并非合

① 转引自俞可平.论国家治理现代化[M].北京:社会科学文献出版社,2014:20-21。

作起点，而是通过过程互动，达成共识；④治理方式的多样性，既有政策、法律作为治理的基础，又有弹性十足的文化、关系作为重要支撑；⑤权力、资源的分散与目标的相互依赖，主体之间能相互施加影响。不难看出，"治理"作为分歧较大的概念，要从理论和实践两个方面同时理解绝非易事，一方面对其理论的演进进行梳理，另一方面要将概念嵌入具体实践中分析其适用性与可能的边界。

二　治理：概念模糊与范式分歧

虽然学界对"治理"的共同点和支撑维度大体达成共识，但因为"治理"理论依旧处在发展中，加之不同学者受所处环境、知识结构及所持意识形态差异的影响，"治理"尚没有形成一个准确且被普遍接受的定义，以至于有学者将治理理论称为"学术迷雾"。①即使是同一个学者，由于经历的环境变化和自身视野的拓展，对"治理"的认知也存在差异。著名学者福山曾是治理理论的忠实信奉者，之后却出现了反转，批评有关"治理"的研究更多关注是否以西方主流意识形态定义的"民主"方式治国理政，忽略了国家有没有能力治国理政这个根本性的问题。在他看来，"治理"乃政府制定规则及提供公共服务的能力。福山之所以这样做，其根本原因是自20世纪90年代至今，中国的崛起使他看到中国在治理方面的巨大成果。相反，作为自由民主样板的美国，反而在社会治理方面举步维艰。②福山所定义的"治理"，遵循的是国家中心的研究路径，按此逻辑，"治理"无疑又回到了最初的原意，在一定程度上颠覆了自20世纪90年代以来学界对治理内涵的界定，反而契合了党的十八届三中全会以来党和

① 田凯，黄金.国外治理理论研究：进程与争鸣［J］.政治学研究，2015（6）：47-58.
② 李风华，赵会龙.福山转变问题：治理挑战视野下的中美政制比较［J］.湖南师范大学社会科学学报，2016（2）：50-57.

国家有关国家治理的政策诉求与规范。因此，对这样一个内涵不清、外延无边，且充满歧义的概念进行研究，将会因为概念模糊导致无法为解释具体情况提供指导，当然，也难以与其他可能的概念框架严格区分。

首先，治理理论存在概念模糊问题。从现实与实践层面来看，治理的范式转化是否存在？是否有扎实的实证基础作为支撑？如果说有范式的转换，那么转换之前政府的状况是什么样的？如果确实发生了转换，那么转换以后政府扮演什么角色？其次，如果确实发生了转换，那么，由政府、市场与社会三者形成的治理网络面临的最大问题应该由谁来对治理负责？在权力网络逻辑下，权力与责任一体。在新的治理网络条件下，由于治理主体的责任模糊、权威缺失，治理网络中各行动主体一致行动的规则与规范何在？在多元的权力网络中，不仅会导致政府推卸责任，降低了政府的协调能力，甚至多元权力的存在导致责任主体的缺失，进而使新的治理机制失效。最后，从世界各国的发展情况来看，某些带有西方主流意识形态、政治民主色彩较为浓郁的国家，发展状况不一定好。相反，民主、多元治理色彩并不浓郁的国家，发展却很好。既然"治理"并不能产生理论鼓吹者希望看到的结果，那么，治理的现实价值何在？如果现实意义上的范式转化不存在，或者转化中存在困难，那么理论上的范式转化依据何在？理论研究的价值何在？对此，有学者指出，所谓"范式转换"不过是鼓吹范式转换者一厢情愿的幻影，鼓吹范式转换者主观上希望出现"转换"，并四处寻找"转换"的蛛丝马迹，并拿出支离破碎的证据支撑一个宏大的叙事，仿佛全世界的公共管理已经发生了根本性的改变。一言以蔽之，鼓吹范式转换的人无非在以各种各样的方式推动政府角色的改变，无论是水平意义上的改变，还是垂直意义上的改变。范式转换本身也有明确的意识形态底色，大谈范式转换的人往往非常清楚自己的意识形态立场，而其他人则懵懵懂懂地、不知不觉地成为新自由主义的吹鼓手与抬轿者。[①]也有人指出，治理理论尚不足以构成一个成熟的理论范式，更像是一种价值主张或社会思潮。[②]

中国学术界对"公共治理"的研究，始于对西方公共治理理论的译介，代表人物主要有俞可平等。治理理论引入中国后，引起了学者们的广泛讨论和高度关注。但"治理理论"的讨论刚兴起时，便有学者指出，治理理论对于我国的政治和行政改革有一定的启示意义，但是其适用性并不是无条件的，它背后的意识形态倾向、中西方发展阶段的不同以及政治文化的差异，就决定了我们在借鉴治理理论时，必须要有所抉择。[③]《中国行政管理》杂志社曾组织国内著名学者俞可平、李景鹏等就"中国离'善治'有多远"展开专题讨论。[④]之后，《探索与争鸣》杂志社再次组织专家学者对该问题展开讨论，强调"在较短的时间内，治理理论随着全球化的浪潮几乎席卷中国社会科学界，许多学者尽管还没有弄清楚其基本的理论图式，还来不及细细地琢磨，就自觉或不自觉地被裹挟进这一'热潮'中，并将其嫁接到中国的理论与实践之中——这不是理论研究的科学态度。所以，有必要对中国语境下的治理理论进行系统地反思"。[⑤]在学界内部，对"公共治理"在中国的适用性和可行性产生了重大分歧。以李景鹏、周雪光、杨雪冬为代表的学者以中国缺乏公共治理的条件和适用对象，以及与公共治理难以相容的一元化政

① 王绍光.治理研究：正本清源 [J].开放时代，2018 (2)：153-176.
② 田凯，黄金.国外治理理论研究：进程与争鸣 [J].政治学研究，2015 (6)：47-58.
③ 李风华.治理理论：渊源、精神及其适用性 [J].湖南师范大学社会科学学报，2003 (5)：45-51.
④ 俞可平，李景鹏，毛寿龙，高小平，彭兴业，杨雪冬，董礼胜.中国离"善治"有多远——"治理与善治"学术笔谈 [J].中国行政管理，2001 (9)：15-21.
⑤ 沈佩萍.反思与超越——解读中国语境下的治理理论 [J].探索与争鸣，2003 (3)：9-13.

治结构为由，否认公共治理在中国的适用性。①以郑杭生等为代表的学者则坚持认为，中国固然还未达到西方公民社会的发达程度，但中国转型社会所出现的大量复杂的现代社会问题亟须通过公共治理的方式来解决。②综上，我国的治理理论虽然在理论价值上已经初步进入了本土化的成熟过程，但是要形成一套比较系统、科学和全面的国家治理理论体系，并且能够与西方治理理论进行对话和交流、相互补充，从而成为人类社会治理文明的重要组成部分，未来还有很长的路要走③，特别是在治理模式、地方治理经验、行业治理等中观议题的研究方面，仍然需要更加深层次的本土化过程。

　　自 2000 年以来，我国引入西方治理理论并对其适用性与本土化进行了分析和讨论，但该词始终未出现在我国政府文件中。直到 2013 年党的十八届三中全会通过了《中共中央关于全面深化改革若干重大问题的决定》，提出"全面深化改革的总目标是完善和发展中国特色社会主义制度，推进国家治理体系和治理能力现代化"，"治理"被提升至国家高度。2014 年，在省部级主要领导干部学习贯彻党的十八届三中全会精神全面深化改革专题研讨班开班式上，习近平总书记发表重要讲话强调，改革开放以来，我们党开始以全新的角度思考国家治理体系问题，强调领导制度、组织制度问题更带有根本性、全局性、稳定性和长期性。国家治理体系和治理能力是一个国家的制度和制度执行能力的集中体现，两者相辅相成。我们在国家治理体系和治理能力方面还有许多亟

---

① 李景鹏.中国走向"善治"的路径选择 [J].中国行政管理，2001 (9): 16；周雪光.权威体制与国家治理：当代中国国家治理的制度逻辑 [J].开放时代，2011 (10): 67-85；周雪光.中国国家治理及其模式：一个整体性视角 [J].学术月刊，2014 (10): 5-11；杨雪冬.要注意治理理论在发展中国家的应用问题 [J].中国行政管理，2001 (9): 20.

② 郑杭生，邵占鹏.治理理论的适用性、本土化与国家化 [J].社会学评论，2015 (2): 34-36.

③ 刘鹏，刘嘉.非均衡治理模式：治理理论的西方流变及中国语境的本土化 [J].中国行政管理，2019 (1): 109-115.

待改进的地方，在提高国家治理能力上需要下更大气力。①不难看出，这里所强调的"国家治理能力现代化"就是要增强"制度执行能力"，这就回到了"治理"的本源，其与西方学术话语以及21世纪初以来国内学界关于"治理"的讨论并非一致。这样，国内治理理论研究存在话语体系、国家责任以及主体人格三个方面的难题。近几年来尤其是党的十九大召开后，在国家政策的推动下，中国的治理话语体系已经逐渐发展为一种相对稳定的、本土化的"党全面领导下的非均衡性治理模式"，且制度化水平稳步提高。当下，国家治理体系理论虽已初步达到相对稳定的本土化状态，但距离全面戒熟还需机制、政策和文化等层面的深层次本土化，只有从深层次推进治理理论的本土化，才能为中国国家治理现代化提供本土化的理论指导。②当然，在国家治理的制度框架内，我国各地方差异使地方经验在问题提出、理论提升以及学术争鸣等方面具有特殊意义。通过对地方经验的深度挖掘和系统总结，充分考虑治理理论在中国的特殊语境，一定程度上能够彰显治理理论研究的"理论自觉"，推进治理理论研究的本土化，为构建"本土特质·国际影响"的治理理论贡献些许力量。③

不难发现，"治理"是一个颇有争议的概念，不仅其内部逻辑缺乏自洽，在实践与理论范式方面的分歧也较大。因此，有学者批评："没有实证基础的治理研究属于哲学和伦理学，对公共管理而言充其量好比镜中花、水中月，再好看也没有什么用处。"④从研究策略上看，治理理论的进一步精细化，需要从理论思辨及价值取向的应然范式走向实证研究，从宏观研究走向中观和微观层面的行动研究、过程研究以及微观

---

① 习近平：坚定制度自信不是要固步自封［EB/OL］，新华网.2014-2-17.
② 刘鹏，刘嘉.非均衡治理模式：治理理论的西方流变及中国语境的本土化［J］.中国行政管理，2019（1）：109-115.
③ 郑杭生.治理理论的适用性、本土化与国家化［J］.社会学评论，2015（2）：34-36.
④ 王绍光.治理研究：正本清源［J］.开放时代，2018（2）：153-176.

机制研究，从静态分析走向动态分析，需要在进一步厘清治理概念的基础上，建立起一系列具有适用条件、可供经验研究检验的理论假设，逐步形成逻辑一致的理论命题。①

三 民族旅游村寨治理模式研究：一个基于实践逻辑的分析框架

治理概念的来龙去脉、与治理相关的理论范式、国家治理的政策诉求，为我们认识公共事务治理提供了方法与路径。如果我们完全依照上述某一方法或路径来认识事物，寻求公共事务的解决之道，未必是最佳选择，反而容易使我们犯"本本主义"的错误。正如费孝通先生所言："理论是帮你看见东西，亦帮你限制你的观察。"②"我们在实地研究的时候，我们最好没有'政见'。不是去寻材料来证明'哪个办法是对的'，'哪个政见是不错的'。你这样做，你会在无意之中看不见许多事实。我们工作时须对事实本身发生兴趣。"③这警示我们，概念与理论是从事社会科学研究的重要凭借与工具依托，但绝不能盲目、简单地套用概念与理论。

学术研究中采借的治理理论是在西方现代化实践基础上凝练而成，其在解释机制的层面缺乏与中国历史文化、现实国情及当代实践之间的紧密联系。这属于宏大叙事层面的"一般化理论"，虽然其可以在理想类型的意义上为人们思考当代中国社会管理创新提供一种初步的分析框架和认知路径，但却无力在中观层面尤其是微观层面，揭示公共事务治理实践中存在的诸多组织机制间的复杂因果关系和微妙互动关系，因而

---

① 田凯，黄金.国外治理理论研究：进程与争鸣 [J].政治学研究，2015 (6)：47-58.
② 费孝通.费孝通全集：第二卷（1937-1941）[M].呼和浩特：内蒙古人民出版社，2009：22.
③ 费孝通.费孝通全集：第二卷（1937-1941）[M].呼和浩特：内蒙古人民出版社，2009：10.

其理论阐述大多只停留在"应然"层面，难以洞穿实践中的各类复杂的社会事实。因无法厘清现有实践困境背后的复杂机理，自然也就无法针对困境提出化解之道，出现面向深层实践的认知瓶颈。[①]尤其是对于我国这样地域广阔、历史发展进程不一、民族文化多样的国家，各地探索实践的民族旅游村寨治理模式具有特定的时空条件与约束机制。只有将村寨层面的治理结构与村寨日常生活治理嵌入当地特殊的时空条件下展开实证研究，才能找到民族旅游村寨治理的结构特征与公共事务的治理之道。

按以上学术进路，民族旅游村寨治理模式的研究，首先需要对村寨治理发生的具体时空条件，即村寨治理的内生基础条件进行系统的梳理。这样的时空条件或内生基础既包括人的条件，也需要一定的物质条件与空间载体作为保障和支撑，治理的过程和当地的社会和文化条件息息相关。如果我们将上述条件进行细化和构建要素分析，其内容包括以下条件。

（1）人的条件。所谓人的条件主要指的是村寨中人与人之间的关系及行动单位。人作为社会人，不可能独自行动，人的生活往往需要通过与他人交往与互动来实现，也就是我们常说的"社会生活"。人们之间的交往互动有相应的行动单位或"组织"框架，即人的行动受到"组织"的牵引。这样的"组织"既可以是一个家庭、宗亲或宗族，也可能是村寨的社会文化组织，如是一个自然寨、一个行政村。概而言之，对人的条件的研究，离不开"组织"这个大背景。试想，在民族村寨旅游发展中，若村寨行动主体由村民组成，村民行动毫无约束性和整体性，这样的村寨将因为村民互动中较高的交易成本而陷入无序状态。对于一个无法实现内生秩序再生产的村寨，也就失去了自我发展的可能和机

---

① 李友梅.中国社会管理新格局下遭遇的问题——一种基于中观机制分析的视角[J].学术月刊，2012（7）：13-20.

会。乡村中的人除了受"组织"观念、宗教信仰、道德水平的影响，也会受到所处环境的社会与市场结构以及权力网络的牵引。当然，个人也并非束手无策，完全接受组织制度的约束和牵引，个人常常凭借自身的知识结构和社会资源，发挥主观能动性，利用可凭借的资源，实现自己的诉求与偏好。

（2）物质条件与空间载体。也就是公共事务治理的物质基础条件，包括民族旅游村寨所处的区位空间与生态环境、公共设施条件、生计方式与经济发展水平等。首先，从区位空间和生态环境来看，法国启蒙学者孟德斯鸠认为："炎热的气候使人的力量和勇气委顿，热带民族的怯懦常常使这些民族成为奴隶；而在寒冷的气候下，人的身体和精神有一定的力量使人能够从事长久的、艰苦的、宏伟的、勇敢的活动。生活在寒冷气候中的民族能够勇敢地维护自己的自由，我们不应当感到惊异。这是自然的原因所产生的后果。不仅在国与国之间是如此，即在同一国中地区与地区之间也是如此。"[1]孟德斯鸠在论述中，甚至想方设法地用不列颠群岛的气候特点来解释英国的君主立宪政体的优点。孟德斯鸠地理环境决定论的思想显然有点言过其实，但地理环境对人的行为及治理结构的影响确实较大，值得关注。其次，公共设施条件为村寨公共事务治理及村民合作提供物质基础。物质空间为村民交往互动、表达情感及公共舆论的生成提供平台和空间。如果说物质空间的集聚为村寨公共事务治理提供物质支撑的话，那么公共活动为村寨治理提供了社会和文化基础，由此生成的公共舆论、村寨记忆，甚至声誉机制都对村民行为产生重要影响。近年来，微信、QQ等社交软件的广泛应用，不仅为村民互动交往提供了新的空间，也为公共事务治理提供了便利、开放、多元的平台。借助于这样的平台，村民受时空的约束越来越小，参与村寨

---

① 孟德斯鸠.论法的精神（上册）[M].张雁深，译.北京：商务印书馆，1997：273.

公共事务治理的可能性越来越大。2013年，贵州黎平堂安侗寨出现返乡人员集体罢免村支书事件，这在一定程度上是由于交往的便利性以及村寨公共空间凝聚人气建构的特殊情景场域。若缺少日常生活中利用QQ频繁交往的机会以及村寨物质空间构建的特殊场域，集体罢免村支书的可能性很小。[①]最后，生计方式与经济发展水平同样是影响村寨治理的关键要素。近年来，西部少数民族村寨因大量村民外出务工导致村寨"空心化"，生计方式从传统农业生产向务工经济的转换导致乡村治理社会基础的缺失，严重影响了乡村公共事务的有效治理。当然，此类情况不能一概而论，有些少数民族村寨因人员的外出流动，因缺少家庭、宗亲等组织支持而不能完成的家庭事务，反而可依靠村寨这一行动单位完成，这强化了村寨认同。

（3）社会和文化条件。构成民族村寨公共事务治理的社会基础与文化网络，主要构成要素有：社会组织、公共舆论、权力结构、精英及其角色面向、民族习惯法等。在村寨治理中，上述要素构成村寨治理的社会基础。传统乡土社会关系建立在血缘、亲缘及地缘基础上，主要依靠道德、礼治、无讼、长老等方式维系乡村内部的运转。[②]对此，杜赞奇提出的"权力的文化网络"分析框架认为，文化网络由乡村社会中多种组织体系以及塑造权力运作的各种规范构成，它包括在宗族、市场等方面形成的等级组织或巢状组织类型。这些组织既有以地域为基础的有强制义务的团体，又有自愿组成的联合体。这些组织既可以是封闭的，也可以是开放的；既可以是单一目的的，也可以是功能复杂的。文化网络还包括非正式的人际关系网，如血缘关系、庇护人与被庇护人等关系。从表面看，这一网络似乎并没有什么用处，但它是权威存在和施展的基础，是地方社会中获取权威和其他利益的源泉。正是在这样的文化

---

① 陈志永，刘锋.社会转型背景下村寨集体行动何以可能——堂安侗寨村民自组织能力的社会人类学考察 [J].黑龙江民族丛刊，2018 (5)：81-88.
② 费孝通.乡土中国 生育制度 [M].北京：北京大学出版社，2012：31-75.

网络中，各种政治因素相互竞争，领导体系得以形成。①杜赞奇用大量的史料证明，直至19世纪末，不仅地方政权，而且中央政府都严重依赖文化网络。晚清至民国时期，国家政权抛开甚至毁坏文化网络以深入乡村社会的企图注定是要遭到失败的。杜赞奇的"权力的文化网络"分析框架为我们研究民族旅游村寨治理结构提供了重要的理论视角。因特殊的地理环境和历史演化进程，民族地区长期延存着适用的民间法。此类民间法具有民族习惯路径、个体心理依赖、民族文化传承的支撑，具有裁判、教育、调整的功能，在实践中通过理念与制度的双轨推进民族地区法治，维护民族地区的社会稳定②，在民族村寨公共事务治理中依然有重要的价值。贵州黔东南雷山县作为全国最集中的苗族聚居县之一，较好地保留了苗族习惯法文化。其习惯法主要表现为榔规、禁忌和村规民约等形式，其中榔规、禁忌是传统习惯法的表现形式，国家推行村民自治制度的过程中，当地很多苗族习惯法以村规民约的形式表现出来③，在村寨生产、生活、娱乐实践中发挥着重要作用。

　　以上是笔者对村寨治理发生的具体时空条件，即村寨治理的内生基础，进行系统的梳理。村寨治理研究是在特定的人员、物质基础和社会文化条件下展开的，不理解村寨治理的基础和条件，就无法真正理解村寨治理的内在机制和逻辑。在对村寨治理内生基础的研究中，人类学的整体性视角较为重要。这一视角强调村寨社会整体中的部分对于村寨公共事务治理的功能，也就是说村寨内部各要素之间的相互关联对于构成村寨整体的价值和意义。如果说村寨治理内在机制研究要回答村寨治理的内在逻辑，那么，民族旅游村寨治理模式的研究则要回答：村寨旅游

①　杜赞奇.文化、权力与国家：1900-1942年的华北农村 [M].王福明，译.南京：江苏人民出版社，2010：1-2.
②　吴大华.论民族习惯法的渊源、价值与传承——以苗族、侗族习惯法为例 [J].民族研究，2005（6）：11-20.
③　周相卿.黔东南雷山县三村苗族习惯法研究 [J].民族研究，2005（3）：49-58.

开发进程中治理模式如何形成？为什么会形成这样的模式？村寨内部的基础是什么？

在民族村寨旅游开发进程中，随着游客的到来，网络、资源和行动者不断进入乡村，形成新的杂合形式。行动主体除了当地村民以外，还包括外来游客、入村企业、地方政府与行业管理部门、从事社会科学的研究者以及新闻媒体行业从业者等。在以上主体中，对村寨治理产生影响的主要有当地村民、地方政府及行业管理部门、企业。这里并不是否定外来游客、研究者及新闻媒体从业人员在民族旅游村寨治理中的价值和作用。在有些特殊的时空中，外来游客、研究者及新闻媒体从业人员甚至起着非常关键的作用，但即便如此，与民族旅游村寨内的村民、地方政府及公司相比，他们所能发挥作用的领域相对较小，发挥作用的时间具有阶段性和间歇性的特征，无法对旅游村寨的治理结构产生直接、长期性影响。因此，我们关注的重点主要为当地村民、地方政府及行业管理部门、企业。

①当地村民。当地村民构成村寨治理的内生基础和条件，包括被动员后形成的临时性的、松散的村民组织，村民中的能人与精英，以及由村民组成的各类不同性质的组织。

②地方政府及行业管理部门。本研究主要讨论县级及县级以下基层政府，县级层面的行业管理部门，及其与民族旅游村寨治理直接相关的乡镇政府。

③企业。从企业与村寨之间的关系来看，包括源自村内的企业、与村寨有较强关联的企业、与村寨无关联的企业。从企业规模大小来看，包括微型企业和一定规模的企业。微型企业主要指进入村寨内与农户发生租赁关系的外来企业，因企业规模较小，并不会对村寨治理结构产生重要影响，并未进入本研究讨论范围。本研究讨论的企业，主要在村寨层面，是与村寨发生经济关联和合作、对村寨治理结构产生影响的企业。

民族村寨旅游开发实质是将地方政府及其旅游行业主管部门、旅游企业、村民有效动员并组织起来，发挥各自优势投入旅游规划与决策、旅游管理、旅游监督及利益分享的动态过程。学理上可将民族村寨旅游开发过程概括为"政府—市场—社会"三者结构与动态关系，即民族村寨旅游开发进程中政府、市场、社会三类不同性质组织之间的权力边界及关系动态演化过程。需要注意的是，三类不同性质的组织并非处于真空状态。从纯粹的技术观点来看，以政府为代表的官僚制行政组织类型能够达到最高度的效率，其精确性、稳定性，纪律的严厉程度，以及它的可靠性，都优越于任何其他组织形式。这就有可能使组织的首脑和有关行动者的行为后果具有相当高的可计算性。①这就是我们通常所说的正式的、理性的组织。有学者把韦伯描述的这种组织称为"韦伯式的理性组织"。然而，即便"韦伯式的理性组织"进入村寨，也同样遭遇"权力的文化网络"。从这个意义上说，组织即一个制度化的组织。换言之，所谓的制度化组织是处于社会环境、历史影响之中的一个有机体。组织的发展演变是一个自然的过程，是在和周围的环境相互作用下不断变化、不断适应周围环境的自然产物，而不是人为设计的结果。②20世纪六七十年代形成的权变理论，其基本思路同样强调组织的最佳结构取决于一个组织的具体的环境条件、技术、目标和规模。组织的结构因环境、技术、目标的条件不同而发生改变；如果环境条件变了，组织结构也应该相应变化。综上，在民族村寨旅游开发进程中，政府、市场、社会三类不同性质组织之间的权力边界及关系动态并非一成不变。前面已有的自组织、政府、市场逻辑的分析概念大大简化了民族旅游村寨治理中各类组织互动以及资源相互采借的复杂过程。周雪光以我国北方一个村庄选举为例，对村庄选举的多重制度逻辑及其微观行为进行研究发现："自20世纪80年

---

① 马克斯·韦伯.经济与社会（第一卷）[M].阎克文，译.上海：上海人民出版社，2013：330.
② 周雪光.组织社会学十讲[M].北京：社会科学文献出版社，2009：70.

代以来，国家的逻辑、官僚制的逻辑、乡村的逻辑三重制度逻辑参与了村庄选举制度的兴起和演变过程。村庄选举正是在各种制度逻辑的相互作用之中发展演变的，而且这些互动过程在不同时间点也随着各种力量的此消彼长而变化，从而影响了参与者微观行为的相应变化"。[1]周雪光的研究让我们认识到，即使在一个普通的北方村庄，选举也会受到多重逻辑的牵引。那么，民族旅游村寨的特殊场域具有景区与村寨空间重合、旅游资源产权模糊、利益密集、不同组织制度安排与治理机制既独立运行又相互交织等特点，公共事务治理机制与实践逻辑又将呈现如何的样态？从理论发展的角度来讲，治理理论涉及治理过程中不同类型行动者之间的互动，这些行动者之间的沟通、协调、冲突、合作、规则确立和权威形成的过程是极为复杂的，只有在实证研究的基础上，观察和分析各行动者的策略与互动方式，才能为治理理论的发展奠定坚实的基础。[2]

在民族旅游村寨治理实践中，政府、市场与社会组织，它们之间的权力边界与关系动态将如何变化？缘何变化？变化的过程与机理是什么？这些问题显然无法从一般性的理论或宏观推演中获得答案。需要以具体的实证研究作为支撑，以村寨公共事务治理为观测对象，将三者关系嵌入村寨社会以及宏观环境中，拉长研究的历史时段，厘清组织之间的权力边界及关系动态。因此，从这一角度出发，民族旅游村寨治理模式的实践逻辑研究应从以下范式与路径入手。

首先，思想源流上。强调研究的整体性与历史性。我们特别重视马克思主义以历史和社会关系中的人为出发点，拉长研究的历史时段，从中国的历史、国情以及民族旅游村寨特征出发，将旅游村寨治理结构嵌

---

① 周雪光.中国国家治理的制度逻辑：一个组织学研究［M］.北京：生活·读书·新知三联书店，2017：339-386.

② 田凯，黄金.国外治理理论研究：进程与争鸣［J］.政治学研究，2015（6）：47-58.

入当地的物质条件与空间载体、历史文化、社会结构以及基层权力等级秩序中。只有深刻把握由地域环境和特定历史条件构成的历史基础与制度底色，才能把握民族旅游村寨治理的结构特征，探寻合适的治理路径。

其次，理论的采借上。本研究努力突破一般性的"大概念"简单阐发，力争做到学术主体性，不迷信某一个学科或理论，通过在理论与实践间的反复穿梭，更好地凸显在长期田野调查基础上研究的价值。著名学者黄宗智60年的学术研究经历告诉我们，研究需要在最翔实可靠的经验证据基础上来决定对不同理论及其不同部分的取舍，整个过程的关键是不墨守任何一种理论，而是针对实际而"活学活用"现有理论资源，并且随时按需要进行取舍①，探寻事物的内在逻辑与本体属性。

再次，研究对象与层次上。既从中观层次观测村寨治理模式，又同时从微观层次解读更为深层次、具体的过程，努力将微观、中观、宏观层面的研究有机衔接，将地方性治理智慧与国家政策相互结合。微观层面既关注政府、市场与社会组织内部的结构与运作机制，又要对三类性质不同的组织在民族旅游村寨场域中复杂、叠合甚至相互引援实现转换的微妙事实进行深入观测与持续追问。

最后，研究方法上。强调从田野资料出发，以事实为依据，从事实的关联性推导结论，而不是停留于单纯的理论演绎。科学研究的根本动力是在对已有理论预设的追问中发现"理论悖论"，从而努力建构新的概念与理论。

---

① 黄宗智.实践与理论：中国社会、经济与法律的历史与现实研究［M］.北京：法律出版社，2015：677.

第三章

郎德苗寨"公司+村寨组织+农户"的旅游开发模式

第一节 研究缘起

民族村寨以其独特的资源优势掀起旅游开发热潮，成为我国旅游业发展的重要组成部分。民族村寨旅游开发是一项系统工程，若仅仅依靠村寨自身力量，会因资本、管理技术以及道路交通技术设施、市场规则安排、对外宣传与促销等公共产品的缺失而难以为继，需要地方政府、外来资本以及技术单位的介入作为辅助。外来投资主体介入后形成"公司+农户"旅游产业组织与治理结构，在实践中，村寨文化旅游资源产权界定的困境以及村民主体性意识的凸显，常常导致契约签订成本、执行成本和监督成本的增加，村民利益难以保障。这"两败俱伤"的尴尬局面使企业和农户都有引入中介组织来降低产业化组织内部交易成本和保障农民利益的需要。[①]即使有部分村寨因发展需要成立了旅游合作组织，也最终因资金匮乏、行政色彩浓厚、组织不健全、管理不规范、退出自由等原因导致合作组织运行成本较高[②]，无法发挥合作组织应有的作用。因此，在资本占据主导地位、具有合

---

① 周立群，曹利群.农村经济组织形态的演变与创新——山东省莱阳市农业产业化调查报告［M］.经济研究，2001（1）：69-75.

② 周永广.山村旅游业可持续发展研究——以基层组织和机制创新为切入点［M］.杭州：浙江大学出版社，2011：104.

作精神的企业家人才匮乏、村寨集体行动能力较弱的现实条件下，"公司+村落组织（合作社）+农户"的产业组织模式与治理结构并没有成为产业化经营与治理的主流模式。[1]由于实践中缺少鲜活的案例作为观测对象，即使有个别学者对"公司+村落组织（合作社）+农户"的产业组织与治理结构进行探讨，但也主要停留于理论推演层面[2]，或作为未来产业化经营与治理模式的发展方向[3]，并以此进行相应的制度建构[4]，这样的"价值—制度"研究范式使讨论无法触及产业组织内部各行动主体之间的内在逻辑关联，导致以村寨为载体的旅游产业组织以及治理结构的研究长期停滞不前。在民族村寨旅游开发进程中，找寻鲜活、典型的"公司+村落组织（合作社）+农户"产业组织模式与治理个案，并进行深入研究具有极其重要的现实意义与理论研究价值。

贵州郎德上寨[5]是一个有着30余年旅游发展历程、集体行动与自组织能力较强的民族旅游村寨，自1986年旅游开发启动以来，一直将"所有人为村寨的建设和保护出过力，应该家家受益"的核心原则延续至今，村民在决策与管理、经营与接待、利益分享，以及社区文

---

① 苑鹏."公司+合作社+农户"下的四种农业产业化经营模式探析——从农户福利改善的视角 [J].中国农村经济，2013（4）：71-78.

② 杨玉梅.旅游企业与原住民的关系治理 [J].经济问题探索，2011（4）：173-176；单文君、王婉飞.乡村旅游产业组织模式的有效性研究——基于交易费用理论视角 [J].浙江树人大学学报，2013（4）：32-37.

③ 孙九霞.中国社区参与旅游发展的模式建构——以云南、广西的案例分析为基础 [J].中国旅游研究（香港），2006（1-2）：130-136；孙九霞.赋权理论与旅游发展中的社区能力建设 [J].旅游学刊，2008，23（9）：22-27；陈志永等.郎德苗寨社区旅游：组织演进、制度建构及其增权意义 [J].旅游学刊，2013，28（6）：75-86.

④ 金颖若，周玲强.东西部比较视野下的乡村旅游发展研究 [M].北京：中国社会科学出版社，2011：212，233-234；张辉.中国旅游产业发展模式及运行方式研究 [M].北京：中国旅游出版社，2011：240-245.

⑤ 郎德苗寨包含郎德上寨和郎德下寨两个行政村，若无特殊说明，郎德上寨行政村包含郎德上寨、包寨两个自然寨本书专指郎德上寨自然寨。

化资源共享、环境保护中居于核心地位。其"全民参与、自组织管理、以工分制为分配制度"的组织结构与制度安排，被称为"郎德模式"，并一直是村寨旅游研究的典型样本地。2008年，郎德苗寨旅游业在经历了早期的快速发展之后，地方政府发展战略和支持重点的转移，导致郎德苗寨旅游业走向衰落。经历了数年的沉寂后，当地政府重启了郎德苗寨"二次旅游开发"。经过地方政府与村寨精英的艰苦谈判和博弈，西江旅游公司于2015年进入郎德苗寨，延续了村寨原有的产业组织与治理结构，形成了具有实质性制度内核的"公司+村寨组织+农户"产业组织模式与治理结构。那么，该模式是如何缘起与演化的？其产业组织的结构特征与运行机制如何？制度优势何在？这样的产业组织模式或治理结构何以能够生成？作为当前民族村寨旅游开发进程中鲜有的产业组织方式或治理个案，面临什么问题与矛盾？作为典型案例其延扩性如何？对进一步的学术研究有何价值？本研究将依次对上述问题展开分析，推动民族村寨旅游研究的深入。

第二节　案例地概况、研究过程与研究价值

郎德上寨位于贵州省黔东南州雷山县西北部，西距省会贵阳160公里，北距州府凯里27公里，南距雷山县城13公里。村寨居民全系苗族，现有140余户，共600余人，由5个不同房族组成。郎德上寨由陈姓与吴姓组成，吴姓仅两家，其余为陈姓，双方结为兄弟，通过拟血缘的方式形成"一家"，相互之间不通婚。郎德上寨历史较为悠久，按照苗族子父连名制的方式计算，较早的家族已延续20多代，已有500年以上历史。晚清咸丰年间，苗民起义的领袖之一杨大陆（原名陈腊略）曾为该村村民。村寨重要的文化活动包括：12年举行一次，一次持续3年，为祈求风调雨顺、村寨平安吉祥的"招龙"仪式；每年一次提醒村民用火安全、扫除村寨"不洁之物"的"扫寨"仪式。

活动涉及每一名村民，几乎是在所有人的参与下完成的，成为整合村内家户、房族之间关系的重要力量。由于特殊的地理环境、历史文化及社会结构等原因，郎德上寨作为西南民族村寨的典型代表，具有较强的村寨制特征。突出表现为：村民以语言为基础，以血缘为纽带，或通过拟血亲关系建立村寨；村寨公共文化活动是整合村民关系，建构村寨秩序的重要载体；受村寨记忆与族群认同影响，村寨依旧保持着较为稳定的社会结构；村寨主义或村寨理性的特征极为明显，即以村寨利益为最高原则来组成和维系村寨社会文化关系并运行村寨日常生活的社会文化制度。[1]

1986年，郎德上寨浓郁的民族文化风情、悠久的历史文化，以及村寨较强的集体行动能力，得到了相关部门的认可。在当地政府和来自行业管理部门项目的支持下，村寨环境得到优化，文化符号得以恢复重建，并吸引了大量中外游客前来观光、考察，成为贵州省"巴拉河乡村旅游示范项目区"重点建设的民族旅游村寨之一。2006年，郎德上寨被世界旅游组织评选为"世界级乡村旅游村寨"，其乡村旅游示范项目被作为成功案例向世界各国推广。2008年6月，该村作为北京奥运会圣火传递贵州黔东南站的起点。在30余年的旅游发展历程中，多位中外国家领导人曾到访村寨，村寨先后获得全国重点文物保护单位、全国农业旅游示范点、世界级乡村旅游村寨等荣誉。

自2008年以来，笔者将郎德上寨作为村落旅游研究的长期定点观测点，每年寒暑假带年轻教师和学生驻村调研，数次参加村里举办的招龙节、吃新节、扫寨、过苗年等节庆活动。在田野工作中，笔者以个人名义，多次赞助村寨组织的招龙、扫寨等活动，为村寨购买数码

---

① 马翀炜.村寨主义的实证及意义——哈尼族的个案研究［J］.开放时代，2016（1）：206-221.

照相机，与村民建立了良好的情感联结及合作关系。2013~2015年，笔者及其带领的团队连续三年参加村寨的招龙节，对活动的动员、筹备、组织以及后续工作进行了全程跟踪调研和详细记录，拍摄了大量珍贵的影像资料与图片。为完成国家社科基金重大滚动项目"中国百村经济社会调查子课题——郎德苗寨"，2015年1月10~26日，笔者与贵州民族大学等高校的专家学者，深入该村做基线调查。除了对村寨进行实地调研外，笔者先后多次对雷山县委书记、县长、主管旅游的副县长、县政协主席、副主席等县级领导，旅游局、发改局、财政局、民族宗教局、农业局、扶贫办、文化局等部门的领导和工作人员，以及西江镇、郎德镇的领导和工作人员，进行了深入访谈和集体座谈，收集了大量的文本资料，拍摄了珍贵的照片与影像资料，整理录音资料共计104万字。

自2015年以来，随着西江旅游公司的介入，村企关系逐渐进入笔者的研究视野。笔者通过参与村寨集体会议，与具体负责郎德上寨"二次旅游开发"的县级领导、旅游公司领导、郎德镇领导以及村寨精英进行了多次深入交流，对部分村民进行了随机访谈（见表3-1）。

表3-1　2015年以来笔者对郎德苗寨相关人员的访谈情况

访谈时间	访谈对象	访谈内容	访谈地点
2016年8月20~22日	旅游接待小组负责人、第九届村委会负责人	旅游接待小组与旅游公司之间的关系、村委会和旅游公司之间的关系	旅游接待小组办公室
2017年5月10~12日	新一届旅游接待小组负责人、第十届村委会负责人	旅游接待小组负责人履历、新一届村委会负责人选举情况及之后村委会主任变更缘由、村委会与旅游公司之间的关系	旅游接待小组办公室

续表

访谈时间	访谈对象	访谈内容	访谈地点
2017年 12月26日	郎德镇党委书记、主管旅游副镇长、旅游公司办公室负责人	郎德苗寨"二次旅游"开发进程中镇政府承担的相应工作、公司与镇政府之间的关系	郎德镇政府会议室
2018年 7月22日	郎德旅游公司负责人	郎德旅游公司性质、成立缘由、运行状况，公司与西江旅游公司之间的关系，公司与郎德苗寨合作社、旅游接待小组之间的关系	郎德公司负责人办公室
2018年 7月25~27日	郎德项目指挥部负责人之一、时任雷山县政协副主席	负责人工作简历、郎德苗寨旅游开发指挥小组成立缘由、组织结构、组织运行状况、项目实施机制与过程等	雷山县政协副主席办公室

多次调研整理的资料为本研究的顺利开展奠定了坚实的基础。随着研究的开展，其所呈现的理论意义与实践意义有以下几个方面。

从理论意义来看。现代产业组织理论是对市场结构中企业关系的抽象提炼，治理是研究西方国家现代化进程中国家、市场、社会三者关系边界的理论。在民族村寨旅游开发进程中，无论是产业组织还是治理研究均是以村寨的地理空间、社会基础、历史文化、权力结构以及生计方式为基础展开的。换言之，村寨旅游开发进程中的产业组织与治理结构的研究须内嵌于村寨内部，并与内部的结构性要素进行关联性思考，其复杂程度远甚于市场中的企业关系以及源自西方国家清晰的治理边界。该部分内容根植于长期的跟踪调研，是在与产业组织及治理理论进行充分观照基础上凝练而成的选题。选题虽不算太新颖，但以此为基础展开的研究，有利于拓展和深化产业组织与治理研究的视野与范围，丰富产业组织与治理研究的理论内涵和方法论体系。

从实践意义来看。该研究可为我国民族村寨旅游发展提供经验借鉴。当前，在旅游作为地方发展重要抓手的大背景下，郎德上寨的旅游产业组织模式与治理结构可为我国以村寨为载体的旅游扶贫、旅游规划与项目建设提供政策建议。

第三章 郎德苗寨「公司+村寨组织+农户」的旅游开发模式

065

第三节　郎德上寨旅游开发进程中的组织方式 与治理结构：缘起与演化

一　郎德上寨旅游业的缘起与组织重构

20世纪80年代初，郎德上寨凭借优美的自然生态环境、特色鲜明的古建筑群，尤其是作为杨大陆的故乡以及留存的历史遗迹与文化底蕴，被贵州省文物部门遴选为村寨博物馆加以改造和建设。1986年5月，贵州省文物局拨款2万元资助郎德上寨改善寨容寨貌。在20世纪80年代盛行"万元户"的时代，2万元的项目资金对于村寨而言，其价值不言而喻。受到政策鼓舞和资金激励的村民在省文物局处长WZG的动员和寨内精英——老支书CZT带领下，整治寨容寨貌，兴修"文革"期间遭受破坏的铜鼓坪，重建了杨大陆故居。尤其值得一提的是，该项目是对村寨历史记忆的再现和对村寨价值的认同，加之项目实施过程贯穿基层民主管理与利益分享，自然得到村民的支持和认可。因此，以村民为主体的项目实施机制不仅确保了项目质量，同时增强了村民对村寨的归属感和对村寨集体组织的认同感，培育了村民自组织能力。

> 知道有这个经费后，我发动村民到河边去挑鹅卵石来村里铺路，大家很积极，干得很认真。你们看到进寨路上的各种图案，都是老百姓自己想出来的，把我们苗族文化做成各种各样的图形。芦笙场上的那幅图做得最认真，是很多妇女跪在地上慢慢拼凑而成的。芦笙场人最多，图已经快30年了，但直到现在都还看得清楚。①

———————————

① 根据对老支书CZT的多次访谈整理而成。

对村寨而言，因一次成功的合作而建立起的联系和信任有利于未来在完成其他不相关任务时的合作；在村寨内部，信任、惯习以及网络这样的社会资本存量因为外来资源的有机嵌入培育出自我强化和积累的倾向。①贵州省文物部门精心打造了村寨博物馆项目建设的示范点，作为回报，村寨自然承担相应的政务接待工作。1987年上半年，郎德苗寨接到通知，年底将迎接国家民委等相关部门领导。为筹备此次接待任务，贵州省文物部门再次向郎德上寨拨款3万元，由村民投工投劳修建旅游接待室、陈列室和博物馆。因第一次项目成功合作的余温尚未散去，对于第二次入村项目，村民自然积极响应。为筹备年底的接待工作，烘托热情好客的接待氛围，老支书CZT等村干部与"鬼师""寨老"等村寨精英冒着遭当地人谴责的风险，打破地方习俗禁忌②，组建芦笙队，购买芦笙，号召全体村民穿上苗族盛装，举办"12道拦路酒"仪式，组织芦笙、歌舞展演接待来访客人。由于地方政府的积极动员和精心准备，以及郎德上寨村民的积极参与，年底的政务接待大获成功。接待任务结束后，地方政府拨付给村集体一笔资

---

① 罗家德等.云村重建纪事——一次社区自组织实验的田野记录［M］.北京：社会科学文献出版社，2014：233.

② 按照当地的习俗，苗族人不允许在农忙季节举办吹芦笙、跳木鼓等娱乐活动，认为这会亵渎神灵遭受农业歉收的惩罚。当时，郎德上寨搞旅游接待，甚至引起了周边苗族村寨的恐慌，村民们同样担心吹芦笙得罪祖先，导致农业减产。下郎德下寨村民甚至到郎德上寨村口讨要说法，不允许郎德上寨吹芦笙。为此，时任村支书CZT找到鬼师以及代表各房族的寨老，通过做工作请求他们给予支持。通过商议，鬼师、寨老们采纳了老支书的建议，接受文物部门的安排，接待到访客人。鬼师被说服后，发挥传统权威的优势，劝导反对的村民，告诉他们祖先定的规矩，不允许农忙时吹芦笙，是为了村寨安心耕作，不受影响。如今在发展旅游业背景下的吹芦笙，本身就是工作，祖先不仅不会生气，反而会高兴。为了消除村民的顾虑，老支书一方面充分调动鬼师等传统力量与权威，说服村民，另一方面，将村民诉求与担心上升至村寨层面，找到当时黔东南州委领导，要求州委领导为村里提供化肥，防止郎德上寨农业减产。州委领导从完成上级领导安排的接待任务角度出发，答应老支书的诉求，并兑现了承诺。这一年，因风调雨顺，加上化肥合理使用，郎德上寨农业不仅没有歉收与减产，反而获得丰收，这消除了村民的顾虑，更坚定了村民发展旅游业的决心和信心。

金，作为村民的务工补贴。分配补贴时，村寨本着"所有人都为村寨的建设和保护出过力，应该家家都受益"的原则，将补贴按照出工天数分发到各农户手中。之后，村寨制定的旅游收益分配制度几乎都以此原则为依据，核心条款为："作为本村村民，不需要任何技能，只要穿上民族服饰聚在芦笙场周围便可得到不等的收益。"这一规定实际上确保了全体村民，尤其是村中的老人、小孩等弱势群体都能够参与旅游利益分配，体现了全民参与的特点。此外，嵌入村寨社会中的集体经济新形态，彰显了社会主义乡村经济的社会底蕴与独特魅力[①]，自然得到地方政府与国家的认同。《雷山县旅游志》显示，郎德上寨博物馆项目自实施以来，先后接待过多位国家级领导人及数十位省部级领导，其村寨旅游示范项目甚至被作为成功案例向国内外推广[②]。在地方政府和村寨的共同努力下，村寨先后获得过全国重点文物保护单位等数项荣誉。

二 郎德苗寨旅游业的发展与村寨自组织能力增强

随着郎德上寨游客量的逐年增加，为应对与旅游相关的事务，村民于1994年初自发成立了旅游接待小组，负责全村的旅游管理工作。为了推动村里各项工作的有序开展，旅游接待小组下设芦笙队、歌舞表演队、工分发放组、工分计分组、卫生及后勤组。接待小组组长由村民民主选出，三年选举一次，由全体村民投票决定，旅游接待小组与村委会成员有交叉，村支两委负责人不得同时兼任接待小组组长。从两个不同性质组织的分工情况来看，旅游接待小组主要负责组织村民参与旅游接待，村支两委则主要负责与政府各部门及旅行社联系。支书、村长若没有出差或协助地方政府落实各项政

---

① 马良灿.重新找回村落集体经济［J］.河海大学学报（哲学社会科学版），2020（5）：83-90.

② 雷山县旅游局.雷山县旅游志［M］.2007：9-48.

策的任务，也要参加村寨的集体接待活动；村会计、旅游接待小组出纳分别负责工分的统计。从旅游接待小组组织结构来看，郎德上寨的5个房族均可推举2~3名本房族的代表进入旅游接待小组。房族代表负责组织该房族内的村民参与日常歌舞训练，监督本房族成员按照工分制的制度安排行事，协调解决不同房族之间的矛盾与纠纷。旅游接待小组除了组织村民参与旅游接待外，同时具有确保村民公平参与、整合村内各房族之间关系的功能。旅游接待小组日常运行的经费是从集体接待总收入中提取25%。为鼓励村民积极参与旅游接待，营造民族村寨浓厚的文化氛围和热情好客的隆重场面，旅游接待小组探索出了一套全民有效参与和利益分配机制——工分制。工分制的规定有以下几个方面。

（1）以工分制计酬，按劳分配

每场旅游接待以家庭为单位，按家庭实际出工人数，记工分一次，多来多得，少来少得，不来不得，每月或每季度结账一次。

（2）参与人员根据参加内容、角色及着装要求记工分

经村民代表大会讨论决定，郎德苗寨村民根据参与旅游接待的内容、角色以及着装的不同，记不同的工分（见表3-2）。

表3-2 郎德苗寨村民角色、工分值及相关要求

角色名称	工分值	着装要求
盛装	12分	要求穿黑长裙子、戴角头巾、捆绣花围腰巾、穿布鞋，总工分12分。年龄要求51岁以上，如果少角头巾扣1分，少绣花围腰巾扣1分，少布鞋扣1分，少一样扣1分，少两样扣2分，少三样扣3分
绣花衣	12分	要求穿黑长裙子、穿绣花衣、穿布鞋、戴绣花围腰巾、空头、但要梳理好头，总工分12分。年龄要求46~50岁，少布鞋扣1分，少绣花围腰巾扣1分，少两样扣2分

角色名称		工分值	着装要求
银角		16分	要求穿绣花衣带裙子和内裙子、穿银衣、戴银帽、戴银角、穿布鞋，总工分16分，年龄要求：16~45岁。如果少布鞋扣1分，少银角扣1分，少两样扣2分。不挽头髻扣1分
演员	男演员	23分	要求穿黑家布便衣、穿黑布鞋、包头巾，总工分23分。如果少布鞋扣1分，少包头巾扣1分，少两样扣2分
	女演员	20分	要求穿银衣、穿布鞋、穿绣花带裙子加内裙子、戴银帽、银角，基本工分16分，参加演戏按演员级别发放工分，总工分20分，如果少布鞋扣1分，少银角扣1分
	便衣女演员	17~19分	要求穿黑长裙子，穿绣花衣加花胸腰巾，戴银帽、穿布鞋，基本工分为13分，加演员级别分（一级6分，二级5分，三级4分），如果少花胸围巾扣1分，少银帽扣1分，少布鞋扣1分，少一样扣1分，少两样扣2分，少三样扣3分
高排芦笙		15分	要求穿长衣、包头巾、穿布鞋、捆腰巾，总工分14分，如果吹笙筒加1分，总工分15分。如果少包头巾扣1分，少布鞋扣1分，少两样扣2分
学生		4~8分	要求必须穿民族服装（小男孩穿长衣、穿布鞋；小女孩穿银衣、戴银帽或穿绣花便衣和穿布鞋），要穿戴整齐，扣子扣上，按原规定年级给工分。如果衣服不穿扣子不扣，不得给工分。少布鞋扣1分。（总工分：一至二年级4分；三至四年级6分；五至六年级8分）
接待办人员		19分	要求穿黑家布便衣、穿布鞋、包头巾，总工分19分，少布鞋扣1分，少包头巾扣1分，少两样扣2分

资料来源：根据《郎德上寨迎客服装穿着要求制度》并结合实地调研资料整理而成。

为调动村委会成员及旅游接待小组成员的积极性，每一次集体接待，旅游接待小组成员记18分。由于计算量较大，会计除享受旅游接待小组成员的工分收入外，计算每本账另有3元的额外报酬。为鼓励村民参与旅游接待，保证无法通过合适途径参与旅游活动的村民能够从旅游业发展中获取经济收益，营造文化氛围和隆重场面，旅游接待小组规定村民只要穿上民族服饰站在铜鼓坪周围均可得到工分。

（3）工分牌分阶段发放制度[①]

为保证村民能按时和自始至终参与旅游接待，防止"搭便车"和机会主义行为发生，旅游接待小组根据不同参与人员制作不同分值的工分牌，以穿戴是否整齐和是否按时到岗为标准分三次发放（见表3-3）。

表3-3 郎德上寨旅游集体接待中的三次工分牌发放情况

发放时段	标志性环节	备注
第一次	游客即将入寨，鸣礼炮及吹响迎客芦笙时	确保村民准时到寨门迎客，营造热情好客的接待场面
第二次	民族歌舞即将表演时	确保村民能够及时到场参加表演
第三次	团结舞表演结束后发放	确保村民能与游客共同参加最后的表演

[①] 郎德上寨工分制的演进经历了三个阶段。第一阶段。从1987年开始，当时为准确记录并支付表演者的酬劳，采取的方式是由专人在表演开始和进行中登记表演者的姓名并记录工分。但这种方法易产生的弊端是部分表演者得知名字被登记后便中途离场，影响演出质量。最初采取的办法是当场把接待获得的收益在接待者之间平均分配，但感觉客人还没离开就分钱不好看，就改成一个一个登记姓名，待客人离开后再分钱。但这样做的结果是部分没登记名字的村民说自己来了，由于很难说清楚是村民讲假话还是干部疏忽漏登，村民与干部之间经常因为管理问题闹纠纷。第二阶段。针对上述缺陷，从20世纪90年代开始，改为演出中发放记录演出项目的条子，月底凭条子领取酬劳，但容易出现条子丢失的情况，导致参与者难以领取报酬，引起村民不满，影响参与积极性。不仅如此，这样的发放制度容易诱发村民的机会主义行为。部分村民领完工分条后离开表演场地或者待表演进行到一半时才到场，要求领取工分。这样不仅会导致管理者与村民之间产生矛盾，同时影响了集体接待的氛围，降低了旅游吸引力。第三阶段。为规避上述迟到或早退的问题，2007年旅游接待办公室出台了新的工分卡发放制度（当地人俗称"工分牌"），即工分卡在演出前、演出中、演出后由工分卡负责人分三次发放，演出结束后，负责人将工分卡收回，核对后把工分记录到各户的工分本上，之后交给会计汇总，根据每月总工分及收入总额确定各户酬劳。

（4）工分统计与月底分红

表演结束后，各组发牌人负责收缴登记，再到会计处汇总，然后以当月总收入确定当月每个工分值多少钱，再算出每户村民应分得的金额。

（5）全村集体接待表演的收入

村委会提取全村集体接待表演收入的25%作为村寨旅游基金，用于维修道路、购买芦笙以及其他与旅游有关的集体性支出。

（6）旅游收入和分配情况定期公布，受村民监督

从工分制①的缘起、演化与内容来看，因工分制以回应问题与民主讨论为基础，体现制度的公平与效率共存。因此，工分制自诞生之日起，便得到村民认可，这对于激励村民参与旅游接待，约束"搭便车"行为，从而生成集体行动有着重要的价值和意义。

郎德上寨较强的集体行动与自组织能力不仅体现在村寨内部，更体现在与地方政府的互动与博弈中。

（1）经营管理权的维护

在郎德上寨旅游发展中，黔东南州雷山县旅游主管部门希望引入外来投资主体加快村寨旅游业的规模化发展，但均遭到村民反对。在与外来主体的博弈中，村民甚至举起法律武器捍卫村寨利益，告知开发者："若强行介入、破坏文物将会遭到法律的严惩。"面对村民较强的集体行动及"依法抗争"的能力，外来主体最终放弃该计划。

（2）文化尊严的守护

在村寨旅游业起步时，当地县文化局领导担心村民的歌舞表演不够专业，于是组织县文工团的专业舞蹈演员"混"入村民中参与接待表演，表演的收入归村寨所有。这一做法遭到村寨女性的反对，她们表示混入专业

---

① 郎德苗寨工分制的缘起、性质、价值与功能、为何能够延续，与相关理论对话，政策建议，都将在《"工分制"：一个难于略去的集体符号——郎德苗寨旅游开发进程中村寨集体行动的社会人类学解读》一文中作专门探讨。

演员是对她们文化的不尊重，伤害了她们的自尊。最终，通过村寨组织的沟通，当地文化部门不再组织专业演员参与郎德上寨的集体歌舞表演。

（3）村寨禁忌与信仰的坚守

在家庭接待中，作为经营者的村民始终坚守"外来游客即便是合法夫妻也不能男女同住"的村寨禁忌。在村寨每年举行"扫寨"仪式时，"村外之人"须在扫寨仪式举办的前一天晚上进入村寨，若第二天一早入村，村寨则拒绝其入内。待清晨扫寨祭祀仪式结束后，方允许外人入寨。2008年是郎德上寨旅游发展进程中的重要节点，在地方政府的努力争取下，村寨被遴选为北京奥运圣火传递站。然而，针对火炬传递纪念碑位置的安放问题，村民与当地政府产生了意见分歧。村民认为当地政府所选位置亵渎了村寨的护佑女神，会给整个村寨带来厄运，分歧导致纪念碑迟迟未能落地。最终，地方政府出于对村寨禁忌与完成上级政府任务的双重考虑，同意更改纪念碑位置，奥运圣火才得以成功传递。

在郎德上寨旅游发展进程中，村寨组织机制既不是传统意义上的自组织，也并不是人民公社时期国家权力自上而下建构的结果，而是由村寨自组织传统与地方政府、行业管理部门共同建构的结果。这意味着若组织的结构力量与机制发生变化，将会影响组织的存在和延续。

三　郎德苗寨旅游业走向衰落与村寨内部分化

2008年是郎德上寨旅游业发展的重要拐点，村寨旅游人次同时经历了从历史最高点跌落到谷底的"过山车"式的变化。2008年，通过雷山县政府的积极争取，郎德上寨被遴选为奥运圣火传递点。这一重大事件让郎德上寨的知名度迅速扩大，游客慕名而来，当年的旅游人次飙升至历史最高点[1]。据村民回忆，2008年之前，每天大约有2~3

---

[1]　因郎德上寨当时未收门票，村寨、基层政府无法根据游客人次提供准确数据，因此，我们根据村民参与集体接待表演的场次和频率来反映当时的游客数量。

场的集体接待表演，最多的时候也不超过4~5场。2008年，每天集体表演十几场都是家常便饭。然而，因郎德上寨旅游发展的内外部环境发生了重要变化，旅游业发展的强劲势头并未能延续，经历了短暂的辉煌后便稍纵即逝跌落谷底。实际上，长期以来地方政府欲引入外来公司参与郎德上寨旅游开发的计划因村民反对而迟迟未能落实，导致地方政府招商引资的政策诉求受阻。加之郎德上寨规模较小，旅游经济体量增大受限，带动能力弱。地方政府经过权衡，将村寨旅游发展的重点转向县内村寨规模较大、聚落景观独特、文化资源富集的西江苗寨。地方政府发展目标转移意味着与郎德上寨相关的项目、资金以及政策支持、宣传促销都转向西江苗寨。这导致奥运圣火传递结束后，郎德上寨的游客数量迅速下降，村民收入减少，旅游业面临衰落危机。由于游客人次大幅度减少，村民获益机会降低，外出务工的村民逐渐增多，组织村民参与集体接待的难度增加，旅游接待小组的动员能力不断弱化。

村民内部针对地方政府引入外来企业参与郎德上寨旅游开发的决策产生了分歧。以老支书为代表的部分村民坚持认为，郎德上寨的旅游是依靠全寨人的共同努力做起来的，外部力量仅仅起到辅助作用，应该始终坚持以村民为主体，喊出"西江模式并非郎德所需，我们一定要做到细水长流"的口号。另一部分以年轻人为代表的群体则对老支书等人的主张表示怀疑，他们认为仅仅依靠村寨内部实力难以把郎德上寨旅游做大做强，缺少资本和外来者的运营与管理，面对激烈的市场竞争，郎德上寨不可能再现过往的辉煌。西江苗寨旅游业的迅速成长对郎德上寨旅游业造成的巨大冲击，使村里的年轻人的想法更加坚定，他们与以老支书为代表的群体分歧扩大。但因老支书在任30余年，尤其是在村寨旅游开发进程中其特殊的身份和地位连接着传统资源、国家权力资源、市场资源，并依靠村寨的整体行动将三种不同的资源整合进村寨旅游发展进程中，在村内逐步建立起无人能取代的权威和影响力①，年轻人难以撼动。年轻人则外出务工或寻求其他发展机会，双方进入僵持阶段。"守旧与创新"之间的张力一直持续至2015年。2015年，郎德上寨遭遇两场颇具破坏性的暴雨袭击，村寨周边本来就为数不多、方便耕种的农田被洪水带来的泥沙所覆盖，清理与复耕难度较大，村民感到无力应对。郎德上寨村民自1986年以来逐渐形成的"吃饭靠种田，花钱靠旅游"的生计方式，因农田无法复耕进一步加深了村民对旅游业的依赖。村民们深知，除外出务工外，发展旅游业是解决村民生计的唯一渠道。因此，在历经了2008年以来旅游业的兴衰成败后，郎德上寨村民对外来投资者的态度产生了从反对、怀疑，到试探、期待的变化。

四　郎德苗寨"二次旅游开发"与村寨组织再造

（一）地方政府推动的郎德苗寨"二次旅游开发"缘起

2008年，在雷山县政府的争取下，县内的西江苗寨被遴选为贵州省第三届旅游产业发展大会（以下简称旅发大会）举办地。借助举办旅发大会的重要契机，西江苗寨旅游业迅速崛起，成为贵州东线旅游线路的重要节点。然而，西江苗寨的崛起并未发挥应有的辐射带头作用，反而因旅游交通线路的调整导致"做活一个西江，做死一个雷山"的尴尬局面。新修的旅游公路使西江苗寨景区的交通便利性得到了提升；但因旅游线路调整，雷山县城作为旅游目的地的地位被取代，县

---

①　老支书于1962年被提为生产大队队长，5个月后被提为书记，1962~1995年一直担任村支书，长达33年。2018年老支书去世时，旅游接待小组从公共经费中拿出600元钱交其家人。在外人看来，600元钱并不算多，但这是郎德苗寨自新中国成立以来村干部去世后独享的权利，是村民对老支书在郎德苗寨旅游发展中做出突出贡献的高度认可。另外，村里的党支部为老支书开追悼会，村里的很多人自愿为老支书买花圈、送行。虽然村里以老支书为代表的群体和以年轻人为代表的群体对旅游公司是否介入存在分歧，但老支书在年轻人群体中仍有较高的威望。老支书去世后，村里自发成立了老年芦笙队和青年芦笙队，在芦笙场用苗族最高礼仪为老支书送行，表达对老支书的尊重和谢意。

城周边景区及城内的宾馆酒店、旅游购物场所的经营业绩遭受重创。为改变不均衡的旅游发展格局，雷山县政府欲通过启动郎德上寨二次旅游开发计划，利用郎德上寨毗邻县城的优势，打通县城与周边景区、村寨的联结通道，恢复县城与郎德上寨旅游业的往日辉煌。郎德上寨不仅是改革开放以来贵州村寨博物馆建设和乡村旅游对外展示的重要窗口，还是奥运圣火传递点，并被列入全国重点文物保护单位，吸引多位中外国家领导人到访该村。村寨自组织模式与工分制的分配制度特征，不仅在周边村寨有较强的引领和示范意义[①]，甚至引起国家相关部委的重视[②]。因此，郎德上寨的文化资源优势、曾经的辉煌，与雷山县区域旅游发展战略目标共同助推着地方政府加快郎德苗寨二次旅游开发计划进程。

（二）地方政府入村与组织结构安排

郎德上寨辉煌的过去与村寨较强的自组织能力让地方政府对村寨二次旅游开发甚为谨慎。

> 郎德上寨以前的管理模式是村民自治，采取发工分票的管理方式，虽然管理存在不科学性，但是很实用，我们并不想打破郎德上寨长期以来形成的管理模式。为此，我们在具体实施郎德上寨二次旅游开发计划之前，先后花了八个月时间学习村寨旅游经营管理，筹备郎德上寨旅游开发工作。经过前期对郎德的认真调研和讨论，对国内一些著名的村镇旅游景点经营与管理模式深入

---

① 离郎德上寨不远的南花苗寨，是黔东南州凯里市三棵树镇下属的行政村。20世纪90年代初，当地政府将该村建设成为乡村旅游地，其经营管理模式完全借用郎德上寨的工分制模式。2008年崛起的西江苗寨，景区门口迎客的老年迎宾队，其管理模式同样采用郎德上寨的工分制模式。

② 国务院扶贫办与相关部门联合推出向世界展示中国扶贫成果6个典型案例，郎德上寨得以入选，其扶贫经验将通过英文形式向世界发展中国家推广和介绍。原文化部非遗中心李松主任，自20世纪80年代以来长期关注郎德上寨旅游业的变化情况。

研究后，我们认为，郎德上寨的管理离不开发工分票的模式。所有人都会很热情地接待游客，使用这种模式可以调动全员接待游客的积极性。但我们希望将郎德上寨的自组织模式与西江的公司经营管理模式融合起来。之所以还需要西江模式，是希望使郎德上寨的管理模式更为科学化。西江模式其中一个内容就是定时表演，第二个是集中接待。定时表演与集中接待一方面使旅行社更好地规划游客的旅游线路；另一方面可以使村民更有时间和精力进行接待，同时也保证了老百姓的农业生产，避免村民的准备时间和游客的时间发生冲突。

以往招商引资进来的企业更多的是追求利益的最大化，很难考虑村民的利益。我们做乡村旅游要吸取以往的经验教训。目前，与村寨进行合作的公司是政府的公司，政府好控制一些，要考虑民众的利益。西江旅游公司分给老百姓的利润是门票总收入的18%，而江西、安徽等地提供给老百姓的收入仅占门票总收入的2%~3%。经过县里领导的多次讨论与权衡，我们最后决定将西江旅游公司引入郎德上寨，与村寨一起共同开发旅游。①

——YL

为有序推进郎德上寨二次旅游开发，当地政府组织成立了指导小组，由CZF担任组长，YL任副组长，日常工作主要由副组长YL负责落实。如果仅从行政级别与职务上看，并没有什么特别之处。选择由正县级领导担任负责人，便于统筹、协调各部门之间的工作，便于有序推进各类项目建设。在局外人看来，选择政协领导而不是党政领导担任负责人，让人感觉当地政府对郎德上寨二次旅游开发不够重视。从我国县域政治体制的运作机制来看，虽然政协领导与党政领导属同

---

① 根据2018年7月25日对YL的访谈整理。

一行政级别，但行政职务在权力运行中差别明显，即党政领导行政职务明显优于政协领导。其实不然，当地政府选择县政协两位领导担任负责人，正好说明地方政府对郎德上寨二次旅游开发的高度重视，充分彰显了地方政府基层治理的政治智慧和对民族地区基层权力实践逻辑的回应能力。

从指导小组组织结构和负责人履历来看，CZF为从郎德上寨走出的苗族精英，很早便在地方政府相关部门任职。在担任县级领导职务期间，CZF曾多次参与处理当地苗族群众与地方政府在土地流转、非法建设等方面产生的问题，获得了地方政府和当地百姓双重认可。2013~2014年，面对西江苗寨旅游高速发展进程中出现的非法搭建、带客逃票等各类市场乱象，CZF作为县级领导，被派驻西江苗寨处理上述棘手问题。在派驻期间，CZF提出"大力发挥民族旅游村寨自治传统和基层组织的自治作用"。在郎德上寨30余年的旅游发展进程中，CZF在协调村寨和地方政府之间的矛盾等方面起着关键作用，是当地政府和村寨均可信赖的"中间人"。YL出生于当地农村，会说苗语，善于唱苗歌，与大部分农村学子一样，外出求学后进入乡镇政府工作，在基层乡镇"摸爬滚打"多年。笔者通过对YL的多次深入访谈以及从他人处了解到，这位苗族女干部重感情、酒量大、泼辣、办事利落，多年的基层工作经历练就了其与当地村民打交道的地方性智慧。2008~2009年，正值西江苗寨推动旅游基础设施建设之时，YL被派驻西江苗寨，协调村民工作，推进项目建设。2013~2014年，当西江苗寨出现影响景区正常发展的棘手问题时，YL与CZF被组织同时派驻西江苗寨并成功解决问题。从两位负责人的职责分工来看，CZF负责统筹县里各职能部门之间的关系，有助于增强各职能部门之间的资源整合力度。村寨开发中的具体工作由副组长YL负责，CZF虽不直接参与村寨的具体工作，但他作为从村寨走出的精英，在协调村民与指导小组之间关系方面发挥着重要的作用。这样的分工直面地方政府和村民之间就旅游产业组织结构与分配制度等方面存在的矛盾和分歧，充分考虑了地方政府领导和村寨特殊的社会关联与文化认同，并由此形成矛盾消解机制；同时兼顾了旅游开发专业性、技术性的要求。综上，面对郎德上寨这样有着自组织传统和辉煌历史、村民利用集体行动表达诉求的能力较强的民族旅游村寨，CZF、YL无疑是旅游开发小组负责人最理想的人选。

（三）地方政府入村与村寨回应

从以上材料不难发现，地方政府和村民都有合作开发的愿望与诉求，但双方最终能否走向合作？地方政府的进入，必然涉及土地流转与征收、旅游基础设施建设，以及旅游经营管理的组织结构、收益分配等敏感性问题。

对村民而言，无法复耕的土地处于闲置状态，价值无法兑现。若土地被征收，将获得每亩30800元的现金补偿或每年获得一定数量的大米补偿。因此，闲置土地变现的诉求，西江苗寨崛起导致的示范与市场空间挤压，都进一步推动村民尤其是年轻一代对外来投资主体介入的期待。此时，二次旅游开发的市场前景还不够明朗，土地价值尚未升值，土地流转与征收的工作较为顺利，这为旅游基础设施建设提供了条件。

指导小组入村后，清除了村寨篮球场上厚厚的泥沙，将篮球场旁的接待小组办公室拆除后兴修了游客接待中心。位于村寨周边被泥沙覆盖无法复耕的大片稻田经过土地平整，新修了村委会办公楼、大型停车场、塑胶式灯光篮球场。村寨篮球场过去靠近河边，球场地面为水泥砂石建造，因年久失修球场地面高低不平，后因两次暴雨冲刷导致球场被厚厚的泥沙、鹅卵石覆盖，清理的难度较大，已无法使用，村里年轻人活动空间受限。新修建的篮球场由塑胶地板、崭新球架和夜间灯光构成，自然受到村里年轻人的欢迎。郎德上寨村口原有一个小型停车场，所能停放的私家车不足10辆，多余的车辆被随意停放在路边。当村里举办重大节事活动或在旅游旺季，因停放车辆发生争吵甚至打架斗殴是常有的事。新修的大型停车场能同时容纳百余辆车，这对改善郎德上寨的内部交通条件和旅游服务质量，营造和谐的景区环境，满足村民停车需求，具有重要的意义。村里原有的小型停车场被停用后，指导小组在原有停车场附近新修了30余个木制的固定摊位，供当地农户出售旅游商品、农特产品，村民之前在芦笙场及周边区域销售旅游商品的行为被禁止。这有利于增加村民的就业机会和提高村民的收入，规范旅游商品销售秩序，改善景区购物环境。多年来，郎德上寨村委会和接待小组在村寨芦笙场边一栋二层木楼合伙办公，一楼堆放接待游客用的各类器具，二楼的三个房间用于村委会和旅游接待小组办公。村里集体接待表演结束后，当村民手持工分牌涌向二楼旅游接待小组办公室登记工分值时，原有办公楼因空间狭小、人员众多，加之木质吊脚楼使用年限较长，存在较大的安全隐患，也给村委会处理公务带来诸多不便。指导小组在新建停车场边新修村委会办公楼，原有的办公楼由接待小组使用，有助于消除安全隐患，改善村委会、旅游接待小组办公条件。综上，指导小组推动的项目建设与村寨内不同群体的诉求统筹考虑，既可以提高旅游景区接待水平，规范旅游市场秩序，改善旅游服务质量；同时也可以获得村民支持和认可，降低指导小组和村民之间的互动成本。

　　与土地流转和项目建设相比，旅游经营管理体制与利益分配是两个较为敏感而棘手的问题。从地方政府权力运作的角度来说，指导小组的组织结构安排就是要通过族缘、血缘与地缘的特殊关系降低基层政府入村后权力运作的成本，即使指导小组与村民代表在谈判中产生分歧也可利用熟人社会的运作机制巧妙化解，不至于让矛盾扩大甚至升级为群体性事件。从技术层面来讲，曾经担任过县旅游局局长的

YL，其多年的专业素养在动员与组织村民过程中发挥着重要作用。YL通过将郎德旅游开发兴衰历程与周边村寨以及全国做对比，并在深刻解读郎德上寨原有的旅游产业组织结构应对旅游市场的致命弱点时，赢得了村民的认可与尊重。可见，这样的组织结构与人员分工为地方政府介入郎德上寨，解决郎德上寨景区的经营管理与利益分配问题奠定了重要基础。即便如此，YL等人和村民代表的谈判过程也是异常艰苦的。

> 你们是不知道啊，为了做好郎德老百姓的工作，我们绞尽脑汁，费尽周折。一方面要给他们讲道理，说事实，让他们配合我们的工作；另一方面又要和他们讨论，否则什么事都让着他们，那么我们的工作也没法推进。我们和村里的领导、能说得上话的村民，一个一个的谈、一次一次的谈，谈不拢的时候大家就拍桌子，我和老支书都拍过桌子。有时候先用苗语和他们吵，吵完以后又用客家话给他们讲政策、法律，介绍浙江、江苏、成都及西江苗寨旅游发展的做法和经验。你不要看我一个女同志，我也不怕得罪他们。反正大家都是苗族，都是熟人，我当旅游局局长的时候就认识老支书他们，每次和他们吵完以后，一起吃饭、喝酒，矛盾也就没有了。然后又接着谈，然后再吵，反反复复，民族地区老百姓的工作就是通过这种方式推进的。[①]

——YL

（四）郎德上寨旅游业的复兴与村寨组织的再造

指导小组和村民代表经过近一年的艰苦谈判，才最终对涉及

[①]　根据2018年7月26-27日对YL的访谈整理。

景区运营的体制与分配方案达成共识。方案产生前，村民代表与指导小组领导因组织结构与分配方案的分歧发生过无数次争吵。在无数次争吵与博弈后，承载着社会情感、文化认同、村寨诉求的合作方案，最终获得双方的认可。值得关注的是，因村民自组织能力较强，村寨精英的行动逻辑与价值面向嵌入村寨内部。作为村寨利益的代表，精英之间即使存在分歧，但当面对外来主体时也常常能用"一个声音说话"，达成共识维护村寨整体利益。2016年8月8日，在雷山县政府组织下，由指导小组负责人YL、郎德镇领导LXG以及郎德上寨17名村民代表共同参与的《郎德景区经营管理工作实施方案（暂行）》论证会在郎德上寨村委办公室召开。因此前达成的合作方案得到了双方认可，论证会进行得比较顺利，这为外来投资主体的进入奠定了社会基础。

项目建设结束后，雷山县政府委托西江旅游公司负责郎德上寨的运营管理。在地方政府的协调下，2017年3月13日，代表地方政府的雷山县郎德文旅发展有限责任公司（甲方）与代表郎德上寨的大陆生态旅游公司（乙方）签署了"郎德上寨民族文化演艺活动管理协议"（以下简称"协议"），协议就双方的权利和义务、表演内容、时间、地点及人员作了相关规定。根据协议，西江旅游公司成立郎德文旅发展有限责任公司（以下简称"朗德文旅公司"），负责郎德上寨景区的整体运营管理，收取门票。郎德上寨成立具有公司性质的组织——大陆生态旅游公司（以下简称"大陆公司"），承接旅游接待小组职责，负责村寨内部的运行与管理，组织村民参与旅游接待。按照协议约定，甲方每月支付乙方10万元作为村寨的文化展演经费，另每月支付3万元作为乙方管理与公共支出的经费，乙方负责每天组织两场表演，每场表演时间不少于45分钟。如有加场，则每增加一场由郎德文旅公司向大陆公司支付 1500 元。参与表演的村民依据出场的次数、角色差异、着装等记不同的分值，再参与二次分配，即按原来的"工分制"进行分配。甲方负责监督和考核，每月进行 4 次考核，实行累计扣分制度，并与拨付的演出经费相挂钩。"协议"的签署结束了郎德上寨长达 30 余年的旅游发展自组织模式，村寨旅游发展中各组织之间的关系如图 3-1 所示。

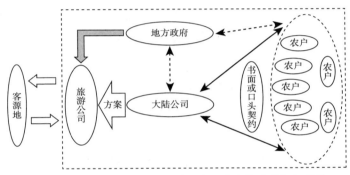

图 3-1　郎德上寨"公司+村寨组织+农户"产业组织结构

不难发现，郎德上寨二次旅游开发过程是以村寨和地方领导特殊关系为基础，在项目建设中统筹考虑村民的利益和诉求，运营体制与分配制度是通过民主协商与艰苦谈判确立的。这样的旅游开发与组织过程是外来主体与村寨文化整体互动的体现，组织过程既是市场选择的结果，也是政府推动的产物，并与我国西南少数民族贫困地区特殊的历史文化、社会结构与制度底色有密切关联，在此基础上形成的经营体制与分配制度深受既有条件与制度底色的影响。

第四节　郎德上寨旅游开发进程中"公司+合作组织+农户"的组织特征与制度优势

一　组织特征

（一）资源选择：基于村寨聚落结构与组织资源基础上的旅游开发

民族村寨有价值的资源不仅包含当地的自然生态环境、历史遗迹，还有传统的组织资源与制度要素，也包括文化信仰与传统价值取向。上述资源共同构成完整的村寨。这些资源不仅仅停留于理论探讨层面，而且在当地村民的日常生活中也实实在在地发挥着重要作用。郎德上寨二次旅游开发实质是上述资源要素聚集与优化配置的过程。地方政府的介入不仅没有主观性地割裂现代与传统之间的历史关联，忽略传统力量对村民日常生活实践的影响，相反，地方政府充分考虑到新的经营主体进入村寨后遭遇的传统社会和文化力量的约束与限制，将传统力量与地方性治理智慧纳入决策过程，将村民诉求与项目建设有机结合。以地域环境与组织结构为基础的旅游开发有利于保护当地自然环境，实现传统文化的保护与延续；嵌入传统治理结构中的管理体制因在村寨内获得认可，降低了制度变迁的成本，更容易获得村寨的认可。

（二）组织过程：外来力量与村寨在博弈、互动基础上的旅游开发

与之前学界所讨论的村寨旅游开发进程中政府主导、企业主导或社区自治的结构不同，郎德上寨二次旅游开发的过程是一个基于村寨共治基础上的旅游开发进程。地方政府入村前进行了8个月的调研，与老百姓"讨价还价"直至方案最终确定，这一过程虽然漫长而艰苦，却为村民获取信息、参与讨论与决策，增加村民与地方政府的相互理解与信任提供了机会。合作方案的形成是地方政府和村民互动与博弈的结果。在此过程中，村民对体制内精英的认可、精英对村寨历史与文化的认同，

以及精英与村寨之间的社会关联、项目建设中与村寨利益整体统筹考虑，使合作方案凸显较强的社会性、文化性、权威性与合法性，方案实施自然得到村民的支持与认可，降低了地方政府的施政成本。

（三）制度安排：社会性合约而非产权契约基础上的旅游开发

按照西方产权理论，清晰的产权安排及其在此基础上形成的激励机制与组织结构是合作的前提条件。近年来，国内有学者提出通过改革与完善土地产权[①]、吸引物权[②]、旅游资源集体产权[③]探索制度优化的路径，但这种工具理性假设仅重视明晰产权的效用，却忽略了产权界定的历史条件、政治过程和社会基础。以郎德上寨二次旅游开发为例，外来公司与村寨之间的合作并不是建立在产权界定基础上的，村企关系显然与前述产权理论的要求相去甚远，理论上的应然与实践存在张力。郎德上寨二次旅游开发进程中的制度结构除了郎德文旅公司与代表村寨的大陆公司签订的合作方案以外，并没有所谓的产权契约。这种情况是如何保证产业正常运转与组织低成本运行的？

从图3-1不难发现，地方政府领导在与村寨组织、寨内精英互动过程中逐渐建构起来的熟人社会关系网络，以及从村寨走出来的地方领导的特殊的身份、族群文化认同，在联结村寨与政府之间的关系中发挥着重要作用。旅游公司介入后，所面对的是一个有组织的村寨集体，通过村寨组织协调与村民之间的关系。与西方国家明晰的产权安排不同的是，"公司+合作组织+农户"实际上是一种将基层社会、经济、政治乃

---

① 左冰，保继刚.制度增权：社区参与旅游发展之土地权利变革［J］.旅游学刊，2012（2）：23-31；杨晓红、岑乔.我国社区旅游参与的法律实践实证研究［J］.旅游学刊，2013（8）：51-57.

② 保继刚，左冰.为旅游吸引物权立法［J］.旅游学刊，2012（7）：11；唐兵，惠红.民族地区原住民参与旅游开发的法律赋权研究——兼与左冰、保继刚商榷［J］.旅游学刊，2014（7）：39-46；张琼，张德淼.旅游吸引物权不可统一立法之辨析［J］.旅游学刊，2013（12）：90-96.

③ 袁泽清.论少数民族文化旅游资源集体产权的法律保护［J］.贵州民族研究，2014（1）：18-22.

至伦理关系融会起来的复合产权。①这样的产权安排，政企不分、公私不分，主要借助企业经营管理村寨获得的市场增量和村民的整体性参与确立复合产权的合法性。从这个意义上来讲，郎德上寨二次旅游开发并不是产权结构明晰下的契约安排，而是建立在社会关联基础上的社会制度安排。显然，已有的产权理论无法对这个带有制度创新特点的复合产权类型及运作逻辑做出合理解释，这为我们研究民族村寨旅游开发进程中的组织过程与微观运作机制提供了新的视角与思考维度。

综上，郎德上寨二次旅游开发的缘起、运行依靠的是非正式制度完成旅游资源向产品的转化。换言之，旅游产业组织运行以非正式制度为依托。这样的产业组织模式与治理结构根植于我国西部少数民族地区特殊的经济社会与历史文化环境，组织过程与治理结构的生成与演进充满了渐进式改革的鲜明特征，它既是村寨集体选择的结果，也是政府推动的产物，与我国西部少数民族地区特殊的社会结构与文化网络密切关联。

二 制度优势

（一）有利于保护村寨的社会结构与文化机制

由于特殊的地理环境、社会关系与历史文化原因，我国西南少数民族村寨具有村寨主义或村寨理性的特征，即以村寨利益为最高原则来组成和维系村寨社会文化关系，并运行村寨日常生活的社会文化制度。②在贵州黔东南的苗族村寨社会中，村寨主义或村寨理性至今仍是一个普遍现象。村寨之间的决斗，哪怕敌对村寨有你的亲戚，你都得毫不犹豫地举起拳头砸向对方，因为这是为村寨而战，不然村寨的

---

① 渠敬东，周飞舟.从总体支配到技术治理——基于中国30年改革经验的社会学分析 [J].中国社会科学，2009（6）：104-127.

② 马翀炜.村寨主义的实证及意义——哈尼族的个案研究 [J].开放时代，2016（1）：206-221.

处罚比任何惩罚都要严重。在苗寨中,村寨的地位高于血亲、姻亲与朋友,一个人如被开除寨籍,要比被家族除籍、朋友绝交严重得多。[1]地处贵州黔东南的郎德上寨,村寨整体性特征同样明显。郎德上寨30年的旅游发展实践,实际上是当地历史根基与制度底色在旅游发展中的延续。研究发现,无论是20世纪80年代政府项目入村,还是2008年奥运圣火传递以及二次旅游开发,村寨整体性的优势与传统均得到尊重与认可。这样的尊重与认可进一步强化了村民的村寨意识。旅游公司介入以来,将旅游经营管理体制与村寨自治的传统有机衔接,新的旅游运行机制既继承传统,同时在新的社会经济条件下通过"讨价还价"的民主程序获得村民的认可,现代性的产业运行在村中有了社会基础。在实际运作中,每月10万元的固定经费为村寨组织良性运行提供经济保障。综上,传统的延续、"讨价还价"基础上的管理体制重构,以及固定的经费保障,都较好地保护了村寨整体性的组织机制和社会结构。

从文化运作机制与保护的角度来看,如果我们将文化分为三个层次,即物质文化、组织与制度文化、精神文化,三个不同层次的文化有着内在的逻辑关联。制度文化既是物质文化的精神化,又是精神文化的物质化。一方面,它把人们相互之间及与自然界之间的现实的物质关系,升华为一种权力意志的精神表现;另一方面,它又把精神解释的某些意识观念,具体化为社会行为和组织框架的实践。这样,制度文化成了物质文化系统和精神解释系统连接的桥梁,成了二者互动关系的传承场。正是凭借这种村寨文化的内聚力,人类维护了本体认同的连续过程,形成了社会历史的发展。[2]从这一视角出发,郎德上寨村寨整体性的组织结构的延续为村寨传统文化的保护与传承奠定了坚实基础。不同

---

[1] 陈志永,潘盛之."差价策略":西江苗寨旅游市场的经济人类学分析 [J].湖北民族大学学报(哲学社会科学版),2021(5):10-19.

[2] 陈庆德.经济人类学 [M].北京:人民出版社,2002:318.

于在西江苗寨旅游业高速增长时村民违规建房与地方政府"控建"引发的矛盾，郎德上寨自旅游业开发以来，家庭建房均是在相应的规则下进行的，并未出现家庭建房的个体行为损害村寨整体景观与集体利益的行为。村寨旅游业发展至今，村民依旧牢牢守护着村寨禁忌与伦理的底线。除了前面提到的奥运圣火传递时村民对村寨禁忌与信仰的坚守外，在日常生活中，经营农家乐的业主在家中醒目的位置张贴告知书："外来的异性，哪怕是夫妻，入住家庭经营的农家乐，不能同住，否则按照当地习俗对游客进行处罚"。在村民看来，自己的祖宗与家庭成员同在，不愿看到外来客人在家中发生"不光彩的事"。

（二）有利于保护农户的弱势地位

在我国的村寨旅游开发进程中，各参与方的力量对比相对悬殊：公司或政府由于掌握着权力和资源成为旅游参与中的强势群体，是占主导地位的利益主体；社区民间组织发育不全，缺乏知情权，力量弱小，不足以抗衡强势集团，难以同强势的政府和公司平等对话，导致社区居民在利益分配、政治地位以及利益表达等方面明显处于弱势地位。[①]因此，权力、资本和农户力量对比的严重失衡，以及村民集体行动能力的匮乏，使村民面对强大的资本时处于明显的弱势地位。[②]与之相比，在郎德上寨二次旅游开发进程中，地方政府领导进行了长达8个月的前期调研，在项目建设中充分考虑不同群体的诉求，指挥部领导与村民在经营体制上的"讨价还价"，一定程度上是面对村民较强的集体行动价值的认可。作为一种契约替代模式，以村寨为单位的集体行动有利于发挥村寨的整体功效，保护村民在旅游开发进程中的利益诉求。因此，在郎德上寨二次旅游开发过程中，旅游公司介入后积极履行社会责任，为村

[①] 保继刚，孙九霞. 社区参与旅游发展的中西差异［J］. 地理学报，2006（4）：401-413.

[②] 安永军. 政权"悬浮"、小农经营体系解体与资本下乡——兼论资本下乡对村庄治理的影响［J］. 南京农业大学学报（社会科学版），2018（1）：33-40.

落提供公共服务。①招聘当地人到旅游公司工作，利用当地人的地缘优势识别进入车辆，辨认本地村民与外来游客，降低管理成本。②为村寨及村民修建公共设施及经营设施。如为村里年轻人修建塑胶篮球场，在游客接待中心附近为村民修建出售旅游商品的固定摊位，为村民出售旅游商品提供便利。③赞助村寨开展传统文化活动，如公司介入后，在每年的扫寨仪式、吃新节时给予村寨物质上的帮助和支持。④租用贫困户房屋进行精品客栈经营，为贫困户增收致富创造条件。

（三）有利于降低公司的运营成本，保障游客体验质量

农村社区的各种社会经济现象看似杂乱无章、不成规矩。但是，深入社区内部，可以发现规矩无时不有、无处不在；而且社区组织及制度构成了一个机制，影响和决定着个人及社区的行为或行动①。正是这样的组织机制为外来资本的低成本介入以及旅游业的可持续发展提供了制度保障。

在村寨旅游开发进程中，资本入村需要将村寨资源、村民利益、各方行动视为整体并有效组织，以满足外来游客需求，维持旅游业的可持续发展。然而，因村寨资源产权无法清晰界定，在契约难以发挥约束作用以及社会转型时期村民行为趋于原子化的背景下，资本入村常常要承受高额的交易成本。这也是许多外来资本入村时，往往选择捆绑地方政府，利用地方政府的力量维护企业利益与村寨旅游市场秩序的重要原因。

在郎德上寨旅游开发进程中，村寨较强的集体行动能力以及与地方政府互动、博弈基础上产生的合作方案所承载的权威性作为一种契约存在，一方面确保了地方政府与企业面对的是一个整体村寨，不会因农户的个体化、原子化被迫接受较高的合作成本；另一方面以村寨为载体的

---

① 陈万灵.农村社区机制：组织制度及其行为框架 [J].学术研究，2002 (7)：24-28.

旅游开发是以村民集体行动为依托的，村民集体行动有助于村寨内部产生自律机制，形成友好的村居环境，为村民与游客之间的良性互动提供可能，确保了游客的体验质量，降低了企业的管理与运营成本，维护了村寨旅游业的可持续发展。

（四）有利于确保村寨组织"中间人地位"，推动村民自治的深化

在村寨旅游开发进程中，资本顺利入村以及旅游产业组织化的有序运行，往往需要村寨组织及能人扮演中间人的角色，协调外来公司与村民之间的关系，并可减少因信息不对称而引发的高交易成本。然而，兼有村寨"当家人"与资本"代理人"双重身份的村落组织负责人往往难以在双重身份中保持合理的边界。在社会转型期，由于个体诉求的扩张、膨胀，以及村寨集体行动能力不足带来的监督与约束机制缺失，村寨组织常常成为公司代理人，或在招商引资、发展地方经济的行政考核目标下，被发展型地方政府体制所吸纳。这样，村寨组织负责人的行为逻辑使村寨法定组织失去了民意基础。与之相比，郎德文旅公司每月为村寨提供的10万元展演经费，一定程度上消除了村委会、旅游接待小组对旅游公司的依赖，确保了村寨组织不脱离村寨。另外，村民利益与村寨集体收入密切相关，这无疑增强了村民对村集体事务的关注度。村寨组织领导若不能站在村寨一边为村民代言，将会在下一轮的选举中被淘汰。综上，建立在村寨整体行动单位基础上的旅游开发，以及农户与村寨利益的捆绑，确保了村寨组织负责人的行动面向村内，不至于成为外来主体的代理人而导致"中间人"的角色漂移，确保了村寨组织"中间人"地位。与此同时，旅游接待小组的活力以及由公共节庆活动形成的组织，与村委会领导的行动形成竞争关系，村委会领导在代表地方政府、旅游公司处理村寨事务时，会主动面向村寨而不至于成为外来主体的"代言人"，这有利于维护村寨的整体性，推动村民自治的深化。

第五节　郎德上寨"公司+村寨组织+农户"的旅游开发模式：
多元建构与生成逻辑

一　"化外之地"的郎德苗寨

郎德上寨"公司+村寨组织+农户"的旅游开发模式与治理结构显示：以村寨为行动单位，全民参与，有较强的整体行动能力的特征是该组织模式与治理结构的制度内核。离开这一制度内核，村寨旅游经济运行将回到"公司+农户"的组织结构，以上讨论的制度优势将不复存在，这将不利于郎德上寨旅游业的可持续发展。为了更深入、系统地理解该项制度内核，笔者充分利用 10 余年田野追踪的优势，拉长研究的历史时段，揭示这一制度的连续性。

苗族作为一支古老民族，曾因战乱被迫长时期、远距离迁徙。[①]迁徙中既要面对外部力量的侵扰，又要与恶劣的自然环境相抗争。自然与社会生存的双重压力迫使苗族人民只有依靠族群内部的团结与合作，才能生存与延续。于是，"团结"与"集体行动"便潜移默化地内化为苗族村寨社会制度与文化价值的一部分。在村寨发展过程中，当地苗族创造了一套足以保证他们生存的、纯属苗族所固有的社会结构和组织，这就是鼓社、议榔、理老三位一体制。[②]有学者将其称为苗族古代社会结构的"三根支柱"[③]。其中，"鼓社"是政教合一性质的基层组织，"议榔"是制定法律的立法会议，"理老"则是依法（民间习惯法）仲裁的

① 郎德上寨及周边苗族村寨至今仍传唱的《迁徙歌》，叙述苗族祖先如何在汉人的历次征讨中"自东向西"，从土地肥沃的水乡不断迁往险恶贫瘠的山区。
② 石朝江.苗族传统社会组织及功能［J］.中南民族学院学报（哲学社会科学版），1993（3）：23-27.
③ 廷贵，酒素.略论苗族古代社会结构的"三根支柱"——鼓社、议榔、理老［J］.贵州民族研究，1981（4）：42-47.

司法"机关"，鼓社政教制、议榔立法制和理老仲裁制是苗族古代社会上层建筑的有机组成部分。苗族传统社会的鼓社、议榔、理老制度具有族群政治①的特征。

①公共权力的获得与财富关系并不紧密。财富并不是苗族文化传统中人们掌握公共权力的前提。与之相反，掌握公共权力的往往是地方文化能人，或在村寨中乐于助人、口碑较好的村民。如村寨中熟悉祭祀事宜的"鬼师"、安排农事的"活路头"，还包括维护村寨公共秩序及化解村民之间矛盾的寨老、理老等人。

②村寨内公共事务的决策、执行、监督，每个环节都体现公平、公开、公正与民主的理念。

③公共权力深嵌文化网络与社会结构之中。权力赋予源自村寨内部，权力运行自然深嵌地方文化和社会网络。

④在国家与村落社会关系高度离散的情况下，村寨内部公共权力能起到维护社会秩序和内部团结的作用。苗族社会内部虽无国家法律，但并不等于治理的混乱。相反，在苗族"榔规"等制度的治理下，村寨内部及村寨之间往往能够进行有效沟通、协商，并达成合作。

清朝雍正六年（1728）以前，雷公山区域为自主自治的区域没有行政建制，明清史上称为"化外之地"。许多迁徙至此的苗族居民往往为单姓、血缘亲属，后来者通过结拜兄弟等拟血亲的方式加入血缘共同体。村民们不仅生活在同一空间聚落，而且还通过农业生产、家庭接待中的互帮互助，建构为一个地缘共同体。从郎德上寨现存的聚落结构和家屋空间均可看出村民极为重视村寨的公共性，个体、家庭都是村寨共同体的组成部分，丢弃这一认同，如同丧失了生命和灵

---

① 谭同学．粤北杉村排瑶社会治理转型研究［J］．民族研究，2013（4）：50-60.

魂。①因此，郎德上寨自从事旅游接待以来，芦笙场上展演的歌舞类型多样，虽几经变化，但象征着村寨团结和全体村民共同参与的压轴节目——"团结舞"（有时也称团圆舞），却始终未变，成为固定的表演节目。综上，郎德上寨亲缘与地缘的相互嵌构使村寨始终保持着较强的集体行动能力。

二 国家化进程中的郎德上寨

晚清以来，清政府武力开辟苗疆，目的在于将长期形成的"化外之地"纳入中央王朝的治理版图，增加赋税。然而，在皇朝权力下沉过程中，因苛捐杂税过重，当地农民的生存空间受到过度挤压，武力行动遭到包括郎德上寨在内的黔东南苗族人民的反抗，引发了咸同年间张秀眉等人领导的农民起义。郎德上寨的杨大陆便是当年带领农民起义的苗族首领之一。在长达18年的苗民起义中，晚清政府军队与当地苗族均付出了惨重的伤亡代价，郎德上寨同样未能幸免。70多户200多人的村寨，在战争结束后，仅幸存15人，勉强组成4个家庭。②血腥的历史，惨痛的记忆，使郎德上寨村民更加强调本村内部的团结与认同。于是，"团结"潜移默化地内化为当地社会文化价值的一部分，成为深藏于他们内心的一个信念，渗透于日常生活的方方面面。③在村寨旅游开发进程中，村民"要团结，不要分裂"的价值诉求影响着公共政策的制定者。因此，当地方政府和行业管理部门领导提出将外来公司引入郎德上寨时，遭到了村民和村组干部的反对。至此，我们将研究视角再次转向晚清政府武力开辟苗疆的历史事件。在历经多次镇压苗族人民起义并付

---

① 曹端波，陈志永.遭遇发展的村落共同体：以贵州雷山县上郎德苗寨为例［J］.中国农业大学学报，2015（6）：46-57.

② 吴正光.郎德上寨的苗文化［M］.贵阳：贵州人民出版社，2005：2.

③ 李天翼.贵州民族村寨旅游开发模式研究［M］.成都：西南交通大学出版社，2014：94.

出高额的成本和惨重的代价后，晚清皇帝曾批示："苗民风俗与内地百姓有别，嗣后一切自相争之事，俱照'苗例'，不别绳以官法"。"苗例"即议榔大会制定的榔规，或习惯法。①这说明晚清政府在与苗族社会互动中，逐步认识到议榔的价值所在。因此，晚清政府在武力开辟苗疆后，其权力虽已渗透至苗疆，但对于苗疆的治理，仍然按旧有的传统"苗例"治理。民国时期，在苗疆腹地仍存在不同于内地的建制——"设治局"②，这说明该地有它自身的特殊性。除此以外，民国政府推行的以剪发和改装为主要内容的新生活运动，遭到苗族人民的坚决反对，最终政府不得不宣告这次运动的失败。总体而言，这一时期，除了缴纳必要的赋税和服兵役以外，苗族村寨与地方政府的关联性并不强，村寨依旧保持着传统的治理结构。

在新中国成立初期，国家在政治思想动员的基础上，通过核准土地与财富，划分阶级成分，对广大农村进行"耕者有其田"的社会主义经济改造。首先，政治动员中主张的"人人平等"与苗族社会所强调的平权社会的价值取向有着同构性。在晚清与民国时期，曾依靠权力网络或外出经商发家致富的"苗人"，也因这次社会主义改造而回归"平民"。因此，经过社会主义改造后的苗族社会均质性较强，并未因财富划分与权力重构产生内部分化。其次，土地均分与苗族社会长期存在并延续至今的"人人参与，见者有份"的公共财物分配理念与制度不谋而合。最后，国家所强调的公平、公正、团结的社会主义意识形态，与苗族社会迁徙历史上形成的团结、和谐价值观存在天然的同一性。这也就意味着村寨政治文化和价值观中的结构要素保持和加强了新国家的决定性力

---

① 李廷贵.再论苗族习惯法的历史地位及其作用 [J].贵州民族学院学报，1998（3）：3-5.

② 官署名。北洋政府时期于少数民族地区或边远地区尚未设县的，先成立设治局进行筹备，作为设县的过渡，国民党政府沿置。设治局与县政府一样，在不抵触中央及省的法令范围内得发布局令，并得制定单行规则，但须呈报省政府查核备案。

量①，国家力量在村寨中有历史与社会的合法性。与此同时，国家在少数民族地区推行的民族区域自治制度，招收、吸纳少数民族干部，建立现代学校推动基础教育，进一步打通了国家与苗族社会之间的关系。与晚清、民国时期政府相比，新中国成立初期国家在黔东南苗族社会的施政纲领与策略并未遭到当地苗人的反对，反而得到了当地人的高度认同。国家推动的政治运动、经济改革与社会主义的意识形态恰好与苗族社会内部的权力秩序、财富分配制度以及价值取向同构。因此，新中国成立初期国家权力下沉并未从根本上颠覆苗族社会内部的结构秩序，相反，更增强了黔东南区域苗族社会内部认同与国家认同，国家与社会互嵌互构的治理格局得以浮现。

新中国成立后，民族村寨以土地为主的生产资料私有制的改造，在家庭层面实现了劳动与生产资料的直接结合，并框定了整个生产的现实前提是对某种资源和手艺的独占关系。然而，地权均分后，因土地规模狭小分散，农作技术落后，土地投入不足，生产规模的扩展从根本上受到家庭所拥有的资源数量和个体能力的极限约束，使整个家庭经济活动只能以生计为重心展开，并以主体性生产的短缺和小生产者的分化赋予整个经济体系脆弱性的基本特征。②因此，家庭私有制确立后，农业生产中的互助合作与社会关系的建构，客观、历史性地成为克服家庭生产局限性的理性选择。从国家视角出发，孤立、分散、守旧和落后的小农经济无法为工业的起步提供更多的原始积累。③基于国情和现实的考虑，国家通过土地权力和生产工具的重新调整，实现土地、生产资料的社会主义公有制，借助合作化运动将农民组织起来。

---

① 弗里曼等.中国乡村，社会主义国家［M］.陶鹤山，译.北京：社会科学文献出版社，2002：13.

② 陈庆德等.中国民族村寨经济转型的特征与动力［J］.民族研究，2004（4）：28-37.

③ 曹锦清.当代浙北乡村的社会文化变迁［M］.上海：上海远东出版社，1995：47.

在农业合作化初期，民族村寨原有的家庭互助、合作传统以及节庆仪式等公共活动中的自组织地方性经验，与前合作化时代的自我管理的互助组、初级社是相融合的。之后，在国家推动下实现的政社合一、规模较大的高级社，虽为国家工业化、城市化建设提供了低成本的原料来源，但却因规模较大、管理成本较高而不得不将高级社调整为"三级所有、队为基础"的组织结构。"三级所有、队为基础"的组织体制实际上强化了以"队"为基础的生产与分配单位，而"队"往往是以自然地理边界、家族亲缘边界相重合的。因此，与之前的高级社相比，调整后的农村组织体制不仅能有效地从农村汲取资源，推动了中国快速工业化；人民公社通过将分散的农户组织起来，同时在医疗和教育、农村基础设施、农田水利建设等方面也取得了成果①，这在一定程度上增强了村民对国家以及社会主义的认同，同时凸显了集体行动力量与组织优势，让村民深切感受到了国家力量的强大与集体行动的价值和意义。以往学者的研究更多关注社会主义改造的负面影响，但笔者研究发现，这些改造在消解传统经济结构的同时加速了乡村社会的现代化进程，在建构村寨新秩序的同时增强了村民对国家与地方政府的认同。若缺少这样的认同，改革开放以后，国家权力的介入将无法成为建构村寨集体行动的外在力量。最后，人民公社时期城乡分割的户籍制度虽限制了农民的流动，但同时延续了农耕社会流动性弱的特征，强化了国家化进程中村民对村寨的认同以及村寨舆论的力量。从文化改造的角度来看，国家对传统文化活动的限制，使鬼师、寨老等传统精英受到了打击。然而，因农业生产方式没有发生根本性变化，长期附着于农业生产和生活方式中的"传统习俗"也就无法完全被摧毁，只是以隐秘的方式转入地下，并同样持续地支配着村民的行为习

---

① 贺雪峰. 改革开放以来国家与农民关系的变迁［J］. 南京农业大学学报（社会科学版），2018（6）：11-16.

惯与价值认知。这一时期，郎德上寨用于招龙仪式的鼓虽被没收，但因为村寨聚落与建筑几乎由木头建造而成，防火与村民日常生活安全息息相关，扫寨仪式依旧成为村寨公共事务与家庭生产、生活相关的一项十分重要的任务。为祈求村寨平安，提醒村民增强防火意识，带有宗教祭祀与防火警示功能的"扫寨"仪式依旧在晚上悄悄举行。这样，国家对传统文化活动的限制，因为村寨对该项活动的特殊需求，反而强化了村寨认同、增强了村寨凝聚力。不可否认，国家对传统文化活动的限制导致传统精英功能式微；但在国家权力下沉过程中逐步成长起来的新的精英阶层重新出现。他们作为国家代理人，利用国家赋予的基层权威，在社会主义发展进程中产生了较强的动员能力，成为新的整合力量。前文多次提到的老支书CZT正是在这样的时代背景下逐步崛起的，他们一方面与村寨保持着紧密的社会联系，另一方面成为地方政府在村寨推行各种新政的得力助手，在地方政府和与村民之间扮演中间人的角色，成为新时代引领郎德上寨社会经济发展的关键人物，具有较强的组织动员能力。

新中国成立初期，国家与苗族社会互嵌互构在增强苗族居民对国家认同的同时，也强化了村寨认同。人民公社时期以"队"为基础的经济和政治单位与村寨亲缘、地缘社会结构的嵌合，实际上强化了自然村寨文化、社会、经济与政治共同体的复合结构特征。在郎德上寨旅游开发进程中，郎德上寨为行动主体与接待单位，实际上是人民公社时期这一复合共同体的延续，同时也是共同体与外来力量相互碰撞后生成的又一新的复合型村寨共同体，并具有较强的排他性特征。在30余年的时间里，以郎德苗寨为代表的贵州黔东南少数民族村寨，与中国大多数农村一样历经了国家建构的历程，但因地域环境、历史文化与社会结构的差异，在与国家互动中呈现不同于大多数汉族村落的结构性差异。实际上，在国家政权建设研究视角占据主流地位的同时，一些学者在深入细致的田野调查基础上，通过对乡村政治社会变迁的细致考察，展示了单一国家政权建设视角所忽视掉的一些问题。①朱晓阳以云南昆明滇池附近的村庄为例，考察乡村社会的惩罚和社区整合机制的变化时，发现人民公社时期乡村社会内部的认同反而加强，村民团结一致对外，使社区得到了复兴。②张乐天以自己家乡为田野调查点，通过对人民公社时期的权力、制度、经济、家庭、生活等各方面进行深入调研后发现，人民公社时期国家组织与传统社区的叠合导致了人民公社内部的张力和社区内许多与国家意识形态相悖的"场面下行为"，提出以"外部冲击-村落传统互动"模式来描述具体场域中国家与村落关系的复杂形态。③受上述研究的启发，笔者发现，新中国成立后郎德上寨与国家互动同样呈现双重结构，即国家动员能力增强的同时强化了村寨认同。这正如美国学者孔飞力所强调的："在一个'现代性'有着多种形式的存在，也有着各种替代性选择的世界上，政治历史所要强调的，应当是同各种民族文化和历史经验相契合的种种'内部'叙事"。④因此，以郎德上寨为代表的民族村寨传统的、内在的整合力量因为国家权力下移受到削弱与约束，并有可能导致村寨走向无序时，国家却以另一种方式将村民整合并重新组织起来。而这样的整合与组织，虽与苗族村寨历史文化传统、与人民公社时期的集体运作逻辑有某种程度的契合，但已不同于传统社会时期的单一整合力量，它实际上是传统力量与国家力量共同建构的结果。我们之所以对郎德上寨旅游开发前的国家化进程进行梳理和探讨，实际上就是为了厘清在国家化、现代化进程中，国家与村寨社会之间互动的可能边界，以及在此过程中双方如何形塑对方与自我，为接下来分

---

① 董磊明.从覆盖到嵌入：国家与乡村1949-2011 [J].战略与管理，2014 (3/4).

② 朱晓阳.小村故事：罪过与惩罚（1931-1997）[M].北京：法律出版社，2011：9-15.

③ 张乐天.告别理想——人民公社制度研究 [M].上海：上海人民出版社，2012：4-5.

④ 孔飞力.中国现代国家的起源 [M].陈兼，陈之宏，译.北京：生活·读书·新知三联书店，2013：2.

析在村寨旅游开发进程中多元力量如何形塑村寨共同体这一制度内核奠定基础，提供历史视角。

三 改革开放以来旅游发展进程中的郎德上寨

20世纪80年代初，国家权力选择性上移与文化政策的重启，为传统文化的复兴与传统力量的再造提供了制度空间。郎德上寨作为杨大陆的故乡，以及留存的历史遗迹与文化底蕴，通过老支书和行业部门、地方政府的积极沟通，被贵州省文物部门遴选为村寨博物馆，并加以改造和建设。在国家成为建构村寨力量的历史背景下，村寨作为整体成为国家建设与改造的对象，对郎德上寨村民而言，这意味着村寨的价值得到了国家的认同，村寨的集体荣誉感油然而生。之后，行业管理部门实施的项目以村寨历史为底色；在项目实施中，体制机制创新贯穿基层民主管理与利益分享，确保了村民的主体性地位。基于村寨历史及村民主体的项目实施机制，不仅获得了村民的支持和认可，确保了项目完成的质量，同时增强了村民对村寨的归属感和对村寨集体组织的认同感，培育了村民自组织能力。而村民集体行动铸造的项目建设成就，以及项目实施过程中培育的村寨自组织能力得到了文物部门的认可，从国家层面再一次强化了村寨共同体的主体性意识。之后，作为新精英代表的老支书与作为传统力量的鬼师、寨老通力合作，打破地方传统文化的约束与限制，以全民参与的整体式行动，承接级别较高的政务型接待，一方面凸显了郎德上寨在周边苗族村寨中的独有价值，另一方面也说明郎德上寨的文化底蕴与集体行动能力不仅得到当地政府的肯定，也获得了更高一级政府的认可。这对于强化村民的集体荣誉感，增强文化自信和村寨认同无疑发挥着非常重要的作用。这一时期，郎德上寨村民的集体行动更多是依靠人民公社时期政治动员的余温与村寨内在的传统文化逻辑，通过村寨政治精英、传统精英以及村寨整体空间而将政治动员与文化逻辑在特殊的时空条件下实现了无缝对接，既满足了地方政府的诉求，同时增强了村民的文化自信和村寨整体认同。

这一时期，村民参与的热情内嵌于政治动员与文化逻辑中，经济理性尚未凸显。然而，接待频率的增加以及以家庭为单位的村民经济理性的凸显，是否会导致集体行动式微？如何保持、延续村民的集体参与热情？这些问题值得继续追问和思考。

作为地方文物部门打造的以村寨为载体的文物示范项目，自然要接待各类政务型客人。然而，接待频率和机会的增加与农业生产必然形成张力。这意味着政治动员、文化记忆与村民理性之间出现矛盾，毕竟纯粹的政治动员与过分强调文化传统不能解决村民的生计问题与现实需要。为了提高村民参与的积极性，增强基层领导和村寨精英的动员能力，村寨接待的政务客人往往会给予村民一定的务工补贴。自20世纪90年代末以来，国内旅游市场逐渐兴起。此时，雷山县政府为响应国家政策号召，从地方文化资源禀赋优势出发，成立了旅游局，负责全县旅游工作，雷山县旅游业发展有了组织保障。此后，当地政府连续多年举办"苗年节"系列活动，扩大了雷山苗族文化知名度，游客、旅行社纷至沓来，涌向郎德上寨的游客越来越多，村民收入逐渐提高。在接待外来游客的过程中，部分家庭充分利用空间优势和文化优势，售卖工艺品和开办农家乐，详细情况如表3-4所示。

表3-4　1986~2007年郎德苗寨旅游接待情况

单位：人次，元

年份	接待游客数量			收入			
	国内	国外	合计	表演收入	工艺品销售	餐饮住宿	总收入
1986	1070	113	1183	7095			7095
1987	1223	263	1486	8835			8835
1988	1694	438	2132	12788			12788
1989	1784	486	2270	13620			13620

续表

年份	接待游客数量			收入			
	国内	国外	合计	表演收入	工艺品销售	餐饮住宿	总收入
1990	1750	441	2191	13148			13148
1991	1949	411	2360	18880			18880
1992	4211	828	5039	40310			40310
1993	2390	546	2936	26426			26426
1994	4808	783	5591	44720			44720
1995	6025	698	6723	58780	3361	2713	64854
1996	5074	803	5877	86295	2734	2430	91459
1997	6045	1146	7191	87045	3588	3013	93646
1998	6773	705	7478	89730	3738	3181	96649
1999	6461	1054	7515	90180	3750	3394	97324
2000	6988	1185	8173	98070	4000	3638	105708
2001	4448	1138	5586	83775	2793	3150	89718
2002	6825	2171	8996	102375	3413	3643	109431
2003	12003	2015	14018	210263	7000	8374	225673
2004	15753	2265	18018	307710	22009	25531	355250
2005	29791	2353	32144	489957	22568	33635	546160
2006	54187	4087	58274	793977	319900	152700	1266577
2007	61767	4316	66083	1084600	328700	183400	1596700

资料来源：陈昌智.郎德上寨旅游发展现状分析［R］.郎德镇政府调研报告，2008。

　　如表3-4所示，首先，游客人次的逐步增加为村民参与集体接待活动提供了机会和可能。但不可避免的是，随着村民与游客互动以及旅游收益的逐步增加，尤其是工艺品销售与农家乐经营的增多，个体理性将侵蚀集体理性，导致集体行动的困境。不仅如此，有限的游客资源必将激化村寨内部本身具有的家际竞争，过度竞争最终将消解村寨的公共性与旅游吸引力。但可喜的是，上述问题并未出现在郎德上寨。其次，随着游客的增加，当地政府与行业管理部门希望引入外来资本，加快旅游业的规模化发展，但却遭到村民反对。因为他们担心外来资本的介入可能会导致村寨整体性的消解。最后，笔者发现，留守在郎德上寨参与集体接待活动的村民的收入无法与外出务工村民获取的收入相比。但郎德上寨村委会提供的数据显示，自1986年郎德苗寨旅游业兴起以来，外出务工村民仅占很小的一部分，并没有危及集体接待的氛围。这意味着在郎德上寨旅游发展进程中，村寨一直保持着整体性的行动能力，旅游经济运行获得了坚实的社会基础支持。那么，村寨保持较强的集体行动能力的原因何在？建构村寨集体行动能力的结构力量又是什么？

郎德，苗语称为"尼德"，意为地形狭窄，山高谷深，土少岩多，平地极为有限。由于地理、气候等条件限制，郎德"年成好时有饭吃，就是不得钱用，遇到灾年就要饿饭"。①中央民族学院（现中央民族大学）民族学系83级实习组1986年到郎德上寨调查发现：1985年，农业是郎德上寨最主要的生产部门，是经济和社会的支柱。全村共有耕地278亩，主要种植水稻、小麦、玉米等农作物，劳动力共有234人，全部从事农业生产。②1985年，全寨粮食总产量只有16万余斤，人均口粮只有352斤，全寨大约有一半左右的人家粮食不够吃，余缺部分要靠其他的副业来弥补。③自1986年开门迎客以来，村民参与集体接待的务工补贴随着游客人次的增加而逐渐增多，村民参与旅游接待的积极性逐渐提高。然而，旅游收入与城市居民、外出务工村民收入相比，似

① 李丽.郎德工分制中的道义、理性与惯习——农民行为选择的田野研究［D］.贵州师范大学硕士学位论文，2008：7.
② 中央民族学院民族学系83级雷山县实习组.贵州省黔东南苗族侗族自治州雷山县报德乡郎德上寨民族调查报告［R］.1986：5.
③ 中央民族学院民族学系83级雷山县实习组.贵州省黔东南苗族侗族自治州雷山县报德乡郎德上寨民族调查报告［R］.1986：19.

乎不甚理想，如何能够维系家庭再生产甚至建造新房？这样的收入又如何能吸引年轻人不外出务工而留守村寨？

　　关于农民收入的问题，费孝通先生早在20世纪30年代便指出："在研究乡村社区生活水准时，简单地以货币的收支来总计家庭预算，是不足以说明问题的。调查者必须从两方面入手来对消费品进行估价：一方面是那些从市场买来的消费品；另一方面是消费者自己生产的物品。前者应以货币值来表示，其总和代表着人们生活所需的货币量。消费者自产自用的物品不进入市场。这些物品的货币值无人知晓。"①探讨郎德上寨农民的收入问题，识别上述两类消费品之间的关系是很重要的。对郎德上寨村民而言，他们在家种地，养殖家禽，种植蔬菜，这些自给自足的经济成分并未统计到农民收入中；但它们却真实存在，改善着村民生活。与外出务工者及城市居民收入相比，郎德上寨村民参与旅游接待所获收入显然不如前者，但村民每日的生活开支无须完全通过货币交换也可完成。"吃饭靠种地，花钱靠旅游"，这几乎已经成为当地村民的共识。不仅如此，农户建房、婚丧嫁娶这样的家庭活动与消费支出，大多能通过互帮互助完成。尤其是在当前城市劳动力价格不断上升的市场环境下，留守农户建房的劳务支出尚未完全进入市场，这意味着留守农户只需相对较低的货币投入便能完成建房目标。更重要的是，留守农民可以充分利用农闲与集体接待之外的闲暇时间，在村寨这个熟人社会编织亲朋关系网络。这个网络不仅可以在农民遇事时提供帮助，而且这个网络本身具有重要的社会经济价值：正是在这样的关系网络中，农民感受到了生命的意义，找到了归宿，并因此有安全感，有价值体验，有喜有忧，有苦有乐。与之相比，我国中西部的广大农村，家庭联产承包责任制的推行使单位面积土地生产率提高，也使农村隐形失业率上升，农民被吸引

---

　　①　费孝通.江村经济——中国农民的生活［M］.北京：商务印书馆，2006：12.

到具有陌生人社会特征的城市。外出务工人员与留守村寨农民相比，现金收入明显增多。然而，外出务工的日常生活开支绝大部分需要通过货币来完成，这无疑增加了外出者的货币支出。不仅如此，当外出务工者被卷入"陌生人"社会中，不确定因素增多，这使外出务工者无法获得村寨熟人社会中的温暖。虽然西部民族地区的少数民族常常以结群的方式外出，这样似乎可以通过非正式连接的组织优势降低外出风险，获得集体的温暖。但是，外出村民为了延续和建构社会网络，将村寨中原有的低成本甚至无须通过货币支出便完成的社会消费转向城市时，无疑加重了外出者的经济负担。如郎德上寨村民若宴请亲朋好友，只需现场抓鸡，到菜园子里采集部分免费蔬菜，或到自己耕作的稻田中抓鱼，无须通过货币支出便可轻松完成一次宴请接待。而在城市，完成一次稍有面子的宴请或接待所需的货币支出远远高于农村。综上，虽然郎德上寨村民的货币收入不及外出务工者，但村民们在熟人社会的环境中完成家庭物质与人口再生产，建构熟人社会关系网络，过着有意义而体面的生活，这显然是外出务工者无法比拟的。郎德上寨村民的收支结构为留守村民提供了经济支撑与解释逻辑。此外，郎德上寨村民参与旅游接待的机会均等，村民的消费结构、住房大小和质量相差无几，尚未对村寨的集体行动形成消解。

从"农业+旅游"的兼业结构与组织优势来看，在村寨旅游开发中，农户除了经营农家乐、出售旅游工艺品需要一定的资产性投入外，在"说话便会唱歌、走路便会跳舞"的生活场景中，村民参与集体接待与歌舞表演本身就是当地村民生活、娱乐的一部分，无须再进行专门的资产性投入便能让地方性知识在集体行动中得以创造性转化，实现民族文化的资本化。从兼业的另一半来看，围绕农业生产的"小农"经济长期以来遭受诟病，"小农户"被视为落后、愚昧的象征，尤其是被卷入市场化进程中分散的小农经营因难以对接大市场被视为改造的对象，在政策上往往得不到支持进而被农业经营中的大户、能人甚至外来资本所取代。事实上，小农家庭之所以能够存在并延续数千年，有着家庭以外的社会组织、官僚组织、市场组织难以比拟的特殊优势和延续的内在逻辑。小农家庭是以情感、血缘与特殊信任聚合而成的组织结构和农业生产与管理的特殊嵌合，即使是处于强大动员能力、强制约束力与意识形态渗透并存的人民公社时期，公社组织的优势也难以超越家庭生产与管理的组织优势，更不用说替代家庭农业生产。在完成工业化积累的使命后，农业生产领域内人民公社的组织优势最终被家庭式农业生产微观组织所取代。在市场化进程中，农业生产与经营具有生产周期长、经营分散、利润相对较薄等特征，加之农业生产过程中的特殊激励和监督问题，以追求利润为目的的外来资本往往不愿意直接涉足农业生产环节，而是通过"公司+农户"的"订单"或"契约"模式，利用交易和流通中的垄断优势，获得明显高于生产环节的利润，而把农业生产中不可避免的自然与市场风险，以及过高的监督管理成本转嫁给小农户。近年来，国家农业产业化政策取向从过去的依靠大企业、精英能人转向加大对小农户的直接支持，这本身就是对小农户在农业生产中因特殊的认同单位而形成的组织管理优势的充分肯定。因此，在郎德上寨旅游开发进程中，农户并未放弃的家庭农业生产与旅游接待中的集体行动既发挥了家庭农业生产与管理的组织优势，也实现了传统和现代市场的有效衔接，实现了民族文化的资本化转换，真正凸显出"宜统则统、宜分则分、统分结合"的双层经营体制优势。从二者之间互构互嵌的内在逻辑关系来看，以家庭为单位的农业生产的存在与延续，降低了农户生产、生活的支出，维系了村民之间互帮互助的传统，为村寨集体行动及秩序再生产提供了社会基础。旅游接待中的集体行动不仅提升了旅游吸引力，更重要的是村民之间的频繁互动与公共舆论对村民产生约束机制，使村民保持自律，从而建构出一套相对和谐的景区社会秩序，成为旅游业可持续发展的重要支撑。这样的约束机制化解了村民间因旅游收益差异产生的矛盾，让村民持续着传统的社会关联，使村民间互帮互助的传统得以延续，降低了农户生产、生活的货币化支出。可见，兼业与收入结构的多样化，其功能与价值并不仅限于经济层面，其社会价值同样不可被忽视。综上，兼业确保了当地农民的生产生活不"脱嵌"于村落地域空间、社会结构与历史文化基础，兼业让当地的农业生产、家庭生产、社会生产、文化再生产等多样化的生产相互嵌柭为一个整体，正是这样的"集成"让外来游客感受到郎德上寨"乡村性"的存在。这也是郎德上寨旅游市场虽经历西江苗寨的强力冲击仍有较强的恢复力，以及地方政府坚持不放弃发展郎德上寨旅游业的重要原因。这样深嵌于村民日常生活，带有隐秘特征的组织结构与互嵌互构的优势，绝非短期研究所能认知，需要长期驻守田野，深入观测，反复琢磨，才能发现在村民持续的农业生产与旅游接待中集体行动的特殊价值。

在郎德上寨旅游开发进程中，村寨内部并非没有矛盾。在旅游场域中，市场对社会文化的侵蚀在所难免。村寨内部本身存在的资源稀缺引发的家际矛盾始终存在。即使是像郎德上寨这样村寨共同体特征较为明显，甚至带有村寨主义①特征的少数民族村寨，家庭本位的存在也使家际之间的竞争成为必然。游客作为外来资源，成为家庭之间除面子、声誉之外可能诱发竞争的又一因素。但村寨的共同信仰，血缘关系或通过结拜兄弟而形成的拟血缘关系，以及在农业生产领域、婚丧娶嫁、建房、接待亲朋好友过程中形成的互帮互助传统，对于化解村民日常生活中存在的矛盾与纠纷发挥了重要作用。除此以外，以芦笙场为典型代表的物理公共空间和以旅游接待小组为代表的组织公共空间，作为传统与现代相融合的平台，将村民在现代市场经济环境中所吸纳的自主精神及

---

① 马翀炜.村寨主义的实证及意义——哈尼族的个案研究［J］.开放时代，2016（1）：206-221.

参与公共事务的制度性要求，与本土资源结合起来①，形成具有现代性内涵的社会变迁的坚实基础②，为激励村民参与集体接待，约束村民机会主义行为产生了重要影响。

除了内部的建构力量与整体性的自我约束机制外，外部力量与约束机制的存在也是建构郎德上寨整体行动的重要因素。

贵州清水江流域及雷公山区域的苗族社会是以"主客"的对立与联系建立起来的，即以宗亲为经、以姻亲为纬建构起来的社会。以此为视角观之，家庭这个社会细胞也是由宗亲与姻亲的经纬线交织而形成的一个点，无数这样的点连接成一个苗族社会网络。既非宗亲也非姻亲的群体，也以拟宗亲或拟姻亲的方式组成更大的网络，即放大的亲属网络。③在这样的亲属关系网络中，有关系网络成员相互支持的一面，但同时"主客"的对立，也必然在家庭、宗亲、姻亲甚至村寨之间，产生资源、身份、声誉等方面的竞争。郎德上寨自20世纪80年代成为村寨博物馆以来，从雷公山区域一个名不见经传的普通苗寨迅速蜕变为地方上的"明星村寨"，成为周边村寨老百姓羡慕的对象。2014年与雷山县旅游局张华局长讨论有关郎德上寨旅游模式时，张华局长形象地提道："其他地方的村民到雷山县城赶集，基本上是走路，而郎德上寨的村民到县城赶集，基本上都是坐中巴车或面包车"。郎德苗寨获得的诸多荣誉与福利均是建立在以村寨为单位的集体行动基础上，并不是以家庭与个人为基础。当外来荣誉与福利进入区域性社会文化网络之中，村寨作为承载与获取主体，无疑强化了村寨组织在区域性社会文化网络中的地位和价值。这样，无论是村寨组织中的家庭

---

① 关于基层民主、传统治理与集体行动之间的关系，放在书中后半部分探讨，这里不再赘述。

② 孙兆霞等.屯堡乡民社会 [M].北京：社会科学文献出版社，2005：48.

③ 刘锋等.地方文化资源与乡村社会治理——以贵州清水江流域苗族为例 [M].北京：社会科学文献出版社，2018：207-208.

还是个人，自然会以成为村寨组织中的个体而引以为豪，从而强化了村寨认同与村寨声誉。

从发展理性与制度安排的角度来看，郎德上寨全体村民参与的集体接待行动与工分制的分配制度，所体现的较为原始的合作方式和带有人民公社体制痕迹的制度符号，成为建构郎德上寨旅游吸引力的重要因素之一，并与优美的自然生态环境和古朴、独特的村寨建筑群落综合集成，营造出热情好客、隆重而又轻松的村寨接待场面，同城市社区的非熟人社会关系以及嘈杂、紧张的城市空间形成强烈反差，强有力地吸引着国内外游客到此旅游。尤其是进寨的12道拦路敬酒仪式和铜鼓坪（芦笙场）的集体歌舞表演，这两项核心项目的参与性、体验性极强，几乎需要全村人共同参与。从制度安排的价值来看，"工分制"不仅激发了村民的参与热情，同时保证了村民参与的稳定性和旅游产品本身的特色和价值。郎德上寨借助有组织的集体接待行动，有助于增加旅游产品丰度，延长游客停留时间，提高旅游生产力，弥补村寨自我发展能力有限所带来的资源开发深度不足、产品单一等问题。这种整体上的利益获取与资源优势，绝非单个家庭所能完成，而是当地村民理性选择的结果，是村寨自我发展能力有限条件下的优先选择。这样的组织结构与分配制度如果发生改变，将会引起经济形态的改变和组织结构的变迁，由此引起文化面貌与社会结构的改变。综上，村民集体行动的实践价值使村民凝聚成一种整体优于个体、个体服从整体的行动共同体。这样的共同体绝非均质性的共同体，从工分制的组织特征与运行机理来看，这样有组织的集体行动是以利益共享为基础，以分工协作为手段，以在不断"讨价还价"基础上形成的制度建构。这样，长期的共同生活与文化认同、频繁的日常互动与利益共享、传统治理与现代基层民主相互嵌套，共同构筑一个具有文化、经济、社会、政治特征的村寨共同体。对于当地农户而言，融入这样的组织，不仅表现为一个群体活动的过程，而且是与经济过程、权力抗争政治过程互构，最终融合为一个复杂而多元的总体性过程。在这种总体性的过程中，经济因素与非经济因素密不可分地扭合为一股一致性的力量，强化着群体的存在这一基本的生存前提。①

郎德上寨的组织特征与制度内核也是村寨和国家、地方政府以及行业管理部门整体互动的结果。对郎德上寨村民而言，新中国成立后，国家权力下移及村寨权力的重构，以及在此过程中对教育、医疗、道路交通、水利等公共服务的有效供给增强了国家权威性。这是我们讨论郎德上寨旅游业缘起、快速发展、衰落及其之后二次旅游开发的基础。改革开放初期，藏匿于民间的传统文化随着国家权力的选择性上移而复苏，民间性的公共活动得以从"地下"转入"地上"。同时，人民公社时期崛起的村寨精英——老支书CZT，借助其特殊身份，获得文化政策调整的信息，最终通过努力将郎德上寨纳入村寨博物馆建设的项目。对郎德村民而言，政府征用意味着村寨整体价值受到关注，获得了国家与地方政府的认可和肯定。这样，以村寨为单位的群体身份和社会地位由此得到了某种意义上的确证与提升，从而强化了村民对村寨价值的认同与共识。之后，文物管理部门通过体制机制创新，将项目实施过程与基层民主管理、利益分享、村寨历史与现实价值有机结合，不仅确保了项目质量，同时强化了村寨社区记忆，培育了村民的自组织能力，增强了村民对村寨法定组织的认同感。这同时说明，国家权力的基层渗透并非会消解村寨的组织传统；相反，如果能将权力介入与基层民主、利益分享、村寨记忆有效关联，不仅会使地方性治理传统被激活，同时能使国家权力在村寨中获得合法性认可，增强权力组织的动员能力。

旅游业兴起后，郎德上寨成为当地政府重要的接待点，为方便与村寨对接相关的接待事宜，在地方政府的推动和村寨的积极响应下，成立了具有内生属性的旅游接待小组，这使郎德上寨村民的集体行动有了组

---

① 陈庆德.经济人类学［M］.北京：人民出版社，2002：373.

织保障。在20世纪八九十年代，郎德上寨作为贵州省文物部门打造的亮点项目，也是旅游部门划定的较早一批乡村旅游接待点，自然承担着较为重要的接待工作。从老支书CZT家所挂照片中不难发现，郎德上寨曾接待过多位国家级、省部级领导，甚至还接待过国外元首。以村寨为单位的集体接待不仅得到了各层领导的肯定，同时让村民意识到村寨整体行动的价值。这一整体行动不仅增强了旅游吸引力，提升了郎德上寨的旅游市场品牌价值，积淀了社会资本，也为郎德上寨获得各类荣誉与政治资本奠定了坚实的基础。1995年，郎德上寨被贵州省文化厅授予"苗族歌舞之乡"的称号；1997年，郎德上寨被国家文化部授予"中国民间艺术之乡"的称号；1998年，郎德上寨被国家文物局列为"全国百座特色博物馆"之一；2001年，郎德上寨被列为"全国重点文物保护单位"。不难发现，上述荣誉均是以村寨为单位取得的，这不断强化了郎德上寨村民的荣誉感。2008年，奥运圣火选择在郎德上寨传递，在一定程度上体现了国家、地方政府对郎德上寨自组织能力的高度肯定。因郎德村民的集体行动能力得到各级政府的肯定，村民大受鼓舞，充分意识到集体行动能力的价值所在。这反过来驱使村民以集体行动能力为资源凭借，在科层制权力结构体系中表达诉求，如前文所述的"经营管理权的维护""文化与尊严的守护""村寨禁忌与信仰的坚守"，这同时反映了郎德上寨村民学会将村寨集体行动视为表达诉求的理性工具。由此不难看出，郎德上寨村民的集体行动并非外来力量单一作用的结果，在村民与外来政府组织不均衡的互动过程中，村民学会借用集体行动的地方性知识建构自我，主动拓展村寨集体行动的多维功能与权力边界，这样的拓展反过来强化了村寨在地方政府发展战略与规划中的影响力。1998年8月27日，贵州省人民政府同意雷山县撤销报德乡设立郎德镇，并把镇政府所在地从报德村搬迁到省干公路边的郎德下寨，其目的是以郎德上寨为依托，将郎德镇建成民族风情旅游重镇。郎德寨此前仅为报德乡下辖的一个行政村，这次的更名以及基层政府所在地的搬迁，足以显示郎德上寨以村寨为行动单位在地方社会、经济、文化以及政治方面产生的影响力。这也是促成地方政府推动郎德上寨二次旅游开发的重要原因。当然，对于郎德村民而言，村寨之名成为乡镇之名，凸显了郎德上寨在周围村寨中的地位，这对于建构村寨认同无疑具有重要的价值。

除了各级政府以外，很多长期关注郎德上寨的专家学者以及新闻媒体，同样是建构郎德上寨组织内核的重要力量，为村寨共同体的延续发挥着重要作用。国家、游客群体、新闻媒体、学术机构等多元力量的进入，"他者"与村民的互动逐渐唤醒村民的社区记忆与文化自信。在村寨旅游开发的结构场域中，反映苗族衣食住行等物质文化层面的结构性要素，通过当地有组织的集体行动得以系统、完整地彰显，通过熟人社会的"面子"文化与竞争机制，在与外来游客的深度互动中构筑起当地村民的文化自信和村寨自豪感。当然，作为源自村寨之外的力量，地方政府无疑是建构村寨组织内核最直接、影响力最大的结构性力量。这一力量的调整与变化，必将影响郎德上寨组织内核的稳定性。如前文所述，2008年，随着雷山县政府发展战略与目标的转移，郎德上寨旅游业迅速走向衰落，导致大量村民外出务工寻求发展机会，村寨集体行动能力受损。

在郎德上寨二次旅游开发过程中，公司成为建构"公司+村寨组织+农户"组织结构内核的重要力量。郎德文旅公司是西江旅游公司子公司，西江旅游公司作为雷山县县级层面的国有企业，服务于地方政府，为地方政府负责企业主要领导由地方政府派出，西江旅游公司经营西江苗寨的门票收入是地方政府财政收支重要来源。总之，西江旅游公司作为国有企业，其经营战略与管理受制于地方政府，某种程度上是地方政府的下属机构。郎德文旅公司作为西江旅游公司子公司，这是否意味着没有必要将旅游公司单独作为建构郎德上寨组织内核的结构力量展开讨论？其实不然。旅游公司虽带有地方政府属性，但作为市场主体，同样要遵循市场的运行逻辑。如果完全按照地方政府的逻辑运营企业，企业也就失去存在的价值。因此，有必要按照企业运营和市场的逻辑，继续讨论该结构力量如何作用于郎德上寨旅游开发。

郎德文旅公司作为西江旅游公司的下属企业，因西江旅游公司战略重点主要指向西江，郎德文旅公司经营的郎德苗寨景区仅仅作为西江旅游公司经营的西江苗寨景区产品的补充和落实地方政府施政方略的载体，郎德文旅公司的资本与融资能力有限。因此，为了能够在市场中存活下来并尽可能获得发展，除了以西江旅游公司作为靠山，郎德文旅公司还积极寻求地方政府提供的公共服务，郎德上寨的组织优势也是公司可以依赖的对象。郎德文旅公司介入后，并未成为景区产品业态的主要供给者，而仅仅是景区整体经营管理与门票收取的主体。之所以选择让当地村民继续作为吃、住、娱、购的供给主体，并非公司不想扩大经营范围，而是公司在筹资能力受限条件下的理性选择。尤其是郎德苗寨全体村民参与的"12道拦路敬酒"仪式和集体歌舞展演这样极富吸引力的核心旅游产品，其组织形态与制度安排不仅与村寨聚落共同构筑核心吸引力，还可弥补景区产品业态不够丰富的缺陷。对旅游公司而言，村民亦农亦旅的兼业结构同样降低了公司的运营成本，实际上是公司对村寨"宜统则统、宜分则分、统分结合"双层经营体制的充分肯定。反过来，郎德上寨的双层经营体制同时弥补了公司投融资能力的不足。试想，郎德文旅公司若也像西江旅游公司经营的西江苗寨景区一样，组建一支专业歌舞表演队，将会面临哪些问题？首先，郎德上寨景区的游客规模不及西江苗寨景区，无法吸引专业的表演队伍入驻。郎德文旅公司若成立一支专业表演队伍，不仅需要提供一份全职雇工人员的工资，还需统筹考虑表演队伍的饮食起居等事务，这无疑加大了公司的成本支出。因此，在综合考量后，郎德上寨全体村民参与的旅游接待与歌舞展演被完整地保留下来，这对公司而言无疑是最优化的选择。其次，从制度变迁与交易成本的角度看，在郎德文旅公司入村前，郎德上寨本身是一个有组织和自律能力的行动单位。郎德文旅公司选择与这样的行动单位交易，对公司而言是一个诱致性制度变迁的过程，制度变迁的成本较低，容易和村寨达成共识，降低交易成本。相反，若交易主体解散，自律能力消失，公司无法将每一个村民吸纳为公司的员工，这意味着公司面对的将是农户个体甚至自律能力消失后的"钉子户"，这无疑会增加公司与村寨合作的交易成本。最后，郎德上寨的产业组织结构不同于农业产业化进程中的"公司+中间组织+农户"产业组织结构。农业产业化进程中的流通与销售环节大多由村寨之外的公司来完成，农户与合作组织仅仅按照公司要求提供制度框架内的产品。以村寨为载体的旅游产业组织化过程，因产品消费具有生产与消费的同步性特征，这要求产业组织结构中的产品与服务由旅游公司、中间组织、农户共同合作完成。服务供给主体的多样性无疑增加了产品与服务销售的复杂性与风险性。与一般的工业产品或农产品供给特征不同的是，旅游消费具有生产与消费的同步性、消费信息不对称、一次性消费等特征。在缺乏强制性约束的条件下，参与产品与服务供给的部分分散经营的农户犯机会主义错误的可能性增大。因此，旅游公司对分散经营农户的机会主义行为的管理与监督尤为重要。旅游公司如果对分散的农户实行管理，必将承担高额的管理成本。面对这样的消费特征与管理困境，理性的做法是公司将管理的重任委托给有组织和自律能力的村寨组织。因此，按照约定，郎德文旅公司每月按时支付旅游接待小组3万元的公共管理经费。公共管理经费一方面增强了村寨组织的动员能力，另一方面降低了旅游公司的管理支出，双方均实现了共赢。通过以上分析可知，郎德上寨"公司+村寨组织+农户"产业组织内核实际上是由于旅游公司受限于自身有限的筹资能力，面对高额的制度变迁成本，在遭遇旅游消费特征引发高额管理成本的条件下，主动选择与理性建构的结果。

综上，郎德上寨"公司+村寨组织+农户"组织内核是当地村民、地方政府以及旅游公司共同建构的结果。组织结构的性质既不同于传统社会时期完全依靠村寨内生力量自然形成的村寨共同体，也不同于人民公社时期依靠国家外部力量强制整合的政治共同体，而是改革开放以来村寨自治传统、国家权力结构以及市场力量综合作用的结果。概而言之，郎德苗寨"公司+村寨组织+农户"产业组织结构的制度内核绝非某一单一力量所能及，是多元而综合的力量共同形塑了郎德上寨这一制度内核，如表3-5所示。

表3-5　不同时期郎德上寨制度内核的结构力量、组织特征以及功能与价值

历史时期	结构力量	组织特征	功能与价值
晚清以前	血缘、拟血缘	鼓社、议榔、理老三位一体制的组织结构，即"三根支柱"	维护村寨团结统一，增强村寨凝聚力，确保村寨公共安全，实现秩序的再生产
晚清至民国	村寨整体力量、地方政府	除了缴纳赋税、服兵役外，村寨组织以村寨力量为主、政府力量为辅	维护村寨团结统一，增强村寨凝聚力，确保村寨公共安全，实现秩序的再生产的同时确保国家统一
新中国成立以来至改革开放前	村寨整体力量、国家力量	以国家力量为主，村寨内部力量隐藏，国家力量与村寨传统力量冲突的同时具有相互建构的一面	满足国家现代化、城市化、工业化建设的需要，增强了国家认同和村寨认同
旅游业起步时	村寨传统力量、人民公社体制的余温、文物部门、外来的政务型参观者	内外力量多元建构的结果。主要以村寨传统力量、人民公社时期国家权力的余温为主，市场力量尚未凸显	满足地方政府行业管理部门项目建设的需要，同时为了迎接政务型客人
旅游发展进程中	村寨传统力量、游客、地方政府、行业管理部门、专家学者、新闻媒体	内外力量多元建构的结果。市场力量、传统力量以及国家、地方政府力量相互嵌构	满足旅游业发展和村民脱贫致富需求，以及地方政府发展经济的政治诉求

历史时期	结构力量	组织特征	功能与价值
旅游业衰落时	村寨传统力量、西江苗寨、散客	集体行动能力受到削弱，主要依靠传统力量与微弱的市场力量维持制度内核	维护村寨团结统一，增强村寨凝聚力，确保村寨公共安全的同时实现秩序的基本再生产
二次旅游开发	村寨传统力量、地方政府、旅游公司、游客	村寨原有的权威力量受到削弱，建构组织的力量多元，缺少权威的力量	满足旅游业发展和村民脱贫致富需求，以及地方政府发展经济的政治诉求，找回郎德上寨旅游业过去的辉煌

第六节　郎德上寨旅游开发进程中
组织模式的延扩性

一　"公司+村寨组织+农户"组织模式：问题与挑战

"公司+村寨组织+农户"组织模式作为一种稀有的、渐变的村寨旅游产业组织模式与治理结构，在实践中没有现成的经验可以借鉴，亦无专门的理论可以参考，在发展中面临问题与挑战在所难免。

（一）外部交易还是外部交易内部化

在郎德上寨"公司+村寨组织+农户"治理结构中，村寨组织的形成源于当地特殊的历史文化传统，是村民在长期博弈和互动的基础上理性调适、主动选择的结果，整个过程贯穿基层民主与地方性治理的智慧。该治理结构形成前，由地方政府推动实施的合作方案承载着社会情感、文化认同、村寨诉求与民主。有了上述基础，旅游公司才得以顺利介入村寨。但公司介入毕竟才刚刚开始，合作方案充满诸多不确定性。作为一个外来主体，让村民完全接受需要一个漫长的过程。更何况在公司介入前，村民内部对公司介入存在分歧。面对外来公司与村寨组织，农户对村寨组织的认同高于外来公司。因此，当郎德文旅公司负责人针对郎德上寨个别村民违规兜售旅游商品的行为向大陆公司和村委会提出异议时，大陆公司对村民违规行为及时制止，并作了处罚。这引起了违规村民的不满，他们甚至认为是郎德文旅公司要求太高，故意找茬，导致自身声誉、利益受损，到旅游公司找到公司领导要求给个说法。另外，因郎德上寨旅游规模不及西江苗寨，加之两地文化起源相同，使两地之间存在同质化竞争，郎德上寨二次旅游开发始终处于"不温不火"的状态，无法超越西江苗寨。郎德文旅公司介入后，通过整合贫困资金，租用5户贫困户的闲置房产经营精品农家乐。但此举与村寨内现有的农家乐经营形成竞争关系，遭到后者的不满。老支书CZT多次提出："绝不能让外来的旅游公司经营农家乐或精品客栈。"还如关于芦笙场的搬迁问题，因村里芦笙场面积过小，影响集体接待和歌舞展演的效果。对此，郎德文旅公司希望将芦笙场迁至村后的消防池边，但该计划迟迟未能实施。公司员工表示："当地村民观念陈旧，不愿搬迁。"村民却是另外一种说法："村民愿意搬迁，但因两块地的主人要价太高，公司难以承受，导致该搬迁计划难以实施。"其实，无论是观念陈旧还是要价太高，都反映了旅游公司无法将村寨有效整合进公司内部，导致公司面临外部交易还是内部化的尴尬与困境。若选择保持现有的产业组织模式与治理结构，郎德文旅公司的权威性不及村寨层面的大陆公司，难以对村民的违规行为形成约束；若选择跨过村寨组织与村民发生关联，即外部交易的内部化，郎德文旅公司显然面临缺乏认同、资本实力不足、村寨资产与人力资本价值无法准确评估、农民行为难以适应现代企业管理需要等困境，无法实现公司与村民关系一体化发展。

（二）经营主体更换与集体行动式微

1. 双重认同的治理结构与村寨组织功能式微

在郎德上寨"公司+村寨组织+农户"治理结构中，农户与外来公司、村寨组织因为利益、管理、交往发生关联进而形成双重认同。从实践来看，农户对村寨组织的认同高于外来公司。但因为农户参与旅游接待获取的收入来源于旅游公司，村寨组织的经济功能被旅游公司所取代；加之旅游公司介入后游客人次逐渐增加，让村民看到了希望，在与公司的博弈和互动中，农户对旅游公司的态度由之前的怀疑逐渐转变为理解和信任。因此，村寨组织虽承载着社区记忆、文化传统与族群政治智慧，但村寨组织经济功能的式微使村民对外来公司的认同逐渐增强，村民认为是郎德文旅公司为其带来了收益，因此应该为公司服务。这样，在双重认同的治理结构中，旅游公司与村寨组织各有千秋，但又无法相互取代。旅游公司作为一个"外人"，无法与村民的关系外部交易内部化，村寨组织经济功能式微，这实际上意味着村寨层面的权力秩序暂时处于"半真空状态"。对鬼师①的两次访谈能够很好地说明村寨权力秩序出现的变化。

2017年7月，笔者在对鬼师的一次访谈中问道："面对集体接待与

---

① 鬼师CJZ在郎德上寨及周边村寨因被认为能帮村民"消灾解难"，受到当地人欢迎。鬼师同时也是郎德上寨招龙、扫寨仪式的主持人。其在担任村里扫寨、招龙仪式的主持人期间，2013~2014年主持一次仪式的费用为12元/次，同时收取村寨为其购买的雨伞，意为为村寨和村民"挡风遮雨"。直到2017年，主持扫寨仪式的报酬涨为120元/次。2013~2014年，鬼师轮值担任村民小组组长，负责郎德上寨一组的村寨事务，一方面负责协助村支两委落实各项村务以及地方政府各类项目；另一方面为小组村民提供服务，受到村民欢迎。鬼师因主持扫寨仪式，与地方文化管理部门有了接触的机会，后被地方文化管理部门推选为州级非遗传承人。2017年初，在郎德上寨村民主选举中，鬼师被推选为旅游接待小组组长（大陆公司副经理）。从以上资料中我们不难发现，鬼师担任这一职务可谓众望所归。在村寨内部，鬼师的收费标准含有人情、道义和文化信仰的成分，在传统社会力量依旧能发挥作用的郎德上寨，鬼师在村寨有较强的动员能力和影响力。对地方政府而言，鬼师既能传承和传播地方文化，同时还能协助地方政府落实各类文化项目，自然得到地方政府的认可。另外，鬼师主持的扫寨仪式和招龙节仪式作为民族传统文化的重要载体，具有较强的文化内涵和历史底蕴，充满神秘性，吸引了无数摄影爱好者及文化旅游研究者的关注。因此，旅游公司介入后，鬼师作为村寨组织负责人，一方面有利于进一步增强村寨旅游吸引力（在当地文化部门、旅游公司共同策划的"招龙仪式"歌舞展演中，鬼师手持大刀，头戴斗笠，身披苗族服饰，颇能吸引眼球）；另一方面有助于发挥鬼师在旅游公司与村民之间的"中间人"作用。综上，鬼师作为传统与现代的连接载体，作为地方政府、村寨、旅游公司的"中间人"，在村民中间有较强的影响力。

表演过程中有村民违规销售旅游工艺品该如何处理？"他几乎不假思索地回答道："用村里的喇叭告知违规者'不能在集体接待表演的时候销售工艺品'，如果违规，采用村里制定的村规民约惩罚违规者，再不行的话，不让违规者他们家参与村里的扫寨、招龙等公共活动。"

2019年初，当笔者再次前往郎德上寨做跟踪调研时，鬼师已辞去旅游接待小组组长（大陆公司副经理）职务，到郎德下寨民族文化博物馆担任讲解员。问其辞职原因，他表示："如果管理很严格，都是一个村的，不好处理，如果管理不严，旅游公司又怪我不尽职，我夹在中间不好做人。虽然还未到换届选举的时间，我听说郎德下寨民族文化博物馆缺一名讲解员，我就找到郎德文旅公司领导，告诉他们我想来旅游公司上班。他们都知道博物馆中有展示扫寨、招龙仪式的图片，我就是仪式的主持人，我熟悉得很。公司领导很快就答应了，我辞去接待小组负责人的职务来博物馆做专职讲解员。"

2. 旅游公司介入后，对村寨物理空间的调整与重构进一步消解了村寨的整体行动能力

芦笙场作为郎德上寨较为重要的公共空间，不仅发挥着物理空间所具有的聚集效应——在芦笙场周围建有水井、消防池、粮仓以及象征村寨旅游权力的接待小组办公室、村委会办公室，还有国家在场的郎德上寨博物馆陈列室以及刻有"全国重点文物保护单位"的石碑；同时传递与延续着村寨历史文化，生产社会关联与社会秩序支撑着基层民主有效运行。在村寨旅游开发进程中，芦笙场还是增强旅游吸引力、吸引回头客的重要载体。这样多维力量与多元文化聚集的空间，为我们研究郎德文旅公司进入后村寨权力结构秩序与村民集体行动能力的演化提供了非常好的载体。①

---

① 笔者及其带领的团队每一次到郎德上寨做田野跟踪调研，都会在芦笙场边进行长时间观察，以发现村寨旅游开发进程中社会文化的微妙变化。

旅游公司介入前，村民主要集中在芦笙场周围出售手工艺品。工艺品销售以户为单位，销售者基本为女性，后因在集体歌舞表演时村民向游客兜售工艺品影响接待气氛，扰乱旅游市场秩序，甚至出现村民纷争等问题。旅游接待小组制定了《郎德上寨关于工艺品销售抽签的有关规定》（以下简称《规定》）规范村民的无序竞争行为。

专栏一：郎德上寨关于工艺品销售抽签的有关规定

（1）凡参加当天当场活动工艺品销售的人员必须自觉抽签。

（2）一户有多人销售工艺品的只允许1人抽签，如发现一户多人抽签的，罚款5元。

（3）抽签时，只允许从签箱内取出1根，如发现有取出2根及以上者，罚款一元。

（4）抽签者必须按时交送签牌，如果逾期不交者，罚款5元，丢失者罚款12元。

（5）如发现在签牌上雕刻记号或损坏者罚款24元。

（6）抽得签后，必须对号入位进行销售工艺品，如有换位者按销售工艺品的买卖公约进行处理。

（7）销售者如晚到抽不到签者，必须征得管理人员同意，并在指定位置摆卖，否则罚款5元。

郎德上寨旅游接待小组

2004年5月6日

《规定》的出台对于约束村民的违规行为起到一定的作用。其原因有以下几个方面。首先，从旅游吸引力的可持续和村寨整体利益出发，村民有制度引援的内在需求，在遵循村民意愿和诉求基础上生成的制度容易得到村民的支持和认可。其次，《制度》是在村寨集体行动的基础上形成的，由旅游接待小组推动制定和实施的，基层民主的政治基础和坚实的社会基础作为保障。《规定》的制度诉求是维系村寨公共空间秩序，具有内在属性的特征，秩序的获得既是由村民理性诉求而产生的制度引援的结果，同时也是当地传统历史文化的延续与再造。因此，该制度能同时获得村寨内政治、社会、文化以及经济网络的支持。但由于以下原因，《规定》发挥的作用有限。首先，因《规定》的处罚较轻，村民违规后接受处罚的成本低于获得的收益，这使村民做出违规的机会主义选择。其次，熟人社会的"人情规则"使《规定》产生的效用打折，若管理者严格按照《规定》对违规者进行处罚，管理者并不会因此而获得额外收益，相反还将面对"不近人情""爱管闲事"等指责。因此，面对违规者的违规行为，管理者往往"睁一只眼闭一只眼"。最后，作为一项村内的管理制度，郎德上寨旅游接待小组无法获得像村委会这样的法定组织相同的法定地位，《规定》并不具有国家层面的法律效力与制度支持。为弥补《规定》的制度缺陷，提升《规定》的法定效力，维系村寨秩序和旅游吸引力，郎德上寨旅游接待小组与村委会、村党支部从旅游工艺品市场存在的问题与《规定》的制度缺陷出发，联合制定了《郎德上寨旅游工艺品销售管理公约》（以下简称《公约》）。

从《公约》的制定主体和内容来看，参与规则制定的主体在之前旅游接待小组的基础上，增加了村委会和村党支部，这实际上意味着《公约》已成为村级层面的法定制度，《公约》具备内外两种制度属性。从内部来看，该制度能同时获得政治、社会、文化以及经济网络的支持；从外部来看，该制度因为村寨法定组织村委会的参与具有村规民约的属性，得到国家制度的认可，获得国家权力网络的支持。如果我们将治理视为为获得公共秩序而进行的各种自上而下的管理和自下而上的认同过程[①]，那么，在这样的双向互动中，自上而下的权力运作获

---

① 贺雪峰.新乡土中国（修订版）[M].北京：北京大学出版社，2013：157.

得了村寨内部社会文化网络的支持，同时自下而上的认同需要与理性诉求同样获得了国家权力的认可。这意味着《公约》获得了村寨内外力量的支持和认可，为《公约》的制度实践提供了重要基础。《公约》对违规者的惩罚力度加大，一定程度上对违规者的投机行为形成了约束。

专栏二：郎德上寨旅游工艺品销售管理公约

为了搞好我寨民族工艺品的销售管理，提高旅游产品销售的服务质量，给游客提供一个舒适、满意的购物市场，特制定本公约，以供遵守。

（1）凡通知接待的旅游团队，在接待进寨前任何人不准拿工艺品到桥头、公路边摆卖或照相，违者每次罚款50元。

（2）在活动表演过程中，不准任何人拿工艺品到铜鼓场边摆卖、兜售，必须在表演活动结束后方能进场行，违者罚款50元。

（3）摆卖工艺品，必须按各户抽签所得的位置进行摆放，任何人不准窜出原位到其他位置出售工艺品，违者罚款30元。

（4）销售工艺品，必须抽到签牌才能入场进行摆卖，不经过抽签、擅自摆卖者每次罚款30元。如签牌抽完，须经管理人员批准到指定的位置摆卖。

（5）不准许将工艺品或衣物挂在游客身上强行出售，违者每次罚款50元。

（6）不准许拦路摆摊或围堵追踪游客强行售货，违者每次罚款50元，如造成游客跌倒损伤或伤亡，肇事者承担一切后果。

（7）任何人不许冒充村领导乱收游客费用或骗引到家中强行购物等，违者罚款80元。

（8）销售工艺品要做到买卖公平，游客付一分钱必须付一分货，不准许游客多交钱货主不退款或少退款的情况发生，违者罚款80元。

（9）在接待多批团队时，前一场表演已经结束，后一批团队接着进寨进行接待，如果芒筒芦笙已停止，仍在铜鼓场继续销售工艺品或租衣照相者罚款50元。

（10）在表演过程中，不经接待组管理人员许可，擅自将游客带回家购物或就餐者，每次罚款50元。

（11）本公约一式两份，销售者一份，旅游接待组一份，从公布之日起执行。

郎德上寨村民委员会、郎德上寨村党支部、郎德上寨文物旅游

接待小组

2006年6月1日

当然，《公约》与《规定》相比，绝非《公约》诞生后就能完全避免村民机会主义的发生。①

郎德上寨旅游接待小组提供的一份罚款记录显示：2006年3~8月，共有50多人次被罚，罚款金额近2000元。罚款记录登记有日期、事由、受罚人、执勤人，并附有罚款收据。被处罚者都是违规售卖工艺品的妇女，其中有两三个名字多次出现。

我曾不止一次亲眼看见这样的场面：因违规受罚的妇女与管理小组成员大声争吵，她的孩子则在一旁大哭，每天早上工艺品售卖场地的抽签过程也总是伴随着争执。有一次，一位老年妇女抽签后不满意，希望重抽被拒绝，生气地将签掷到管理者身上。

村里的大喇叭使用频繁，甚至当着游客大声吼叫，告诫急着卖东西的村民要遵守规定，或者催促他们赶紧到村口迎接另一拨团队。而2004年我初次到郎德调查时，这个大喇叭主要用于通知村

---

① 李丽. 郎德工分制中的道义、理性与惯习——农民行为选择的田野研究［D］.贵州师范大学硕士学位论文，2008：28-29。

民团队到达的时间。①

《规定》之所以能够产生约束作用,《公约》之所以在实践中能够产生更优的制度效应,一定程度上是因为公共权力的运作由芦笙场这一物理空间作为重要支撑。有了这样的公共空间作为支撑和条件,公共权力内嵌其中,权力运作形成竞争;村寨精英获得成长的平台与空间;社会舆论能够产生正面的导向与激励作用,从而对投机者形成约束。在这样的公共空间中,旅游接待小组成员和村委会领导有了造福集体利益的愿望,管理违规者有了合法性理由和社会舆论的支持。旅游接待小组成员与村委会领导职能既有相互交叉、协同的一面,同时又存在竞争关系。尤其是郎德上寨这样集体行动能力较强的村寨,在村寨公共空间中努力提高村寨公共福利水平成为他们获取合法性认可的重要支撑。作为村支两委的领导,他们完全可以在集体接待中以落实国家政策和基层政府交办的事务为由,借机溜走或趁机偷懒,然后以完成与村民或集体相关的事务为托词领取工分。但笔者自2008年进入郎德上寨进行田野工作以来,上述情况似乎没有发生过。无论是日常的旅游接待,还是12年举办一次的招龙节或每年举办一次的扫寨仪式,村委会领导并未将自己独立出来,而是和大多数村民一样,积极参与活动。在对村委会领导进行深度访谈时,若有游客需要接待,他们常常会短暂地退出访谈,待集体接待结束后再继续接受访谈。在集体接待或公共活动时,笔者常常会听到来自人群中突然间的招呼声,仔细一看,发现是村委会干部和接待小组负责人身着苗族服饰,与村民共同参与集体接待或村里公共活动。因管理者获得了合法性理由和社会舆论的支持,加之惩罚的力度与以往相比加大,违规者在这样的公共空间中投机所需承担的社会成本和经济成

---

① 李丽. 郎德工分制中的道义、理性与惯习——农民行为选择的田野研究 [D]. 贵州师范大学硕士学位论文, 2008: 28-29.

本升高。《公约》与《规定》相比，前者比后者对违规者投机行为的约束力更强，这样既保证了村民集体接待的正常进行，同时也不会因投机者的行为破坏集体行动的规则，消解村寨集体行动能力。

2009年以来，随着旅游业的衰落和村集体收入的减少，旅游接待小组的组织功能逐渐式微。接待频率降低、参与机会的减少使村民参与集体接待表演面临较高的机会成本。2009年以后至郎德文旅公司介入前，笔者多次到访郎德上寨，深切地感受到外出务工村民的增加导致留守村民数量明显减少，需要村民集体参与的十二道拦路敬酒仪式和团结舞的热闹氛围不及从前。集体行动的式微不仅侵蚀村寨特色，村寨长期以来形成的内生秩序与社区认同等社会资本也随之流失。参与歌舞展演的妇女们相互推诿，不愿上场，以往的激情与自信因为旅游业的衰落和集体行动式微而消失殆尽。笔者与时任村主任CJX在一次闲谈时，他中途接到了来自雷山县某部门负责人的电话，通话中双方发生了争吵。事后得知，该负责人抱怨前几次安排到郎德上寨的旅游接待按村里的要求和标准支付了报酬，但因村民参与接待的人数太少，热情好客的氛围大不如从前，导致该部门领导带领客人入村时颜面扫地。CJX则表示，2008年以来，组织动员村民参与集体接待的难度增加，而县里各部门安排到郎德上寨的业务接待常常不准时，费尽周折组织起来的部分村民因为家中有事失望离开了，如此反复，组织动员村民的难度更大了。因为游客减少，村干部不仅不能从集体接待中获取更多收益，还陷入"夹在中间，两头不是人"的尴尬处境。为脱离这样的困境，村委会成员以及旅游接待小组负责人或选择协助地方政府落实各项政策，从中获得部分补偿；或外出寻求发展机会。村民外出的频率增加，村委会干部及接待小组负责人的行动面临着新变化，导致郎德上寨的村民自治与集体行动出现危机。

地方政府推动实施的二次旅游开发重新点燃了村民对旅游业发展的期望，旅游业带动村民集体行动的可能性增大。村委会领导在协助地方政府落实项目建设任务的过程中，逐步脱嵌于村寨和与村民利益相关的事务，引起村民不满，导致村支两委领导未能续任。

项目建设结束后，村委会办公室从芦笙场附近搬离，进一步加剧了村民的不满和集体行动的危机。村委会办公室从芦笙场边"撤出"，意味着村委会领导和村民集体在接待时发生互动与交往的频率降低。村委会主要领导同时兼任旅游接待小组成员，意味着村干部除了得到地方政府每月提供的固定酬劳外，还能参与村集体收入的分配。但村民反映："自从村委会办公室搬走后，很少看到村干部的身影，村干部拿钱不干活。"村干部则抱怨他们完成基层政府交办的任务后常常去芦笙场参加集体接待。双方各执一词，分歧与不信任逐渐产生。2017年初，在第十届村委会领导民主选举中，郎德上寨现任的"三大员"①均被淘汰出局。郎德上寨出现这一选举结果，虽然有些意外但似乎又在情理之中。

首先，村委会核心成员整体更换。自1990年推行村民自治制度以来，郎德上寨村支两委核心成员变化具有相对稳定、伴有过渡与衔接的特征，上届核心成员并不会被下届核心成员完全取代，为确保组织结构和干部队伍稳定②。随着时间的推移，村委会领导多是因为年龄、学历等因素更换（见表3-6）。

表3-6 郎德上寨寨历届村委会核心成员情况

届/任职时间	姓名	文化程度	是否党员	职务	备注
第十届 2017年1月 至今	CMJ	高中	是	支书	当选村支书后提出辞职
	WDL	初中	是	主任	包寨村民，后提出辞职
	CJL	本科	是	文书兼会计	

---

① 即村主任、村支书及会计（兼文书）。
② 第四届和第五届村委会"三大员"，之所以出现成员完全更替，是因为CGS与CMY为亲兄弟，考虑政治避嫌与家族权力、利益关系问题，只能一人担任村干部。

届/任职时间	姓名	文化程度	是否党员	职务	备注
第九届 2014年1月至 2016年12月	WJ	初中（函授中专）	是	支书	
	CJX	本科	否	主任	毕业于西藏民族学院，退伍军人
	CY	初中	是	文书兼会计	
第八届 2011年1月至 2013年12月	CMJ	高中	是	支书	
	WJ	初中（函授中专）	是	主任	
	CY	初中	是	文书兼会计	
第七届 2008年1月至 2010年12月	CSM	高中	是	支书	因超生被开除党籍
	WJ	初中（函授中专）	是	主任	
	CGS	中师	是	文书兼会计	因超生被开除公职
第六届 2005年1月至 2017年12月	CZY	初中	是	支书	
	CMJ	高中	是	主任	
	CGS	中师	是	文书兼会计	
第五届 2002年1月至 2004年12月	WJ	初中（函授中专）	是	支书	
	CMJ	高中	是	主任	
	CGS	中师	是	文书兼会计	CMY的亲弟弟
第四届 1999年1月至 2001年12月	CMY	高中	是	支书	参加过对越自卫反击战，退伍军人
	CZJ	初中	是	主任	
	CJG	初中	否	文书兼会计	
第三届 1996年1月至 1998年12月	CMY	高中	是	支书	参加过对越自卫反击战，退伍军人
	CGS	初中	否	主任	
	CJG	初中	否	文书兼会计	

续表

届/任职时间	姓名	文化程度	是否党员	职务	备注
第二届 1993年1月至 1995年12月	CZT	小学	是	支书	
	CZW	高中	否	主任	粮食局退休职工
	CY	初中	否	文书兼会计	
第一届 1990年1月至 1992年12月	CZT	小学	是	支书	
	CZQ	初中	否	主任	抗美援朝老兵
	CYG	小学	否	文书兼会计	

如表3-6所示，在郎德上寨第十届村委会成员选举结果中，第九届村委会成员无一人在列。在第九届村委会成员中，村支书WJ曾四次担任郎德上寨寨村干部，这次却未能成功连任。WJ因前期协助地方政府完成项目建设，和地方政府、郎德文旅公司建立了良好的人际关系，后进入郎德文旅公司就业。村主任CJX为CMY长子，CGS的亲侄儿，其家族成员多次担任村干部，在村内有一定的影响力。CMY曾在部队服役，退伍后连续两次担任村干部，多次担任旅游接待小组组长。CJX高中毕业后，曾在部队服役，后进入大学求学，毕业后留在西藏工作，后因身体不适辞职返乡。CJX返乡后正好遇上第九届村委会选举，其特殊的身份与经历赢得了村民及基层政府认可，被顺利推选为村委会主任。遗憾的是，在第十届村委会领导选举中，CJX未能连任，同样因为和地方政府、郎德文旅公司的关系进入郎德文旅公司就业。村委会另一名重要成员CY，头脑灵活，善于经商，有多年外出务工的经历，因未能当选村干部而选择继续经商。

其次，新任村主任的"意外产生"。郎德上寨行政村由郎德上寨和村对面包寨两个自然寨组成，共6个村民小组。其中，郎德上寨含4个村民小组，包寨含2个村民小组，由人民公社时期的生产队演化而来。在郎德上寨旅游开发进程中，旅游集体行动与利益分配的范围主要包含郎德上寨所辖内的4个村民小组，并不包括行政边界范围内的包寨。从文化边界来看，郎德上寨每年举办一次的扫寨仪式①，需要到外村借"火种"，包寨被视为"外村"，并不在村寨文化仪式范围内②。郎德上寨举办的招龙节③，包寨同样未包括在内。经过行政归属调整，郎德上寨作为行政村包括开展旅游活动的郎德上寨与村寨河对岸的包寨（郎德人称小寨）。实际上，自郎德上寨启动旅游业以来，包寨村民一直没有参与旅游接待，郎德上寨旅游开发中的各类发展项目主要投向郎德上寨，似乎与包寨无关。这曾经引起包寨村民不满，村民们表示："同为郎德苗寨村民，申报政府各类项目时使用同一村名，但利益与好处却都落在郎德上寨"。因此，若不能在郎德上寨成立一个与旅游相关的内生性组织负责与旅游相关的事务，而继续让村委会负责郎德上寨的旅游事务，不仅会使村委会的存在与运行缺乏合法性，也会因行政归属与旅游接待、利益分配之间缺乏合理性引发包寨村民不满。基于这样的考虑，郎德上寨村民成立旅游接待小组，一定程度上是为了规避自然村寨行政归属与旅游接待、收益分配不合理的问题，但同时在自然寨层面深化了村民自治。可见，无论是从文化认同、社会交往、经济分享还是基层治

---

① 盖媛瑾，陈志永.苗族村寨"扫寨"仪式与社会秩序建构——对黔东南郎德上寨"扫寨"仪式的文化人类学考察［J］.黑龙江民族丛刊，2019（6）：115-123.

② 郎德苗寨举行扫寨仪式时，村口由专人负责看护，不让村寨以外的人进入，防止将"不洁"之物带入村寨，给村寨带来灾难。仪式当天，每户人家均不允许生火，由"鬼师"带领村寨扫寨仪式小组成员走入各家各户，通过仪式扫除家中的"不洁"之物，同时确保家中柴火熄灭，彻底关闭灯火。家屋仪式结束后，由鬼师带领部分村民在河对岸杀牛祭祀，以示将火种隔离于河对岸。仪式结束后，派专人到村寨对面的包寨"买火种"，然后将新买回的火种在河对岸重新燃起"新火"。"新火"熊熊燃起后，村民从家中前往河对岸的火堆里取"新火"回家生火。可见，对于扫寨这样的文化仪式活动，虽然包寨与郎德上寨同属上郎德上寨行政村，虽两村仅一河之隔，但包寨村民却被郎德上寨村民视为"外人"。

③ 郎德上寨最为重要的一项祭祖祈福活动，每12年举办一次，每次连续过3年，第一年过5天，第二年过7天，第三年过9天。招龙节在马年、羊年、猴年的农历二月初举行，第三年猴（申）年猴（申）日举行的"招龙"仪式最为隆重，这缘于郎德上寨建寨始祖与其猎狗发现此地并安居于此的传说，事关本寨先民迁徙的文化印记。

理的角度，郎德上寨旅游开发过程中集体行动的边界与主体都仅为自然寨的郎德上寨村民。郎德上寨的自然地理边界与村寨文化、社会、经济以及基层治理的边界相互嵌构，凝聚为一个复合型村寨共同体，彰显出较强的排他性特征。由郎德上寨和包寨组成的郎德上寨行政村，其历届村委会核心成员均在郎德上寨范围内产生，也就不难理解了。但第十届村委会主任的选举结果却出人意料，包寨村民首次当选为村主任。这样的选举结果无疑说明郎德上寨村民对现任村领导不满，干群关系出现了明显的裂痕。

最后，村委会领导连续辞职。对于来自包寨的村主任而言，并不是因为人数占绝对优势的郎德上寨村民对其能力与声誉的认可，而是因为村民内心对现任村干部的不满，借选举之事表达出来。更为不利的是，来自包寨的村主任与郎德上寨村民缺乏文化认同及社会、经济互动，执政郎德上寨占据主导地位的郎德上寨行政村无疑具有很大的难度。因此，当来自包寨的村主任得知自己被海选为郎德上寨行政村村主任时，并没有欣然接受选举结果，而是选择了辞职。另外，如前文所述，双重认同的治理结构导致村寨组织的权威不及从前。与此同时，面对旅游公司介入后可能带来的巨大商机，村民理性取向的凸显将不可避免地导致村寨组织与村民之间在日常管理上的对抗加剧，增加了治理的难度。面对这样的情况，再次当选的村支书CMJ又一次选择了辞职①。

综上，地方政府介入后，村级领导工作面向的转移使其从与村民相关的村寨事务中脱离，加之旅游公司介入后村寨组织权威遭到削弱，权力中心脱嵌于村寨公共空间，造成干部与群众之间产生矛盾，导致村寨集体行动能力受到削弱。笔者与现任村主任的两次交谈正好反映了这一点。

我是学体育的，大学毕业后因为工作不好找，在凯里做生意。

---

① CMJ担任村支书时有过辞职的经历，这是第二次辞职。

2017年，新当选的村支书给我打电话，告诉我新当选的村主任辞职不愿意干，希望我回家参加村主任竞选。我当时心里想，我从小在这儿长大，对村寨有深厚的感情。在家的时候我也经常去"抢工分"，看着这个村的旅游业一步步做起来，后来又衰落了。现在政府来搞二次开发，作为一名郎德人，我应该回来为家乡做点事。本着这样的想法，我回来参加竞选，成功当选村主任。但是，我当选村主任后，打电话让我回来的村支书又辞职了。当了村主任后，我发现现在郎德的老百姓与老支书他们那个时代不一样，那时候人心齐，大家做什么事都一起干，热闹得很，也很好玩，我小时候经常跟着父母去参加。①

——CSF

现在组织村民做事很难。有几次外面的电视台到村里拍摄宣传片，实际上是在帮助我们免费宣传村寨。我们村委会和旅游接待小组的人去动员老百姓参加拍摄，有些老百姓首先就问有没有钱，如果没钱，不参加。还有些老百姓私下议论，说钱都给了村支两委，钱都落入我们的"腰包"，这样的事怎么可能发生呢，我们给电视台还差不多。平时我们要是去请电视台帮我们宣传，是要花很多钱的，现在人家送服务上门，我们只需要出点力，大家都不愿意参加。②

——CSF

（三）旅游公司介入后带来的商机正在降低村民参与集体接待的积极性

郎德文旅公司介入后，游客数量的增加与西江苗寨农户获得的资产性收益产生的示范效应③使郎德上寨的开店者越来越多，芦笙场周围是

---

① 2017年8月20日，对现任村主任CSF的访谈。
② 2019年10月16日，对现任村主任CSF的访谈。
③ 西江苗寨景区房屋出租是当地村民收入的重要来源，依据区位优势和房屋面积大小，村民每年可获得少则几万元，多则近百万元的租金收入。

游客停留时间相对较长、游客较为集中的区域。在芦笙场边与消防池之间，曾堆放粮食的集体粮仓正在被逐步改成商铺。村口边的数栋房屋已经出租给外来者从事餐饮、住宿等经营活动，还有数家农户正在改造房屋，准备出租。经营者的增多，业态的逐渐丰富，收入的多元化，尤其是资产性收益机会的增多与村寨集体行动能力存在着张力。当村民能从丰富的业态中获取收入，尤其是资产性收益的逐步增加，村民参与集体接待的积极性可能会降低；而集体接待与歌舞表演本身是构筑村寨旅游吸引力的重要支撑。这一吸引力的逐步消解必将导致旅游人次的下跌，反过来影响村民的各类收益。

郎德文旅公司介入后，为了维护村寨旅游市场秩序，改善芦笙场周边的游客体验环境，禁止村民在芦笙场周边销售旅游纪念品，在村寨原有停车场位置修建了30余个固定摊位供村民使用。事实上，郎德文旅公司的这一做法并未达到预定目标，反而进一步消解了村寨集体行动能力。首先，摊位是以家庭为单位获取经营权的，30余个固定摊位对于拥有140余户村民的郎德上寨而言，无疑是杯水车薪，无法真正满足村民需求，反而进一步强化了"熟人社会"的资源、面子、声誉等方面的竞争。其次，无法到芦笙场边以及固定摊位销售旅游纪念品的农户为获取利益选择开店，导致体量本身并不大的村寨过度商业化，同时将公共空间中发生的交易行为转入家中，进一步加剧了交易双方的信息不对称，无法保障游客的合法权益，不能真正改善旅游环境。最后，村民经营固定摊位和开店导致其将大部分精力投放于家庭经营，无暇顾及村寨的集体接待，强化了以家庭为单位的"私"的观念，影响了村民参与集体接待的积极性。

（四）游客结构与村寨空间的矛盾与张力

郎德文旅公司为西江旅游公司的子公司，西江旅游公司开发西江苗寨所形成的思维惯性让企业领导将西江旅游开发策略与方式移植到郎德上寨。2008年以来，西江苗寨游客数量一路飙升，并超越著名国家重点风景名胜区——黄果树，成为贵州东线黄金旅游线路的重要节点。郎德文旅公司介入后，利用西汇旅游公司的市场优势地位，加大了对郎德上寨旅游业的推广力度，郎德上寨游客人数与村寨自组织经营时期相比，明显上升。然而，郎德上寨空间较小，尤其是村寨中用于集体接待的芦笙场，因场地面积有限无法容纳太多游客。因此，当郎德文旅公司与当地文化部门合力将村寨最具地方文化特色的招龙节打造为舞台化展演旅游产品时，村寨狭小的场地空间导致舞台化的招龙节无法有序展开，最终不得不停止该节目。另外，旅游公司采借西江苗寨的定时表演模式，虽方便村民安排时间，但导致空间不足的问题更为严重。游客集中于狭小的芦笙场边观看集体歌舞表演，不仅影响观看效果，还常常因为争抢位子发生纠纷与冲突，影响游客体验。综上，郎德文旅公司介入后，游客数量的增加与郎德上寨的接待空间形成张力。旅游公司选择规模庞大、停留时间较短、消费低的观光游客和自驾车游客，还是选择停留时间相对较长、追求宁静、祥和与深度文化体验游的游客，都需要在纠结中做出选择和安排。

（五）政府、企业与社会的结构性力量失衡

有研究指出："任何治理结构往往都是自组织、层级、市场三种基本模式的混合，而不是单纯的某一种机制。现实中由三种力量组合而成的治理结构固然会因环境、行为与互动性质的不同而动态地调整三者间的组合，但一定要落在平衡区中，过分地偏向哪一方，或过分地远离哪一方，过犹不及，都非所宜。"①在郎德上寨现有的旅游产业治理结构中，地方政府作为公共服务的供给者，作为公司的委托人与村寨进行互动与交易。其中，联结村寨与政府的精英，他们作为政府公职人员与村寨精英的双重身份有助于降低公司运行的成本。但政企不分的体制结构

———————

① 罗家德等.云村重建纪事——一次社区自组织实验的田野记录［M］.北京：社会科学文献出版社，2014：24-25.

一方面难以对企业领导人形成激励与约束，不利于企业成长。旅游公司作为地方政府的代理人，不仅要承担社区发展与建设、旅游扶贫的义务，同时还要承担经营性的义务，政企不分的体制结构与过重的社区发展负担无疑增加了企业经营的难度。另一方面，随着地方政府领导的变更，作为村寨与公司、地方政府联结的社会关系网络的断裂，严格的、正式的契约将逐渐替代现有的关系型或社会契约。若正式的契约未能及时跟进，村民和企业关系的社会契约逐渐式微，这将危及村寨旅游业的可持续发展。

（六）守旧与创新：传统与现代的对垒与博弈

郎德上寨"旅游公司+村寨组织+农户"的产业组织结构，同时包含了"工分制"和"公司制"两套不同的经营制度。"工分制"虽然也包含效率诉求，但因为"工分制"与旅游业起步时"人人参与"的民主化过程高度关联。因此，"工分制"更多关注全体村民的参与机会和弱势群体的获益能力。与之相比，"公司制"虽然兼顾社区利益以及原有的治理结构，但现代企业更多关注效率、规模，崇尚竞争。这样，在同一空间场域中传统与现代交织，理性计算、崇尚效率和鼓励竞争等现代企业文化，与蕴含着乡土关系、人情伦理的传统文化交融、碰撞，张力与矛盾也就不可避免。不仅如此，不同年龄阶段的村民对传统与现代的认知也存在差异。在这样的复杂场域中，村寨精英的行动与面向难免受到传统与现代两套不同制度体系的约束与牵引，尴尬的处境驱使精英选择逃离这样复杂的场域。这也就是前文所述的鬼师选择辞职的重要原因。

与现代企业管理制度相比，村寨文化禁忌与宗教信仰具有隐蔽性、长期性、固守性和传递性等特征，现代公司介入后，崇尚以游客为本、效率与规模优先的价值取向难免同村寨文化产生冲突。以下事件便是这类冲突的集中体现。

（1）关于夫妻同住的认知。郎德文旅公司办公室工作人员在一次访谈中强调，村民不开化、守旧，外来夫妻不能同住的习俗给游客带来诸多不便。村民则认为，外来夫妻同住会给家庭带来厄运。因此，对于夫妻要求同住的诉求，村民宁可让房间闲置也不会接受。有个别提供住宿的家庭甚至认为，"我们的家是神圣的私人空间，祖先的灵魂是和我们在一起的。当外来的夫妻要求同住时，我们将这样的文化禁忌告诉游客，他们不仅未感到不适，反而更尊重我们的地方文化。"当然，也有家庭受利益驱使，选择满足游客需求。如有个别家庭让男女同住，但每年定期请鬼师到家中做"法事"，扫除家中的污秽之物，保持家庭的安全、洁净和有序。又如，鬼师一家将自家附近一栋无人居住的房子买下，经过装修接待外来的游客，允许异性同住，鬼师一家则住在旧房中，与游客住所保持一定的空间距离。鬼师不定期地在新房内举行仪式，扫除外来游客带入的"不洁之物"。郎德文旅公司的介入带来了潜在商机，吸引了外来的投资商。投资商长期包租当地农户的旧房，进行更新改造后接待外来游客。原住户则从旧房搬到其他地方居住，不干预承租者的经营行为。综上，对于夫妻同住的文化禁忌，村寨出现了三种不同的选择方式：坚守、调适、默认。

（2）芦笙场的搬迁。针对芦笙场场地面积过小、拥挤导致的旅游市场秩序混乱等问题，郎德文旅公司曾提出将芦笙场搬迁至村寨背后的消防池附近，但涉及农户要价过高的问题，搬迁计划搁置。实际上，除了村民要价过高的原因，深层次的原因还在于村民对芦笙场所承载的文化传递以及社区凝聚功能的肯定。郎德上寨现有两个芦笙场，一个位于博物馆门口，也就是目前为游客提供歌舞展演的芦笙场，也称新芦笙场，而在杨大陆故居门前，还有一个面积不及新芦笙场的小芦笙场，被当地村民称为"甘打略娄"，意为老鼓场。新老芦笙场的出现是当地旅游业发展的结果，同时也象征着村落文化空间的分离。虽然新芦笙场面积大于老芦笙场，但郎德上寨的招龙节以及村寨重要活动的启动仪式依旧在老芦笙场举行。启动仪式结束后，村寨其他活动及歌舞展演等文化活动再转移到新芦笙场举行。这说明在村民心目中新老芦笙场是有功能上的差异，以及内外之别的。对此，苗族学者杨正文曾做过阐释和分析。

> 老鼓场上的表演是内部的表演——被理解为是神圣的，是与"祖先"共舞，是传统的一种延续；具有自娱性、自在性的特点，是文化生产与消费的统一；村民既是文化的生产者和传承人，又是表演者与观看者；文化生产形式是大众性的，技艺的表演具有竞争性，技艺掌握成为族群对个体文化能力的评价标准之一，表演是族群审美观念和精神的表达。新鼓场的表演则是外部的表演，具有工具性、娱他性、经营性的特点；文化的生产与消费是分离的；表演者与观看者也是分离的，不论表演的村民还是"在场"观看的村民，都成了游客观看的对象，村民的分配制度也正表明，观看的村民被认定为是旅游接待的参与者、表演者或景观；技艺传承具有选择性、功利性（实用主义）的特点。①

与老鼓场相比，新芦笙场的神圣性虽然不及前者，但其承载着改革开放后全体村民参与旅游的共同记忆，是村寨旅游开发进程中极为重要的公共空间，村民对此有深厚的感情。因此，旅游公司提出将新芦笙场搬迁的计划并未获得村民的认可与响应。在村民看来，新芦笙场搬迁后，其承载的旅游记忆和公共空间功能将消失殆尽。

（3）招龙节舞台化展演。招龙仪式是村寨一项非常重要的祭祖和祈求平安的公共活动，承载着村寨丰富的历史文化与社会习俗，在2016年被搬上由地方政府组织的苗年节舞台并大获成功。之后，在当地文化部门和文旅公司的共同推动下，招龙节作为固定节目被搬上村寨的表演

---

① 杨正文.从村寨空间到村寨博物馆——贵州村寨博物馆的文化保护实践 [J].中国农业大学学报（社会科学版），2008（3）：6-20.

舞台。然而，舞台化的招龙节因脱离节日特殊的地域环境，尤其是神圣性仪式功能的缺失导致部分村民不满。最终，该节目遭到村民暗中抵抗，加之表演脱离特殊的文化生境，使观看节目的游客感到"云里雾里"并最终退出展演舞台。

二 "公司+村寨组织+农户"产业组织模式：纵向延续何以可能

"公司+村寨组织+农户"产业组织模式作为一项正在实践的新型的村企关系组织形态与治理结构，经济关系与社会结构、文化机制的互嵌无疑增加了产业组织运行的复杂性，如何建构多元、紧密的利益联结机制关乎产业组织的低成本运行与治理的有效性。

从产品一体化层面来看，目前郎德上寨的消费业态主要为观看歌舞表演、食宿农家乐、参观寨容寨貌、水边娱乐，村民和旅游公司的利益联结主要为歌舞表演，消费业态为村民有组织的集体行动。除了上述歌舞展演，如果能扩大利益联结范围，将产品业态与村民集体行动扩展至餐饮领域，如利用工分制所承载的人民公社时期的记忆建立公社食堂，将扫寨、招龙仪式活动中的文化要素移植到餐饮中，这实际上是利用当地的文化机制与社会结构要素将旅游业的蛋糕做大，在此基础上形成的利益共同体容易使外部交易内部化。同时，考虑到当地村民的宗教信仰和文化禁忌，一方面增加产品的内涵，将展示性产品变为诠释性产品，延长游客的停留时间。对于扫寨、招龙这样带有祭祀性质的公共活动，旅游公司需加大宣传的力度，增强旅游吸引力。对于新出台的制度，也可借助这样的祭祀仪式活动进行宣讲，这样既能增强制度的神圣性和威严性，确保制度在日常生活中能够被严格地遵守执行，也能增强旅游吸引力。除了产品一体化以外，村企关系一体化还需在现有村企关系的基础上，加大对老人、贫困户以及公共活动的资助力度，由此将企业内化为村寨内部的主体，以便更好地利用村寨的整体力量约束"搭便车"与村民的违规行为，保证村民集体行动的有序性和一致性。另一方面，也可考虑将企业的目标、制度设计以及产品开发策略嵌入村寨发展中，待条件成熟时，与村寨共同建立社区型企业，真正实现"利益共享、风险共担"，增强当地村民的主人翁意识以及对企业的认可与信任，降低公司的运行成本，实现市场秩序的有效供给，确保旅游业可持续发展。

三 "公司+村寨组织+农户"组织模式：横向拓展何以可能

郎德上寨的产业组织模式与治理结构以村寨较强的集体行动能力为基础。郎德上寨行政村包含郎德上寨和包寨（位于村落对面，也称为小寨），旅游活动的展开以郎德上寨为载体，并不包括包寨。郎德上寨与包寨虽同属一个行政村，但二者在空间边界、文化、心理、利益分配方面存在明显边界。无论是扫寨仪式还是招龙节，均是以郎德上寨为空间区域展开的，并不包括对面的包寨。在扫寨仪式活动中，按照当地习俗，农户家火被灭，祛除火种后，需要到对面的包寨重新借火种，将借来的火种在郎德上寨对岸重新点燃，再由各农户将火种带回家。可见，即使仅一河之隔，同属一个行政村的包寨，也被郎德上寨村民视为"外人"。作为"外人"，自然不能参与村寨的文化活动及旅游利益分配。实际上，如果没有这种内外之别，所谓内部也就不存在，内聚力也就无从谈起。[①]综上，郎德上寨旅游发展空间与地域空间、治理空间、文化与社会空间、利益空间高度叠合，这与近年来福建、广东等地基层权力下沉的实践相类似。换言之，郎德上寨的治理是以当地村民利益相关、地域相近、文化相连、群众自愿等作为支撑条件的。如果不从地域环境、治理空间、文化机制与社会结构等方面观察郎德上寨，旅游发展中的独

---

① 马翀炜．文化符号的建构与解读——关于哈尼族民俗旅游开发的人类学考察［J］．民族研究，2006（5）：61-69.

特现象与事件就难以得到有效的解释。需要注意的是，当前中国农村村民自治大多以行政村为单位，人口多、地域广，地域之间没有共识，农民认同感不强，参与机会少，参与成本高，参与质量比较低，导致以村寨为单位的村民自治大多呈现形式化、文本化、悬浮化的特点。①在现代化冲击下，民族村寨日趋分散和原子化，"落后""松散"成为偏远少数民族村寨的代名词，秩序失衡、人心冷漠、社会结构断裂成为一种常态。因此，在村寨旅游开发过程中，各地应根据资源条件、市场结构和社会文化机制，选择与之相适应的产业组织模式与治理结构，而不是简单地模仿或套用。正如有学者指出："全世界任何一个自治实体的建立都具有其特定的历史与政治的'上下文'，而并不具有显著的普遍性意义。"②

郎德上寨旅游组织模式虽不可简单模仿和移植，但在旅游开发进程中，村寨制度以及建立在制度基础上的农民集体行动有重要的借鉴意义。西部少数民族地区地方政府应尊重村寨历史文化、制度底色与社会结构，挖掘地方性治理传统智慧和组织资源，借助项目入村的机会，以项目实施过程为载体和契机，将物质性公共服务供给和村落自治的传统有机结合，使公共服务供给能建立在地方治理传统以及村民自治的基础上，从而将行政性主导与农民的主体地位很好地结合起来，真正将"民生项目"转化为"民心项目"，获取治理底层权威，借此培养村民的集体行动能力，降低项目入村和地方政府治理成本。即将入村的外来资本则需转换以往入村的路径，进驻村寨时与村民共同挖掘传统资源，积极参与村寨公共活动，建立与村寨的互动和合作机制，使村寨发达的社会基础和自组织能力作为旅游业可持续发展和降低交易成本的条件与保障。在此基础上，激活村寨传统组织资源，将村寨传统的组织能力与治

① 邓大才.村民自治有效实现的条件研究——从村民自治的社会基础视角来考察 [J].政治学研究，2014 (6): 71-83.
② 关凯.族群政治 [M].北京: 中央民族大学出版社，2007: 165.

理结构嵌入旅游产业的组织过程与治理结构中，确保村民在规划、开发、经营与管理、监督等过程中拥有话语权与主体性，实现村企一体化发展。

四　村寨旅游开发进程中村企关系相关研究拓展

郎德上寨村企关系的研究是我们对村寨内部的结构要素进行多年跟踪调查、横向比较、历史推演，以及在与已有理论、国家政策进行关联性思考基础上的个案研究，具有纵向时间演化与横向类型学比较研究的根基。因此，旅游村寨治理研究的首要任务不是从理论上讨论其理想状态或目标模式，而是要努力发现治理结构所依赖之载体的内在运作机制和潜在功能边界。[①]从现有旅游村寨治理结构研究来看，我们需要转换研究范式，创新研究方法，避免带着理论或模式直接进入田野寻找素材，要从丰富的经验素材和社会事实中不断追问，进行内在的逻辑关联和历史推演，在此基础上凝练有价值的选题展开研究。

在郎德上寨旅游开发进程中，村民的诉求将进一步渗透至村寨集体行动中，这是否会对村寨的整体意识形态、集体认同产生影响，有待于进一步观察。随着郎德上寨项目指挥部的撤出和领导的更换，已建构的产业组织的社会网络是否会被纯粹的科层制的治理结构所替代？治理结构将如何转化？这些问题都值得追踪研究。从公司与村寨关系来看，是企业再造村寨，还是村寨最终壮大以后将公司吸纳为下属企业，都有待进一步观察。当然，作为典型个案，研究始终面临着如何处理特殊性与普遍性、微观与宏观之间关系的问题。随着社会转型期结构性要素的日益复杂与多样，对独特个案的描述与分析越来越无法体现整个社会的性

---

① 徐林，宋程成.农村基层治理中的多重社会网络［J］.中国社会科学，2017（1）：25-45.

质。①因此，还需加强更大范围的、层次性的、持续的跟踪研究，使结论更加全面可靠，具有普遍性。

近年来，以村寨为载体的资源优势和市场潜力吸引着越来越多的企业入村。在旅游开发进程中，村寨的社会结构与组织的延续，不但从根本上保证了附着其上的经济要素的继续流动，而且还在与现代因素的相互交织、冲突与融合的过程中，让经济转型呈现长期的过渡与渐变的基本特征。与此同时，村企关系因企业目标与战略、村落地缘环境、社会结构与文化机制结构多样化，孕育出各异的组织形态，并不断趋向于更为丰富的多元表达与多样模式的选择。②在渐变、过渡以及多样化的产业组织结构中，治理结构并非一开始就存在"给定的"最有效的资源管理制度形式。相反，各种为了将外部性内部化而组合起来的规则、制度和技术的知识，需要在动态演进的试错学习过程中发现。③

第七节 结论与讨论

民族村寨旅游开发实质为多主体参与下的产业组织化过程，组织过程需要各级政府及行业主管部门、旅游企业、民间组织以及村寨精英、村民合作完成。学理上可概括为"政府-市场-社会"三者结构关系与动态演化，民族村寨旅游开发进程乃产业组织化过程或治理机制的过程。民族村寨旅游产业组织过程与结构不同于现代市场中的企业，需将多元主体建构的"组织"过程内嵌于村寨地域环境、历史文

---

① 卢晖临，李雪.如何走出个案——从个案研究到扩展个案研究 [J].中国社会科学，2007 (1)：118-130.
② 郑宇.中国少数民族村寨经济的结构转型与社会约束 [J].民族研究，2011 (5)：23-32.
③ 埃莉诺·奥斯特罗姆.公共资源的未来：超越市场失灵和政府管制 [M].郭冠清，译.北京：中国人民大学出版社，2015：9.

化与社会结构中。从实践来看，在旅游开发进程中，外来投资主体介入后形成"公司+农户"的旅游产业组织模式，因投资主体与村寨缺少社会关联，或因村寨文化旅游资源产权难以界定，导致交易成本增加，企业和农户都有引入中介组织来降低产业化组织交易成本和保障农民利益的需要。在企业家人才匮乏以及农户原子化的现实条件下，以村寨制度为底色、以整体为行动单位的"公司+村落组织（合作社）+农户"产业组织模式与治理结构并未成为我国村寨旅游开发进程中的主流模式。但可喜的是，在贵州郎德上寨旅游开发进程中，"公司+村寨组织+农户"的产业组织模式与治理结构为我们提供了理想而鲜活的样本。基于对郎德上寨十余年的田野跟踪，笔者在对村寨内部结构性要素进行关联性思考的基础上，将该模式置于历史场景中进行历史演化分析，横向上与同类型旅游地展开比较研究，与已有理论进行充分对话，对郎德上寨"公司+村落组织+农户"的产业组织模式的缘起与演化、组织结构与制度优势、生成逻辑、问题与挑战、如何延扩等实践与学术问题展开研究，以此推动产业组织与治理研究在村寨旅游开发进程中的深入发展，为村寨旅游开发提供经验借鉴、理论指导与政策建议。以上述研究为依据，本章内容试图对以下问题展开讨论。

一　民族村寨旅游开发中治理结构抑或产权结构

按照西方新制度经济学的理论逻辑，产权界定是降低交易成本、实现市场有序竞争、资源优化配置的重要起点。换言之，若不能清晰地界定产权，或产权界定成本过高，都将导致交易无法形成。这意味着产权视角是探寻民族旅游村寨公共事务治理的又一重要路径。然而，中国民族旅游村寨实践显示，村寨旅游开发并不是以清晰的产权界定为根基和前提的。这说明产权视角绝非唯一的机制与路径。美国著名公共治理学家埃莉诺·奥斯特罗姆曾指出：鲜有制度要么是私有的要么是公共的——或者不是"市场的"就是"国家的"。许多成功的公共池塘资源制度，冲破了僵化的分类，成为"有私有特征"的制度和"有公有特征"的制度的各种混合。现实场景中，公共的和私有的制度经常是相互啮合和相互依存的，而不是存在于相互隔绝的世界里。①

美国学者奥尔森在其名著《权力与繁荣》中指出，经济繁荣需具备两个必要条件：①存在可靠且明确界定的财产权利和公正的契约执行权利；②不存在任何形式的强取豪夺。如果能够通过制度变革使我们的政府"有足够的权力去创造和保护个人的财产权利，并且能够强制执行各种契约，与此同时，它还受到约束而无法剥夺侵犯私人权利"。②在我国民族村寨开发进程中，旅游资源产权模糊，社区参与平台与制度缺失，并且地方政府发展主义导向下的理性人特征凸显，要解决上述问题绝非易事。不仅如此，中国正处于快速发展和社会转型时期，加之地域辽阔、不同地区发展不平衡，情况十分复杂，很难形成一个规范的办法来解决各个地方的问题，在解决地方问题中形成的办法也很难上升为全国的规范性办法。换言之，在快速转型期，中国治理的制度化是很难的。③

近年来，个别地方探索并尝试对民族旅游村寨资源资本价值进行核算，通过资产核算推动股份有限公司的经营。但遗憾的是，在实际操作中，国家、集体、个人的资产本身不能完全地剥离。不仅如此，在此过程中人力资本的价值又如何衡量？实践显示，民族村寨的土地资源、旅游资源产权和当地的建寨历史、家族荣誉密切相关，割裂复杂的产权关

---

① 埃莉诺·奥斯特罗姆.公共事务的治理之道：集体行动制度的演进［M］.余逊达，陈旭东，译.上海：上海译文出版社，2013：19.
② 曼瑟·奥尔森.权力与繁荣［M］.苏长和，稽飞，译.上海：上海世纪出版集团、上海人民出版社，2014：5.
③ 贺雪峰.治村［M］.北京：北京大学出版社，2017：314.

系有时候会造成难以想象的后果。国内著名学者徐勇对南方农村大量祠堂展开调查时发现，当地村民凭借着与同一祖宗的联系而获得使用当地财产相应的资格、权利和地位，履行相应的责任。以此为基础，徐勇提出"祖赋人权"[①]的概念，这种现象是近代西方政治学流行的"天赋人权"概念无法概括的，甚至与西方国家私有财产神圣不可侵犯的价值取向和制度安排存在张力。近年来，我们通过民族旅游村寨村民权利的研究发现，村民权利并不是外来力量主观建构和干预的结果，村民权利和村寨历史、社会结构有较强的关联。"祖赋人权"意味着村民权利与村寨历史、现在和未来相关，只有对村寨发展历史做出过贡献的农户才能获得并享有相应的财产权利。

在上述产权界定条件难以满足、村寨产权复杂的现实环境下，郎德上寨旅游开发实践为我们贡献了另外一条出路：利用民族村寨的组织资源与地方性治理智慧，将农民有效组织起来，与外来资本、地方政府形成合力开发资源，构筑适应文化旅游发展的治理结构。

二　"公司+农户"讨论基点需要反思与重构

在村寨旅游发展进程中，外来公司的资本、经营管理能力、技术优势，与当地农民在旅游吸引力、旅游市场秩序生产中的地位和作用，使"公司+农户"成为村寨旅游开发的应有之义和重要路径，并吸引学者对该问题进行研究。翁瑾、杨开忠以重渡沟景区为例指出："'景区公司+农户'模式是一种基于农村社区的旅游产业组织方式，其本质就是互补品生产企业在不涉及产权的情况下，在经营层面上实现的一体化，是旅游目的地内部具有地方政府背景和主导地位的景区开发管理公司为实现地方旅游业持续发展而做出的必然选择。在产业组织化进程中，公司对农家旅馆的低价格定价、质量管理以及对农家旅馆市场的垄断都是对产

---

① 徐勇. 基于田野实践构建中国政治学理论 [N]. 中国社会科学报，2020-08-18.

权缺失的一种弥补。'景区公司+农户'模式有效地约束了机会主义行为的发生，保证了旅游目的地的健康、持续发展。"①但该研究实际上忽略了两个基本问题。

第一，以现代产业组织理论分析乡村产业组织结构与形态时，应将产业组织研究嵌入乡村社会，关注产业组织运行的社会基础、文化网络与基层治理结构。乡村社会如果完全依靠公司的垄断地位与契约约束农户的行为，而没有考虑乡村社会内在的约束与自律机制，会因为信息不对称、农民分散及农户善于利用乡村资源与规则而加大公司管理的成本，尤其当农户对外来企业缺乏认同与信任时，农户甚至会利用信息不对称的情况，使合作难以为继。

第二，上述分析建立在新制度经济学的"交易成本"核心概念之上。但需要注意的是，科斯所讨论的交易主体为企业，而非缺少资本与技术，且处于弱势地位的农民。在"公司+农户"的产业组织与治理结构中，农民因资本、经营与管理技能、技术缺失而处于谈判的不利地位，往往被资本拥有者所掌控。小农户所要付出的"交易成本"，其实主要不是科斯所看到的获取信息，以及达成、拟定和执行契约的成本，而是因为不对等权力关系而导致的高成本。②然而，受科斯理论影响，国内研究者忽略了交易双方不对等的残酷现实，把不对等的权力关系视为平等的交易主体，"霸王条款"被视为平等、自愿的合同，导致基本事实与真实问题被掩盖。对于合作中的农民而言，明晰的产权与有形的契约并不是解决合作的关键问题，建立对等的权力关系才是双方走向合作的起点。在郎德上寨二次旅游开发进程中，地方政府代理人与村寨精英之所以选择回到谈判桌前进行艰苦的谈判，项目建

---

① 翁瑾，杨开忠.重渡沟"景区公司+农户"的旅游产业组织模式研究［J］.经济经纬，2004（1）：135-138.

② 黄宗智.明清以来的乡村社会经济变迁：历史、理论与现实：全3卷（超越左右：从实践历史探寻中国农村发展出路）［M］.北京：法律出版社，2014：195-198.

设中之所以充分考虑社区功能与村民诉求，郎德文旅公司进入后之所以积极履行社会责任，都与郎德上寨较强的集体行动能力有关。凭借这样的集体行动能力，村寨农户与外来的旅游公司处于一个相对平等的地位。换言之，如果真要选择从交易成本视角研究公司与农户之间的关系，则需要在双方间添加一个面向农户的组织，这才是讨论双方交易关系的基点。

综上，针对农业产业化、村寨旅游开发进程中公司与农户关系研究的悖论，我们需要将外来的理论嵌入村寨历史文化与社会结构中去进行深度关联及适用性分析；而不是从理论视角出发，不加调适地到现实中寻找与理论相关的碎片化信息与资料，将所谓"实际"塞入虚构的理论中。这样的研究范式遮蔽了基本事实，导致现存问题无法得到有效解决。从理论研究的角度来讲，"公司+农户"的研究无法深入，导致研究在交易成本与产权理论的视野下徘徊，无法获得创新与突破。

三 深度关注村民自治的微观机制

我国村民自治的原则虽被写进《村民委员会组织法》但在实践中却步履蹒跚，乃至变形走样、面目全非。[①]因此，村民自治制度作为后人民公社时期的农村社会基层组织和管理制度，其行政化与民主化的张力，一直是地方乡村建设实践和研究的重要内容与课题。[②]以民族村寨为载体的旅游开发实践嵌于村民自治的制度中。因此，民族村寨旅游开发进程中的村民自治问题值得关注与思考。从现有研究来看，出现了两种截然相反的观点。

第一种观点。在村寨旅游开发进程中，伴随着农村税费改革和城乡资源配置关系的逆转，国家权力正以项目建设、下派第一书记、加强农

---

① 沈延生. 村政的兴衰与重建［J］. 战略与管理，1998（6）：1-34.
② 阮云星，张婧. 村民自治的内源性组织资源何以可能？——浙东"刘老会"个案的政治人类学研究［J］. 社会学研究，2009（3）：112-138.

村基层党建、财政支付村干部报酬等方式全面进入乡村社会，加深了原本就存在的村干部行政化现象。①面对村干部行政化现象，如果村委会都不能代表村民行使权利的话，试问其他民间组织又何以可能呢？因此，问题的关键不是建立新的组织，而是需要切实减少对村委会的行政干预，真正给村委会赋权，确保村委会能作为一个独立自主的村民自治组织，为本村的公共福利对地方决策施加影响。②

第二种观点。乡村旅游的发展打破了乡村的封闭性，村民关注的问题不再限于封闭的乡村，并对乡村自治提出了更高的民主参与要求，这些要求推动了中国乡村从传统的村民治理向现代公民治理的发展，乡村治理在乡村旅游发展的推动下开始了重构，并且重构后的乡村治理反作用于乡村旅游，与乡村旅游的发展形成了一种良性互动。③

不难发现，上述两种观点虽有所不同，但却存在同样的缺陷，即忽略了村寨的历史文化、社会基础与乡村治理结构，即村民自治的微观机制。

郎德上寨旅游开发的治理实践为我们提供了可供研究的样本。首先，我们需要知晓的是，村民自治制度仅仅是农村现存的诸多制度之一，而并不是唯一。从郎德上寨权力运作的实践来看，村民自治制度并非是最重要的制度。除了国家所赋予的村民自治制度框架内的权力结构，还包括村寨原有的等级秩序和传统权威，以及代表国家权力的地方政府、市场组织，它们与村民自治制度共享治理农村的权力。这些不同的权力相互交织与嵌套，权力运作往往需要不同的组织以及资源作为支撑。因此，仅仅关注民族村寨旅游开发进程中的某一权力机制，而不从

---

① 景跃进.中国农村基层治理的逻辑转换——国家与乡村社会关系的再思考［J］.治理研究，2018（1）：48-57.
② 左冰.西双版纳傣族园社区参与旅游发展的行动逻辑——兼论中国农村社区参与状况［J］.思想战线，2012（1）：100-104.
③ 郭凌.重构与互动：乡村旅游发展背景下的乡村治理［J］.四川师范大学学报（社会科学版），2008（3）：16-22.

各种机制之间的关系理解、认识权力作用，就无法真正理解某一权力机制。其次，从村寨内部的微观运作机制与支撑条件来看，村民自治制度之所以能够在郎德上寨获得合法性生长，与郎德上寨物质性公共空间聚集、集体收益保障、法定组织与村寨内源性组织协同与竞争、精英行为的村寨面向、社会舆论等要素有关。即外来的制度安排获得村寨内部认可，并产生了制度引援需求。同样，内在条件也需要外在力量与制度作为辅助和支撑，这样才真正有助于实现村民自治。

综上，从理论上的应然或"价值—制度"逻辑出发，对村寨旅游开发与村民自治关系的微观机制展开深入研究，出现上述似是而非的结论也就不足为奇了。为防止再次出现上述的结论与观点，深度关注村民自治的微观机制尤为必要。

第四章

旅游村寨治理结构的演化分析：
一个多重面向的视角

第一节 研究缘起

旅游村寨治理结构是我国广大农村地区正在广泛实践的重要制度安排。这样的制度安排与村寨旅游开发进程中的基层权力运作、经济模式与利益分配、社会结构以及地方历史文化传统高度关联，其治理结构是与上述要素相互作用与综合演化的结果。与自然景区、人造景观不同的是，以村寨作为空间载体的景区，其权力秩序、经济模式、社会结构，与当地的自然环境、聚落景观以及历史文化结构化为一个整体，共同形成旅游吸引力，为经营管理体制提供治理资源。若要素缺失或供给不足，都会对旅游吸引力、治理效果产生影响。因此，旅游村寨治理模式的研究应具有权力、经济与社会三个基本面向，并与景区内的结构性要素充分关联，将这样的治理结构嵌入长时段历史演化进程中，才能真正对治理结构的生成原因、组织过程与微观运作机制、演化路径及治理绩效进行深入分析。

综上所述，旅游村寨治理结构是一个值得关注的研究课题。然而，以往关于旅游村寨治理结构的研究成果大多以经济学、管理学为视角，①忽略了以村寨为载体的旅游产业活动所依赖的社会基础与基层治理结构，从而使经济管理理论在面对发展演化的相关问题时显得"乏力"，不仅缺乏研究的深刻性和客观性，而且以此提出的解决方案与对策建议可能会误导决策者。综上，旅游村寨治理研究是综合、复杂的，既有经营者经济利益方面的理性考量和科层制的权力结构，同时包含由村寨传统的血缘、亲缘、地缘等纽带所形成的自组织机制，以及地方政府在旅游开发进程中对市场、社会结构性要素的采借与灵活运用。如果我们不能以多元的视角去理解旅游村寨的社会基础、权力秩序、经济模式与治理结构的内在逻辑关联，仅仅从经济管理维度考虑，就不能理解村寨旅游地的系统性与复杂性，更不能解释演化和解决演化过程中出现的问题。

　　天龙屯堡是贵州省较为典型的乡村旅游地，其乡村旅游发展的经验与成果曾被确定为世界旅游组织定点观测的对象。自2005年笔者第一次到访天龙屯堡以来，这里一直是笔者长期关注的案例地，研究从早期的自上而下、由外到内的切割式、碎片化式的方法，逐渐过渡到借鉴社区研究经验和调查方法，并逐渐转向自下而上、由内到外的研究范式。对于该案例地发展演化，笔者曾从新制度经济学的核心概念之一——产权视角出发，对案例地旅游公司经营时期旅游业发展演化展开过深入的研究，②但一直存有意犹未尽之感。首先，作为一个以乡村为载体的旅游景区，旅游开发实际上是以乡村的物质景观及其延续的历史文化、社会关系与权力结构为资源凭借的，对其组织、社会要素的忽视，说明研

---

① 杨玉梅.旅游企业与原住民的关系治理［J］.经济问题探索，2011（4）：173-176；单文君，王婉飞.乡村旅游产业组织模式的有效性研究——基于交易费用理论视角［J］.浙江树人大学学报，2013（4）：32-37；翁瑾，杨开忠.重渡沟"景区公司+农户"的旅游产业组织模式研究［J］.经济经纬，2004（1）：135-138；高春留，程励.基于"产村景"一体化的乡村融合发展模式研究——以武胜县代沟村为例［J］.农业经济问题，2019（5）：90-97.

② 陈志永，吴亚平.乡村旅游资源开发的阶段性演化与产权困境分析——以天龙屯堡为例［J］.热带地理，2012（3）：201-209.

究不够完整、深入，需要反思与不断深入推进。另外，旅游开发活动内嵌于传统社会机制与权力结构中，如果不考虑其经济运行的社会基础与权力结构，同样会影响研究成果的解释力和研究成果的实践价值。鉴于此，笔者通过对天龙屯堡2001年以来两次旅游开发过程的调研，对当地旅游发展演化的治理结构展开研究，揭示乡村旅游地治理结构演化的地域环境、社会基础、生计方式以及基层权力结构，探寻治理结构演化的内在逻辑。

第二节　案例地的典型性与研究价值

天龙村位于贵州省安顺市平坝县南，东距贵阳市60公里，西距著名国家风景名胜区黄果树70公里。天龙村面积3.5平方公里，辖21个村民组，1215户4320人。村寨区位条件优越，交通便捷，与贵州西线黄金旅游线路上的4个国家级风景区（黄果树、龙宫、红枫湖以及织金洞）相邻，属贵州西线黄金旅游线路的重要节点。贵黄（贵阳至黄果树）高等级公路、滇黔公路、贵昆铁路和清黄（清镇至黄果树）高速公路均从寨边穿过，天龙屯堡素有"滇之喉、黔之腹"之称。天龙屯堡景区由天龙村和天台山伍龙寺组成，是黔中安顺屯堡文化旅游圈的重要组成部分。屯堡文化源于600年前明朝时期的"调北征南""屯田戍边"历史事件，"明代古风、江淮余韵"是对屯堡文化的高度概括。天龙村建于明代，儒、释、道三教共居的古老寺庙、"国家级重点文物保护单位"天台山伍龙寺也建于此。

2001年9月，在天龙旅游开发投资有限公司（以下简称"天龙旅游公司"）进入后，天龙屯堡乡村旅游业成功启动。通过天龙旅游公司的有效运营，地方政府、行业管理部门的支持，以及村民的积极参与，天龙屯堡景区在短短数年内就成为贵州乡村旅游开发的成功典范。但令人遗憾的是，天龙屯堡景区旅游业快速发展的势头并未能成功延续。不到 10 年时间，快速发展的旅游业就进入衰落期，新的投资主体（贵州旅游开发投资集团，以下简称"贵旅公司"）进入，治理结构出现了新变化。天龙屯堡旅游业的兴衰与治理结构的演化值得关注，需要讨论的问题有以下几个。

（1）天龙旅游公司创建人为天龙村走出的精英，与村民之间的血缘、亲缘与地缘关系使公司的经营理念与管理方式不同于一般外来企业的经营理念与管理方式，公司具有"社区型企业"特征。这样的企业在与村寨互动过程中呈现什么样的关系样态？这样的关系是如何导致旅游业兴衰更替的？

（2）贵旅公司作为"外人"，脱嵌于村寨的社会基础与文化网络，无法获得情感认同与社会支持。在国家政策计划的安排下，公司凭借国有企业身份及其背后的权力资源，获得天龙旅游公司无法比拟的资源、政策支持的政治组织优势。在村寨旅游开发中，这样的组织优势如何转换为经济上的优势？企业与村落关系又将呈现什么样的关系样态？新的关系样态是否有助于推动旅游业的发展？

早期旅游业的快速发展、蓬勃兴旺在带给人们巨大希望的同时，却又在巅峰时突然土崩瓦解。天龙屯堡乡村旅游业的兴衰为本研究的展开提供了一个非常理想的样本，研究的展开有利于了解旅游地发展的不同阶段，各行动主体间的关系变化，探寻各行动主体的权力边界和行动范围，为同类型乡村旅游地行动主体的权力边界确定提供理论支持，为乡村旅游地的发展提供引导与经验借鉴。从理论意义来看，拉长研究的时段，从多元面向视角出发诠释乡村旅游地的治理结构及其演化，有利于打破社会学、公共管理学、制度经济学、旅游学等学科间的壁垒，推动旅游地治理结构、旅游目的地生命周期理论的深入研究。

第三节　天龙屯堡乡村社会的运行机制：
组织制度及行为框架

一　明朝"调北征南"和后期"调北填南"的历史事件孕育了屯堡文化

明朝建立后，并未能完全控制西南片区。四川明升建立的夏政权控制着黔北，元朝的残余力量云南梁王控制着黔西北。为加强统一，朱元璋于1371年派兵进攻四川，消灭了明升的夏政权，并于1381年再次派兵30万，途经黔地，征战云南，占领昆明。收复云南后，明王朝为了巩固战果，更持久地统治云南，便以贵州为据点，修建通往云南的多条驿道，沿线设卫所，增派兵力驻扎。正是这种沿驿道设卫所的历史传统，使驿道沿线形成大小不一的军事驻地。随着明王朝政权的稳固，卫所承载的军事功能逐渐弱化。明王朝为减少军费支出，命令驻守官兵开垦田地，官兵身份逐渐向农民转化，成为穿着军服的农民，过着"三分戍守，七分屯种"的生活。发展至今，军事组织制度仍深深地印在屯堡文化的结构中。如村寨选址带有军事防御要求，村寨背后通常有高山作为依靠，这样可随时登顶观察敌情，依靠高山和茂密的森林进行战略性防御。屯堡村寨外围往往由石砌的城墙和高大的寨门环绕，寨门和城墙采用坚固的石料垒砌而成。每个屯堡村寨建有瞭望台和烽火台，如有敌人侵犯，寨与寨之间可互通信息、协同作战。村寨内部多采用中轴线分割布局和点线分割布局，以村中央的空地广场为一点，向外辐射众多交错纵横的巷道，无数的巷道把民居分割为片状结构，构成一个点线面结合的整体。悠长的巷道两端有用作防御的门，每一条巷道既可单独防御，又可以形成整体防御。非本村居民进入巷中，就像进入了迷宫，如果有人贸然进入，村民可关上巷门，上演一场"关门打狗"。屯堡居民大部分都是比邻而居，很少出现单个民居的情况。每栋民居同时成为一个独立的防御单位。屯堡民居的建筑材料由坚硬的石头构成，进入民居的门低矮且狭窄，来访者需要弯腰、侧身方可进入，这为房主防御并采取进攻提供了有效时机。民居的窗户同样带有军事防御特征，窗户又名"猫儿窗"，意为方便猫儿进出。窗户内大、外小，从内到外呈现梯形结构，便于从内进攻和防御。巷道两侧民居与民居的"猫儿窗"正好相对，便于共同防御。总体而言，屯堡村寨的选址、聚落结构、民居建筑都具有军事防御特征。屯堡村寨的军事防御特征在天龙屯堡同样留有深深的痕迹，并且被完好地保存下来，为屯堡村寨文化旅游的发展提供了资源基础。

除聚落结构与家屋建筑富有军事防御特征外，"屯堡人"作为一个特殊的群体，由明代洪武年间"调北征南"和"调北填南"的军屯、民屯、商屯汉移民组成。大多数移民来自经济发达、文化富集的江南地区，使屯堡村寨带有"小桥流水人家"的江南文化意蕴。同时，来自发达地区的优越性与文化自信使他们保持着原有的语言习惯、宗教信仰、风俗礼仪，屯堡人在与周边民族交往的过程中建构出自我认同，并呈现文化封闭性的特点，形成本族群特有的婚姻观念和通婚圈。因军事需要而孕育出的地戏、抬汪公等公共文化活动不仅具有娱乐的功能，同时可达到追溯历史记忆、消解农户之间矛盾、凝聚村寨整体力量，达到防御的目的。综上，屯堡人特殊的迁徙历史与地缘关系的相互嵌合，在与周边民族的博弈与互动中逐渐建构了带有军事组织特征的社会文化共同体。这个共同体承载着军事移民的历史，传承着屯堡军事化组织的传统，既保证了屯堡建筑、服饰、语言、信仰、饮食、娱乐、风俗等文化的完整性和延续性，为村寨旅游业的发展提供了资源基础，也为社会经济发展提供了独特的组织制度基础。

二　新中国成立后国家权力下沉与屯堡村寨的组织特征

屯堡人作为与国家有着深厚历史渊源的特殊群体，在历史演化进程中与国家保持着密切的联系。如屯堡地戏，从仪式内容和价值取向来看，都具有明显的"忠义"指向，即忠于王朝的高度认同特性。屯堡人尽管来自不同地方，但入黔驻屯、驻居安顺一带后，由于其起源同根、思想同源、文化同脉、制度同体、身份同泽、使命同伍、地利同畴、生活同俗、语言同音、交往同化，经过若干年的交往互动与文化沉淀，他们似乎对"国家（王朝）"有着天然的认同，"尚同"成为其最大的行为表现。①因此，无论是明朝以后的清政府，还是民国政府，屯堡村寨及屯堡人都非常注重与国家的互动与交往，力争从国家体制内获取资源，获得支持，借助国家设立的通道进入上流社会，成为权力精英。如晚清末年，1908年建立的天龙小学，曾培养出很多地方文化名流。民国时期建立的黄埔军校，同样吸引了来自西南边陲小镇——天龙村的村民。在与国家的互动中，进入国家体制的屯堡人依旧与屯堡乡村社会保持着密切联系，甚至利用其中间人身份推动屯堡村寨和国家的联系，进一步增强了屯堡人的国家认同。新中国成立后，随着国家权力的下沉，屯堡村寨随着人民公社制度的建立形成了政治共同体的特征。同时，国家限制人员流动建立的户籍制度，以及农业生产的集体劳作，客观上强化了村民内部互动交流、互帮互助的传统，使村寨依旧留有传统社会文化共同体的痕迹与特征。

三　改革开放以来屯堡村寨的转型社会特征

改革开放后，国家权力的选择性上移为乡村社会文化的复兴与

---

① 张定贵. 屯堡地戏与屯堡族群社会：基于仪式视角的研究 [M]. 贵阳：贵州大学出版社，2019：231.

再造提供了制度环境。新中国成立后，曾一度销声匿迹的地戏、抬汪公、民间宗教祭祀等传统文化活动在国家文化政策的鼓励下获得了新生，重新唤起屯堡人的历史记忆与文化认同。与此同时，曾经阻碍城乡流动的户籍制度被逐渐取消，市场经济的发展吸引着具有商屯背景的屯堡人走出村寨，外出寻求发展机会。在此背景下，大量屯堡人利用社会文化共同体的组织优势结群外出经商，部分屯堡人甚至将经商范围从西南地区延伸至遥远的东北城市。然而，由于城乡之间的制度壁垒未能完全消除，大量进入城市务工或经商的农民无法融入城市社会，他们难以与工作地居民建立起有机的社会联系，也无法建立起新的社会认同。因此，外出务工人员将外出所得收入带回家乡，与家乡保持着密切的联系与互动。对于村里的人生礼仪、公共节庆等活动，外出务工者积极参与，建构社会文化网络资源以便未来从城市返乡后能从这样的关系网络中获得帮助和支持。外出务工人员在外务工期间，因遭遇的制度性歧视与不公的待遇而产生的不满情绪等也可通过返乡聚会而得到暂时性的抚慰。天龙屯堡旅游业的兴起、早期快速发展都与返乡创业的外出精英有着非常密切的联系，旅游经济运行获得社会支持，弥补了资本投入不足的结构性缺陷。随着国家权力的选择性上移，村寨内原有的传统社会组织如老年协会、钱会、佛头、地戏队等组织重新焕发生机，在村民日常生活及节日庆典中发挥着重要作用。这些民间组织为村民互动与交流提供了平台，即使面对改革开放后市场经济的影响，屯堡村寨也并没有出现完全失序和解体的现象。相反，经济与社会的互嵌，日常生活中的宗教祭祀以及地戏等公共文化活动反而强化着社会的稳定性，社会、经济、文化的结构性互构十分典型。善于经商的传统与相对富庶的经济支撑了社会的稳定，社会稳定强化了文化传统的保持，文化活动得以展开，这些反过来又加强了村落社会的

内聚力，加强了自身的稳定，导致内稳态机制彰显突出。^①

综上，屯堡人善于经商的传统，以及改革开放以来屯堡人积极涌入市场经济浪潮中积淀的资本，与屯堡人稳定的社会结构相互嵌入，为旅游业的崛起与发展提供了资本支持与社会资源。地方政府提供的交通基础设施、制定的市场规则等公共服务供给与支持，加上屯堡村寨独有的建筑聚落与深厚的历史文化底蕴，为屯堡村寨旅游业的崛起和迅速发展提供了基础和条件。

第四节　天龙屯堡旅游业发展演化分析

一　旅游业启动期（2001年9月至2004年12月）：源于熟人社会的旅游业

对屯堡文化的关注，始于1902年日本人类学家鸟居龙藏在饭笼塘（即天龙）考察时对屯堡妇女服饰的描绘，以及后来对"凤头苗"汉族身份的确定。^②此后，历史学、民族学、人类学的专家学者开始逐渐关注屯堡文化，对屯堡文化展开研究。随着国内以村寨为载体的乡村旅游的兴起，尤其是黔中安顺屯堡文化圈中的云峰屯堡等地乡村旅游的实践探索，屯堡文化的旅游开发价值逐渐引起人们关注。天龙屯堡位于交通主干道周边区域，善于经商的天龙屯堡精英敏锐地意识到当地文化旅游开发的潜力。但资本、管理与市场经验的缺失使他们意识到若依靠村内人很难突破约束与限制，必须寻求外来资本及地方政府的支持。1999年，改革开放后从天龙屯堡走出的精英，时任贵州省供销社驻深圳办事处主任CY，凭借着个人多年的工作阅历、建立的社会网络及对乡村旅

---

① 孙兆霞等.屯堡乡民社会［M］.北京：社会科学文献出版社，2005：38.

② 金颖若，周玲强.东西部比较视野下的乡村旅游发展研究［M］.北京：中国社会科学出版社，2011：136.

游市场潜力的判断，敏锐地意识到屯堡文化转化为文化资本的可能性。CY 经慎重考虑后，于当年返乡并召集时任天龙村老年协会会长 YXL、刚从天龙镇教育辅导站站长岗位退休的 ZJX 等五人到老年协会办公室，就天龙屯堡旅游开发的可能性进行商讨。会上，CY 关于天龙屯堡文化旅游开发的观点得到了与会者的高度认同。会后不久，有关天龙屯堡文化旅游开发的第二次会议再次在老年协会办公室召开，与会代表包括第一次参会的 CY、YXL、天龙镇党委派出的副书记 BLC，以及时任村委会领导 HZJ、ZJX。此次会议达成两条共识：（1）由参会五人共同组建"天龙屯堡乡村旅游开发理事会"，主要职责是对外联络和外出参观考察。（2）CY、天龙村村委会、天龙镇政府各出资 1000 元，成立"屯堡文化资料整理小组"，成员由 YXL、ZJX 等十余位熟悉屯堡文化、有一定文化水平的文化精英组成，小组成员与老年协会合署办公，"两块牌子，一套人马"。该组织成立后，CY 组织人员前往云峰屯堡①参观考察，CY 本人亲自前往云南丽江古镇等较为成熟的古村镇旅游地考察学习。与此同时，资料整理小组成员一边到省内高校、图书馆查阅与屯堡文化相关的文献资料，一边在村里收集与屯堡文化相关的民间资料。

2001 年 6 月，CY 与同村另一精英——平坝县建设银行工作的 ZRC 共同出资 100 万元，成立天龙旅游开发投资有限公司（以下简称天龙旅游公司），下设办公室、财务部、销售部、导游部、卫生组、民俗馆、天台山管理组等部门，除特别招收的 20 名管理人员，其他公司员工都从天龙村招聘，满足了当地村民在地化就业的需求。此时，除了 ZJX，前期参与文化资料收集的"屯堡文化资料整理小组"的其他成员则被边缘化，似乎接下来的文化旅游开发不再与他们有关。为了获得天龙屯堡文化资源开发的经营权，经平坝县政府同意，天龙旅游公司与镇政府、村委会达成协议，获得 50 年的旅游开发经营权。镇政府、村委

---

① 黔中安顺屯堡文化区第一个进行乡村旅游开发的村寨。

会则共同组建"屯堡文化保护与开发办公室"，作为行政管理机构，负责协调天龙旅游公司与村民之间的矛盾，处理旅游开发中的乱搭乱建、游客投诉等问题。天龙旅游公司成立后，提出"大战100天，将天龙打造成屯堡文化旅游景区"的口号。为此，天龙旅游公司开始投资，对村里破旧的石板桥、水泥路进行翻修，疏通并清理河道、污水，绿化街道。同时，该公司号召全体村民清扫房前屋后垃圾；保存完好、颇具代表性的民居被选为参观点，公司给予村民物质补偿。在村民和公司的共同努力下，天龙屯堡的乡村环境彻底改善，具有江南韵味的乡村风貌得以再现。为丰富景区内产品业态，天龙旅游公司租用原天龙小学旧址，将收集整理的、与屯堡文化有关的传统用具和文献资料进行集中展示；在景区入口处设立驿茶站，为进入景区游客提供免费品茶水，村寨中的驿站功得以重构；组建地戏队，在驿茶站背后的"演武堂"为游客表演地戏，费用包含在门票中，天龙旅游公司按月为参演人员发放工资。上述准备工作就绪后，2001年9月25日，天龙旅游公司以天龙屯堡和天台山为依托，举行"贵州天龙屯堡文化旅游区"首游式，天龙屯堡旅游业顺利启动。

天龙屯堡旅游业正式启动后，为扩大市场规模，天龙旅游公司聘请贵阳风情旅行社负责人WB到天龙旅游公司任副总，利用其建构的社会网络资源连接旅游市场资源。为了获得旅行社的青睐，天龙旅游公司将部分门票收入让利给旅行社。之后，考虑到景区在贵州黄金旅游线路上的特殊区位和产品优势，天龙旅游公司于2002年果断加入由四个国家重点风景名胜区[1]和西南航空贵州分公司组成的贵州新旅游联盟。屯堡景区与四个以自然为主题的国家重点风景名胜区形成产品互补关系，充分借用"黄果树"这样具有品牌优势的景区进入产品建设和市场营销的快车道。天龙旅游公司"借船出海"的市场营销战

---

① 黄果树、红枫湖、龙宫和马岭河峡谷。

略使天龙屯堡景区在贵州西线旅游中的地位迅速提升。地方政府在市场营销方面给予的支持则让景区知名度迅速提升。2002年1月，由贵州省旅游局、安顺市人民政府联合组织的"中国民间艺术游·贵州首游式"在天龙屯堡景区举行。这次盛会吸引了百余家新闻媒体争相报道，天龙屯堡景区迅速走红，众多旅行社组团前往。随着团队游客数量的迅速增加，天龙旅游公司租用地方政府建造的游客中心以及原镇政府办公楼为游客提供餐饮服务。景区内主干道两侧游客比较集中的区域，则积极引导当地村民参与旅游商品、食宿经营。为规范旅游市场秩序，维护景区风貌，方便村民经营旅游商品，天龙旅游公司在景区主干道游客较为集中的区域为经营户统一制作了简易的铁制小货架。天龙旅游公司的一系列做法不仅丰富了景区内的产品业态，同时得到了经营户的积极响应。经营户们为了有序经营，在熟人社会网络基础上自发成立了行业协会，由协会负责协调经营户之间的矛盾，以及经营户与公司、村委会之间的矛盾。为丰富产品业态，进一步彰显屯堡文化的魅力，2003年2月，在地方政府、村委会的协调下，天龙村成立了由屯堡女性参与组成的农民旅游协会，成员最多时近400人。村民可自愿加入协会，入会者需缴纳10元的入会费。农民旅游协会成立后，协会成员积极响应公司号召，在重要节庆活动或重要客人到来时，主动放下家中事务，身着特色鲜明的"凤阳汉装"参与公司组织的活动。这对于烘托屯堡文化氛围，为游客提供屯堡文化深度体验无疑发挥着重要作用。在旅游公司的组织下，协会成员身着屯堡服饰，到省城贵阳开展屯堡文化的宣传活动。村民参与屯堡文化展示活动所获得的成就感与文化自信，与天龙旅游公司对村寨环境所做的贡献增强了村民对天龙旅游公司的认同，这对于协调村民与天龙旅游公司的矛盾，营造和谐的景区环境发挥了重要作用。

　　天龙旅游业刚刚开始的时候，我们到这边唱山歌迎接游客，还有到这边来都忙煮茶。一开始的时候都是没有工资的，后面稍微有点游客以后，我们才开始有工资，但是也很低，一天就4块钱。但是那个时候我们都觉得是好事，所以不计较这些。①

——驿茶站工作人员

通过天龙旅游公司的有效经营，地方政府、村委会组织协调以及当地村民的积极参与，天龙屯堡旅游业顺利启动并迅速步入发展的快车道。2001年，天龙屯堡旅游人次仅为1.43万，2002年已达到11.9万，2003年虽受"非典"影响，旅游人次仍达到11.75万，2004年"非典"结束后，旅游人次达到23万。2004年，世界乡村旅游论坛在贵阳举办，天龙屯堡被遴选为论坛分会场，天龙屯堡的旅游发展经验与成就得到世界旅游组织秘书长及国家旅游局专家们的一致肯定，被誉为"全国乡村旅游产业公司化运作的范本"。②村民、旅游公司与地方政府共同缔造的和谐的景区环境得到了上级政府的肯定。2004年11月，天龙屯堡景区被贵州省委、省政府授予"贵州省文明风景名胜区"。

贵州省乡村旅游业始于20世纪80年代初，天龙屯堡旅游开发因为CY等人的介入而大获成功。天龙屯堡旅游开发的成功绝非偶然，旅游经济繁荣的背后有着深刻的历史、社会与政治原因。

天龙人善于经商的传统与改革开放后市场经济的兴起，实现了传统和现代的有机衔接与同构。首先，天龙人善于经商的历史传统与对乡村旅游经济的期待，共同促成了村寨内外精英的合作，合作双方均希望在蓬勃发展的乡村旅游发展进程中获益，这为旅游业成功启动奠定了基础。其次，从社会原因来看。天龙旅游公司创始人CY、ZRC均

---

① 2019年10月访驿茶站工作人员。根据2019年10月访谈记录整理。

② 陈志永等.乡村旅游资源开发的阶段性演化与产权困境分析——以贵州天龙屯堡为例[J].热带地理，2012（2）：201-209.

为通过求学走出的天龙村民，虽在外工作，但他们与村寨长期保持着社会交往。当村里举办公共活动时，他们会热心地凑"份子钱"，积极参加与家庭有关的婚、丧、娶、嫁、满月酒、盖新房等仪式。村外精英与村里的社会关联以及村民对旅游发展的期待，使天龙旅游公司及地方政府在屯堡文化旅游的启动与早期萌芽阶段，具备较强的动员与组织能力，达到"一呼百应"的效果。村寨内部的有序整合为旅行社高层管理人员加盟天龙旅游公司，推动天龙屯堡与旅游市场有机衔接，实现游客深度体验奠定了坚实的社会基础。最终，和谐的人居环境与自然风貌相互映衬，凸显出屯堡聚落独有的魅力，这让天龙旅游公司以较低的投入获得了快速的市场增长与较高的旅游收益。最后，从政治原因来看。早在天龙屯堡旅游启动之前，黔中安顺屯堡文化旅游区的云峰屯堡已经开启了乡村旅游实践，但始终处于"不死不活"的状态，地方政府并没有给予过多关注。实际上，从屯堡聚落保存的独特性、完整性来看，天龙屯堡明显不及云峰屯堡。从屯堡聚落的规模来看，天龙屯堡不及屯堡第一寨——九溪村。天龙屯堡之所以得到地方政府青睐，有以下两个方面的原因。

（1）天龙屯堡资源禀赋优势虽不及云峰屯堡和九溪村，但其区位优势更胜一筹，明显强于后两者。天龙屯堡作为屯堡文化圈交通最为便捷的村寨，进入性、通达性较强。作为贵州西线黄金旅游线路上的必经之地，天龙屯堡与贵州省两个重量级的自然景区——"黄果树"与"龙宫"形成明显的资源互补优势，文化旅游开发成功的可能性较大。这样的区位优势便于游客参观游览，在成功打造景区的同时，还能引起上级政府领导的关注与重视。

（2）天龙旅游公司创建人CY中专毕业后，曾在平坝县供销合作社工作，后被组织安排至基层乡镇担任主要领导职务，数年后再次回到平坝县供销合作社并担任主任职务。CY在担任主任期间，因销售业绩突出，1997年被调至贵州省供销合作社任职，后被贵州省供销合作社派驻深圳办事处任主任。CY 在平坝县基层乡镇任职期间与全县各级领导建构的社会关系，以及其对地方政府治理逻辑的洞悉为天龙旅游公司与地方政府顺利合作提供了重要条件。CY 在供销系统工作，其担任领导职务的经历对于培育其对市场的把控能力具有重要价值；加之有银行工作背景的公司创建人 ZRC 的加入，不仅有助于完成地方政府招商引资的考核任务，也为天龙旅游公司介入后推动旅游持续发展提供了资金保障。不难发现，天龙旅游公司创建人 CY 作为天龙屯堡旅游开发的"中间人"，在连接传统与现代，凝聚政府、市场与社会力量方面发挥着重要的作用，正是通过三种不同力量与资源的汇聚与整合，实现了天龙屯堡村落旅游的成功启动和快速发展。

需要注意的是，村寨旅游开发实际上是传统向现代深层转换的过程，处于转型期的天龙屯堡，传统与现代必然产生激荡与碰撞，形成结构性张力，这意味着天龙屯堡旅游业在成功启动与快速发展的同时，还存在诸多潜在的矛盾和影响旅游业可持续发展的隐患。

（1）社会组织功能缺失。"屯堡文化资料整理小组"由村里老年协会成员组成，他们熟悉屯堡文化又有闲暇时间，对于协助旅游公司挖掘屯堡文化，协调公司与村民之间的矛盾，实现文化资源的资本化转化仍能发挥余热。从屯堡文化旅游产品深度体验的角度来讲，老年人若能发挥余热，利用闲暇时间为到访的游客进行文化深度讲解，不仅能让游客获得深度文化体验，还能延长游客的停留时间，增加景区综合经济效益。不仅如此，老年协会作为村内重要的社会组织，其成员在村里德高望重、秉公办事，深得村民信赖，在天龙旅游公司与村民之间扮演"中间人"角色，有助于营造和谐景区环境。然而，旅游兴起后，"屯堡文化资料整理小组"很快被边缘化，这导致景区旅游产品缺乏历史文化内涵支撑。更为不利的是，天龙旅游公司遭受"过河拆桥"的舆论谴责，影响公司声誉。这无疑使天龙旅游公司与村民之间的矛盾因为老年协会的"缓冲"功能缺失而增大。再看农民旅游协会，协会对于丰富景区产品内涵，彰显屯堡文化特色，缓解天龙旅游公司与村民间矛盾，具有难以替代的价值和功能。然而，从农民旅游协会的组织功能与运作机制来看，协会自产生起，其内在的缺陷就已经"注定"了它未来的命运：从协会组织结构来看，CY担任会长，ZJX和HZJ任副会长，ZRC、YXL、CHS任监事。从其运作机制来看，天龙旅游公司创建人担任会长，监事ZRC是天龙旅游公司投资人之一，副会长ZJX和HZJ都是后来的村主任或书记。尤其是ZJX，作为村寨精英理应代表村民利益，但当上村支书后，由于村委会可以直接得到天龙旅游公司给予的经济补偿，所以他自然倒向天龙旅游公司一边，成为村民眼中最大的受益者。严重失衡的组织结构很大程度上掩盖了村民的权利，成为天龙旅游公司附庸，无疑降低了协会成员的组织认同。遗憾的是，地方政府没有及时纠正这一制度偏差，[①]导致协会的功能脱嵌于社会，随着时间的推移而无法延续。

（2）村寨法定组织合法性不足。从制度表达来讲，村委会本应是村民利益的代表，代表村民对村寨实现自我管理、自我教育与自我服务。旅游兴起后，按合同约定天龙旅游公司为村委会提供公共资金，从理论上来说，这为村两委组织动员村民参与村寨旅游提供了物质基础和经济激励，有助于增强村民对村寨法定组织的认同和对公共事务治理的关注。但集体收入的使用与支出无法和村民自治中的决策、管理、监督有效衔接，换言之，基层治理无法为集体收入的合理使用提供政治上的合法性保障，集体收入的突然增加反而会破坏村民对村寨法定组织的信任，消解村民的集体行动能力和村委会的组织动员

---

① 孙兆霞等.屯堡社会如何可能——基于宗教视角的考察［M］.北京：社会科学文献出版社，2016：91.

能力。

（3）乡村精英作用受限。乡村精英的存在对于协调天龙旅游公司与村民之间矛盾，发挥组织动员作用具有重要的价值。通常来讲，乡村精英需要借助平台空间来发挥作用。然而，由前文分析可知，由老年协会成员组成的"屯堡文化资料整理小组"被抛弃，使村内德高望重、熟悉屯堡文化的老年精英因为缺少公共空间平台支持而难以发挥"中间人"和凝聚作用。不仅如此，天龙旅游公司对待老年协会成员的歧视策略进一步分化了"屯堡文化资料整理小组"，导致组织支离破碎。村寨旅游兴起后，农民旅游协会负责人以及村委会负责人被吸纳进天龙旅游公司，获得天龙旅游公司提供的收益和福利，这意味着社会组织负责人和法定组织负责人实际上已成为天龙旅游公司代理人，对天龙旅游公司负责并服务于天龙旅游公司。因此，村寨精英的行动和角色偏向必然远离村民，与村民原有的社会关联发生断裂，为旅游公司和村民之间矛盾的产生埋下隐患。

（4）地方政府角色偏移。在"政府—市场—社会"这样的结构关系中，政府本应在市场与社会之间扮演"中间人"的角色，尤其当面对市场经济侵袭社会结构的基质时，政府更应该及时、主动出击，实现公共秩序的有效供给，维持市场和社会结构的平衡。然而，在村寨旅游开发中，地方政府招商引资的政治考核制度导致"求商若渴"；天龙旅游公司负责人特殊的经历与身份以及天龙屯堡区位优势，共同促成了天龙旅游公司与地方政府的合作。这样的合作表面看起来似乎顺理成章，但背后潜藏着不合理的因素。首先，从签订协议的主体来看。从表面来看，开发协议是用法律手段建立合作秩序；但村寨旅游发展的真正主体——村民，却被排除在外，失去了应有的话语权。这样的契约虽为政府与天龙旅游公司进行旅游开发提供了便利，但如果日后面对农民强烈的抗争活动，政府和天龙旅游公司根本无法找到一个可以在契约框架内协商或谈判的主体。因为实质的合作对象与主体不在形式的合作秩序内，所以当它背叛合作时，也就无法用合作的规则去制约它。①其次，从协议签订的过程来看。从我国农村土地资源的集体产权属性、以村寨为载体的景区实践逻辑、个别景区获得的成功经验等方面来看，景区产权属性无法有效界定的现实困境往往可以通过将村寨有效组织起来，建立具有社区属性的村寨组织。在不受外来力量干预的条件下遴选出代表村寨利益的组织领导，然后代表村民与外来力量进行博弈和谈判，这样博弈和谈判产生的方案一方面因为具有广泛的群众基础而具有合法性，对内能对村民的违规、侵害集体利益的行为产生内在的约束，对外则能够对地方政府的逐利行为、外来企业侵害村民利益的短期机会主义行为形成威慑，在一定程度上能够降低因资源产权界定不清带来的村民与外来利益主体形成的高额交易成本。换言之，将农民有效组织起来同外来利益主体展开博弈和谈判形成的合作方案，一定程度上能够弥补以村寨为载体的旅游景区产权无法界定的制度缺陷所产生的治理成本，是契合我国特殊国情的治理模式和制度结构安排。但遗憾的是，由地方基层政府、天龙旅游公司、村委会联合签订的合同明显缺少这样的民意基础和操作过程，这使合作安排不仅不具有法律意义上的合法性。同时，缺少社区参与的操作过程与民意授权，同样不具有政治和社会意义上的合法性。如此的合作过程与合作方案，无法对村民尤其是利益密集后形成的"钉子户"的违规行为产生强有力的约束。最后，从地方政府与天龙旅游公司签订的协议内容来看。或许是出于急于开发等原因，协议仅仅明确了地方政府的责任、权限和义务，但未明确政府应该享有的权利，这使地方政府作为公共利益代表的权力自始便缺失。特别是将天龙屯堡文化旅游开发涉及的文化资源、土地、房屋、道路、场所等的经营管理权无偿地转让给天龙旅游公司"五十年不变"的条款，在省政府体改办和

---

① 孙兆霞等.屯堡社会如何可能——基于宗教视角的考察 [M].北京：社会科学文献出版社，2016：89-90.

省旅游局的一次联合调查报告中被视为"越权"行为。①可见，这样的协议不仅不具有政治上的合法性，从《合同法》中有关合同生效的要件来看，协议有损害国家、村集体以及村民的财产和利益的嫌疑，自然不具有法律效力，得不到法律的认同与保护。综上，从协议的签订主体、协议的签订过程和条款内容来看，该协议实际上不仅不具有法律效力，同时不具有政治、社会意义上的合法性。即使之后按具有法律效力的合同勉强执行，但因为得不到上级政府和地方百姓的支持与认可，执行的成本也将变得高昂。

在天龙屯堡旅游业的成功启动与快速发展时期，虽然存在合作方案对公共利益有意或无意忽视的情况，但村民对未来的期待，地方政府招商引资的政治诉求，天龙旅游公司创建人与村民、地方政府之间特殊的熟人社会关系，都暂时性地包裹着利益主体之间存在的利益冲突与矛盾，维系了和谐的景区环境，为村寨旅游业的成功启动与快速发展提供了良好的社会基础。换言之，在天龙屯堡旅游开发进程中，虽存在因正式规则缺失而引发矛盾的隐患，但熟人社会中的非正式制度保障了旅游业顺利启动并踏上发展的快车道。

二　旅游业快速发展期（2005年1月至2007年12月）：熟人社会向契约型社会转变的失败

人们常说"万事开头难""好的开头等于成功了一半"。随着我国旅游业的发展，改革开放初期的"低投入、高产出"的旅游投资环境逐渐被"高投入、高风险、低产出"的投资环境所取代。然而，笔者通过对天龙屯堡的调研发现，除了地方政府投入巨资用于当地的基础设施建设，天龙旅游公司的投入主要用于村寨内部环境的改造与美化，

---

① 罗布龙，赵世钊.乡村旅游规划的理论与实践探索［M］//杨胜明.乡村旅游——反贫困战略的实践.贵阳：贵州人民出版社，2005：107.

并没有斥巨资大兴土木、大拆大建。令人欣慰的是，天龙旅游公司的小规模投入却收获了惊人的市场效益与各项荣誉。这显然得益于村寨旅游开发进程中各行动主体之间的相互信赖，对旅游业未来发展的期待，以及天龙旅游公司创建的社会网络关系。以村寨为载体，依托这样具有经济、社会双重属性以及治理结构特征的"共同体"是天龙屯堡旅游业成功启动并步入快车道的重要原因。需要注意的是，支撑天龙屯堡旅游业发展的"共同体"的结构性力量与法国著名社会学家滕尼斯所表述的"共同体"有着内在的属性差异。旅游开发进程中的"共同体"，是传统与现代，是民间社会、地方政府与具有社区属性的企业多重力量建构的结果。多元而复杂的建构力量使它们具有同构的一面，同时又充满张力，这无疑增加了"共同体"生成与延续的难度。因此，实现天龙屯堡旅游业的可持续发展，"共同体"的存续是一个非常重要的问题。

2006年，经过激烈角逐，黄果树景区被遴选为贵州省第一届旅游产业发展大会（以下简称旅发大会）举办地。作为推动贵州各地旅游业快速发展的重大战略举措和抓手的旅发大会，黄果树景区获得首次举办权实属不易，由此可见黄果树景区在贵州省旅游发展中的重要战略地位。举办权的获得意味着黄果树景区将获得项目资源、银行贷款、市场推广等政策方面的大力支持，迎来新的发展机遇。对于地方政府而言，获得首次主办权作为全省旅游发展的重大战略举措，助推地方旅游业快速发展和转型升级的重大事件，必将被纳入行政考核范围，黄果树景区自然成为全省各地方政府领导和部门的"观摩点"。通过天龙旅游公司和地方政府的努力争取，天龙屯堡被选为旅发大会分会场。对于天龙屯堡这样一个起步不久、刚步入旅游发展快车道、与黄果树景区形成旅游资源互补优势的村寨型景区来讲，无疑具有重要的价值和意义。为迎接这次盛会，地方政府积极争取项目资源，加大对天龙屯堡景区环境的整治力度，完善旅游基础设施，尤其对村寨内景区主干道两侧的房屋按照"修旧如旧"的原则进行了立面改造，凸显屯堡建筑景观的独特魅力。在当地村民的积极参与和支持下，天龙旅游公司重点推出了以再现屯堡人迁徙历史和彰显屯堡活态文化为主要内容的大型实景组诗《大地诗章》，极大地丰富了天龙屯堡文化旅游产品内容。借助于这次盛会，天龙屯堡的旅游基础设施和旅游环境得到了改善，产品内涵得以丰富，知名度和美誉度得到了前所未有的提升，旅游出现"井喷式"增长。2005年，景区旅游人次达32.87万，2006年飙升至49.81万，并于2007年成功突破50万。为了应对迅速扩张的旅游市场规模，天龙旅游公司将员工从初期的110余人增加到170余人，天龙人占80%左右，员工中近一半为导游，员工大部分为女性。与旅游市场规模扩张相伴随的是旅游门票收入及公司餐饮业收入的增加，这为旅游公司履行社会责任，为村寨建设提供了经济基础。天龙旅游公司介入后，通过设立环卫岗，村里的环境卫生较之旅游开发前有了明显的改善；自2005年以来，天龙旅游公司为天龙行政村下辖的自然寨6000余人购买农村合作医疗保险，费用随着国家政策的要求逐年上升；按照高校等级差异资助村里孩子上大学；赞助村里举办各项大型活动；每月支付村委会主要成员劳务补贴；按照合同约定，在门票收入中，按每年4%的比例提供给村集体，用于村里的公共事务开支。旅游市场规模的扩张为村民参与旅游经营并获取收益提供了机会。旅游业最兴旺的时期，村里300余户人家直接从旅游业中获得经济收益。其中，10余户出租房屋获得资产性收益，200余户位于景区主干道周围，从事旅游商品买卖获得收益。鉴于天龙屯堡旅游发展取得的经济效益和社会效益，景区先后被遴选为全国农业旅游示范点、贵州首批省级文化产业示范基地。荣誉的取得意味着景区将得到上级政府更多的关注和支持，旅游业将迎来发展的大好时机。

然而，天龙屯堡旅游业蓬勃发展的同时，围绕利益分配、获益机会、传统建筑保护等问题，地方政府、旅游公司与村民之间已产生了严重的分歧。

一是村民与天龙旅游公司之间的矛盾。部分村民表示，天龙屯堡旅游开发的大部分收益落入天龙旅游公司及与天龙旅游公司有关系的人家的腰包，除购买的农村合作医疗保险，村民并没有得到其他的收益和好处。旅游开发限制景区主干道两侧及可视范围内的房屋改造影响房主获利。

> 当地一户村民在九道坎有一套住房，早在 2001 年初的时候，他就想把房屋重新翻修，当时的村干部找到他，做他的思想工作，劝说他不要拆，房子是"老古物"，要好好地保护下来。于是他就搬到其他地方住了几年。2005 年，面对旅游业蓬勃发展带来的商机，该村民再次申请重建，天龙旅游公司又跟他协商，打算把该房子租下或者买下，最后因为价格问题，又搁置下来。这位村民就说："当初听了村干部的话，现在好后悔，如果那时候拆了建两层，下面可以当铺面出租，我的利益就不会受损害。"[1]

> 这个天龙旅游公司就是个"皮包公司"，我们上当了。从农民旅游协会成立以来，仅仅开过一次会议，之后再也没有让我们这些监事、会员去开过会，天龙旅游公司决议的任何事情都是自己独断专行，从来不征求我们的意见。农民旅游协会刚成立时，向我们每人收取 10 元钱会费，说用于旅游开发，到时候分红，一直到现在都没有分，我们只是在 2004 年时得到过公司给每个会员发的一只价值几元钱的茶缸。[2]

在招工的时候，天龙旅游公司规定，优先招聘本地人，择优录

---

[1] 葛荣玲．景观的生产——一个西南屯堡村落旅游开发的十年［M］．北京：北京大学出版社，2014：171.

[2] 2011 年 12 月 27 日对村民的访谈。

用，尽量避免拉关系、走后门的现象。实际上，去天龙旅游公司上班，也是需要关系的，没有关系是很难进去的。这旅游公司"说一套、做一套"，优亲厚友，说话不算数。①

随着市场观念的渗透，传统意识形态的弱化和价值观念的多元化使以往政府做动员、劝说、教育等策略的效果大为下降。②共同体的延续不仅是传统社会关系的延续与再造，同时需要日常生活的现实来维持，包括相互依赖、互惠和私利。如果人们彼此互不需要，如果参与和承诺没有什么收获，共同体可能不会出现，也不会得到维持。③天龙屯堡旅游业成功起步及早期快速发展的实践显示，村民对利益的期盼与共同体的利益并不矛盾。相反，正是因为有这样的私利和欲望，才为合作和承诺提供一个可信赖的基础。农民旅游协会逐渐淡出，意味着屯堡女性在参与旅游活动的动力不断减弱的同时也降低了村寨旅游的吸引力；村民与天龙旅游公司之间的社会关联因为农民旅游协会的淡出而发生断裂，农民旅游协会在家庭与天龙旅游公司之间的协调功能也将逐渐式微。

二是村民内部的矛盾。张乐天在《告别理想——人民公社制度研究》中指出，传统的村落文化从来就有两个不可分割的方面。人情、秩序、关系起着整合的作用，使村落呈现一片祥和的外观；因家庭本位的价值观引发的家际矛盾根深蒂固，村落中充满着怀疑的目光、嫉妒的情绪、讽刺的语言和大大小小的冲突。④天龙旅游公司进入后，家庭之间因区位优势、成员能力与知识结构、家庭与天龙旅游公司创建人关系的

---

① 2007年7月5日对村民的访谈。

② 左冰.西双版纳傣族社区参与旅游发展的行动逻辑——兼论中国农村社区参与状况[J].思想战线，2012（1）：100-104.

③ 菲利普·塞尔兹尼克.社群主义的说服力[M].马洪，李清伟，译.上海：上海世纪出版集团，2009：19.

④ 张乐天.告别理想——人民公社制度研究[M].上海：上海人民出版社，2012：99.

亲疏远近等原因，导致曾经相对均质化的家庭出现了收入差距。居住在景区主干道两侧的家庭，无论是资产性收入还是经营性收入的获取机会明显大于景区主干道以外的家庭。在天龙旅游公司就业的屯堡已婚妇女，在获得一份稳定收入的同时还能照顾家庭，避免了外出务工引发的家庭矛盾和来回奔波的诸多不便。然而，旅游业兴起后，家庭之间在收入、就业机会等方面的差距也激化了村寨内部原有的家际矛盾，导致村民内部的矛盾升级。家庭之间依旧存在的相互需要与社会交往使村民将引发矛盾的源头指向天龙旅游公司，这再次激化了村民与天龙旅游公司之间的矛盾。为了化解村民与村民、村民与天龙旅游公司之间的矛盾，天龙旅游公司曾计划策划"走进屯堡人家"的旅游活动项目，这样既能丰富旅游产品内容，延长游客逗留时间，增加旅游综合收入，同时还能兼顾景区主干道以外家庭的利益。但因种种原因，该计划最终未能实施，部分村民的理性预期未能转化为现实利益，村民之间的矛盾自然无法得到有效缓解。天龙旅游公司创建前，农民旅游协会负责人ZJX的主要工作是处理村寨公共事务，在村民中有很好的声誉和口碑。天龙旅游公司成立后，ZJX被吸纳成为天龙旅游公司代理人，受利益驱使，ZJX的工作面向天龙旅游公司，导致村民不满，ZJX的组织、动员及凝聚作用自然降低，无法对村民之间的矛盾进行调解。在村委会内部，主要负责人的每月报酬明显高于一般村干部，导致村委会成员内部出现分歧。天龙旅游公司提供给村里的集体收入因缺少有效的监督与约束，资金去向不明导致村民对村委会不满，村委会的公信力大跌。综上，在天龙屯堡旅游发展进程中，村民之间原有的家际矛盾因利益不均而激化，天龙旅游公司的利益分配计划未能转化为现实，加之村寨精英与村委会成员被公司吸纳，导致精英、村寨法定组织协调与凝聚功能弱化，并最终使村民内部的矛盾不断被放大。

三是旅游公司与地方政府之间的矛盾。天龙屯堡旅游业发展初期，地方政府在基础设施建设、组织村民参与旅游接待、协调天龙旅游公司与村民之间的矛盾、扩大景区知名度等方面发挥着重要作用。这些支持和投入一方面是对天龙旅游公司的政策承诺，同时也是地方政府推动经济社会发展的重要举措。然而，随着天龙屯堡旅游业的快速发展，尤其是当日益增多的经济收益落入天龙旅游公司的腰包时，地方政府中的一些人产生了心理失衡，萌生了利益诉求的念头。他们表示，地方政府为天龙旅游公司的发展投入了大量的时间和精力，理应从已产生的收益中分一杯羹（应该从天龙旅游公司的经营收入中提取 20% 作为管理费）。[1]天龙旅游公司对地方政府的利益诉求表示反对。首先，地方政府投入的主要是公共基础设施，而非经营性项目，无法盈利，自然不能从收入中获得回报。其次，自然景区的资源所有权隶属于地方政府，地方政府委托给公司管理、经营，并收取一定的资源占用、使用费合情合理，但以村寨为载体的文化景区，资源归属于当地的村民和村集体，天龙旅游公司在使用资源的过程中通过为村民购买保险、向村委会缴纳管理费等方式，间接性地缴纳资源占用、使用费。最后，按照天龙旅游公司与地方政府最初签订的合同，合同中并未约定地方政府获益的条款。综上，天龙旅游公司认为地方政府不应该从旅游发展中获得直接收益。在安顺学院[2]研究团队参与的一次由地方政府组织的座谈会上，地方政府领导、天龙旅游公司创建人以及当地村民代表相互之间并不掩饰对对方的不满。面对个别村民在游客来往的路中间堆物堵路的极端行动以及地方政府处理不及时的行为，天龙旅游公司领导暗示有可能退出天龙旅游开发，这预示着一场危机正在酝酿之中。[3]

---

[1] 罗布龙，赵世钊.乡村旅游规划的理论与实践探索［M］//杨胜明.乡村旅游——反贫困战略的实践.贵阳：贵州人民出版社，2005：105、107。

[2] 安顺学院作为贵州省高校人文社科重点研究基地"屯堡文化研究中心"主管高校，每年组织召开与屯堡文化有关的学术会议，中心成员多年来从未间断到天龙屯堡、九溪村等地调研，与很多黔中屯堡文化村寨保持着密切的联系。

[3] 罗布龙，赵世钊.乡村旅游规划的理论与实践探索［M］//杨胜明.乡村旅游——反贫困战略的实践.贵阳：贵州人民出版社，2005：108.

以上天龙旅游公司与村民之间的矛盾、村民内部的矛盾、天龙旅游公司与地方政府之间的矛盾暂时性遮蔽了村民与地方政府之间的矛盾。事实上，天龙旅游公司与村民之间的矛盾是地方政府未能在旅游开发初期实现公共秩序的有效生产而造成的，即"失职"行为造成的。

不难发现，天龙屯堡利用旅游业发展起步时快速发展的余温，以及贵州省旅游发展的强劲势头维持着旅游业的快速增长；但旅游经济运行"脱嵌"于当地的社会基础与乡村政治结构，意味着繁荣的背后隐藏着种种不和谐因素，政府、企业与村民之间的关系几乎处于崩溃的边缘。天龙旅游公司与村民之间的关系之所以还能维持和维系，源于天龙旅游公司创建人与村民之间原有的社会关系，以及旅游发展进程中天龙旅游公司对村寨建设所做出的社会贡献。地方政府与天龙旅游公司之间的矛盾一方面源于天龙旅游公司负责人与地方政府领导、工作人员之间原有的同事、熟人关系，一定程度上消解着已经公开化的矛盾。另一方面，天龙旅游公司带动地方经济发展和对村寨做出的社会贡献有目共睹，地方政府作为公共服务供给者，角色缺失，若矛盾公开会使地方政府暴露于不作为的公共舆论环境中，不利于建立权威和合法性。

三　旅游业衰落期（2008年1月至2012年12月）：从合作走向失序

2008年以来，天龙屯堡旅游产品业态不断丰富，接踵而来的各类"国字号"荣誉以及市场竞争环境的优化，为旅游业的快速发展提供了前所未有的发展机遇。2009年3月，天龙屯堡举行"中国历史文化名镇"揭牌仪式。为了配合这次揭牌仪式，天龙旅游公司特意在景区内新建地戏博物馆"演武堂""贵州紫袍玉带石雕坊""屯堡生活展示馆"，后又在景区内修建"沈万三纪念馆""屯堡聚宝广场""石文化博物馆"。上述举措极大地丰富了天龙屯堡景区的产品业态与文化内涵。

2010年12月，文化部第四批"国家文化产业示范基地"命名授牌大会在天津举行，天龙旅游公司获命名授牌，成为当时贵州省唯一一个受此殊荣的景区。对天龙旅游公司而言，更为关键的是兼并竞争对手，优化市场竞争环境。2005年，外来投资主体成立南风公司，负责经营与天龙屯堡景区文化起源相同的云峰屯堡、本寨屯堡景区。由于文化起源相同，加之空间相邻，价格上的恶性竞争就此拉开。这导致天龙屯堡景区游客量被分流，旅游经济综合效益不断下滑，服务质量难以保障。数年的博弈竞争导致两个经营主体疲惫不堪，处于"零和博弈"的状态。2009年，经过数轮谈判，天龙旅游公司成功并购南风公司。这对于优化区域市场环境，提高天龙旅游公司的经济效益，无疑具有重要的战略意义。

但遗憾的是，这时期天龙旅游公司的运营活动不仅未得到村民的积极响应和地方政府的支持，相反，村民诉求的无限扩张与地方政府公共服务供给不足导致旅游公司陷入"孤立无援"的状态，旅游业蓬勃发展时期因利益分配、获益机会、传统建筑保护与兴修等问题产生的矛盾彻底暴露。

在旅游业启动期，因旅游公司创建人与村民之间特殊的信任关系，地方基层政府、农民旅游协会扮演的"中间人"角色在一定程度上缓解了旅游公司与村民之间的矛盾；村民对未来旅游发展带来的社会福利增长充满期待，天龙旅游公司对村寨所做的社会贡献对村民"违规"行为形成约束。而在发展后期，农民旅游协会的彻底解体影响了公共服务的有效供给，加之旅游经济"繁荣的景象"与农民收入、福利增加关联性不强，从而遭遇了农民的抵抗，如故意将牛粪、猪粪等农家肥放在路上，破坏景区形象。不难发现，市场经济对社会制度的侵蚀导致非正式制度无法对村民"违规"行为产生约束。非正式制度的式微意味着需要通过引援正式制度约束村民行为。那么，正式制度是否有效、可行？接下来笔者以村寨旅游开发中最为敏感和棘手的房屋建设问题为例，继续讨论。2008年有村民在未经政府批准的情况下在主街区修建了一栋房屋，并且安装的是与古村风貌极不协调的铝合金窗户，天龙旅游公司以每年支付2万元的条件要求房主拆除建筑，但遭拒绝，天龙旅游公司只能听之任之。[①] 原因在于：①面对村民的"违规"行为，天龙旅游公司作为经营主体，并无执法权；②天龙旅游公司与地方政府在利益分配上的分歧导致地方政府干预不足；③旅游发展起步时，当地村民被排除在合同主体之外，这样的安排似乎为天龙旅游公司主导旅游开发提供了便利，但面对村民的"违规"行为时，却因为村民主体性地位的缺失导致天龙旅游公司无法根据合同条款约束村民"违规"行为。又如村里的狗患问题，因"流浪狗"到处走动影响游客的安全和旅游体验效果，天龙旅游公司同样无能为力，无法有效解决该问题。天龙旅游公司面对的不仅是"原子化"的村民，而且是有"钉子户"特征的"原子化"村民，天龙旅游公司所面临的高额交易成本可想而知。

面对上述村民的"违规"行为，当地行业主管部门编制了《天龙镇文化街区保护与整治规划》，该规划划定了天龙屯堡文化保护与整治的内容和范围，政府作为执法主体本应履行监督规划实施的任务，以更好地维护古村落风貌。但在具体实践中，长效监督管理机制未能建立，责任无法落实，并常常存在选择性执行的问题。如上述案例，在景区主干道边修建的违规建筑长期未能拆除。但有时候规划执行又特别及时有效。如有一农户为方便自家进出，晚上在村中的小河上违章建了一座小桥，很快就被有关部门强行拆除。[②] 规划执行过程中的多变、前后不统一，一方面增加了村民违规的可能性，另一方面滋生了利用"公权"牟利等问题，无形中提高了天龙旅游公司与地方政府、

---

① 金颖若，周玲强.东西部比较视野下的乡村旅游发展研究［M］.北京：中国社会科学出版社，2011：144.

② 金颖若，周玲强.东西部比较视野下的乡村旅游发展研究［M］.北京：中国社会科学出版社，2011：145.

村民交往与互动的成本。综上，地方政府与天龙旅游公司之间存在的矛盾虽未上升为公开冲突，却导致地方政府在履行公共管理职能时，常常处于摇摆不定的状态，时好时坏，严重影响了天龙旅游公司所依托的村寨市场环境。

失序的社会秩序与旅游市场秩序在以村寨为载体的景区中相互交织，导致游客在"丛林"环境中遭遇种种不适。旅行社作为游客服务的组织者，实际上是作为游客的代理人而存在的。游客遭遇的不适通过投诉表达不满，增加了旅行社作为服务代理人的经营风险。为降低风险，旅行社即使面对门票返点的诱惑，也不会贸然将团队送往天龙屯堡，天龙屯堡旅游人次下降也就在所难免了。天龙旅游公司负责人反映，天龙旅游公司上报给地方政府、旅游管理部门的数据每年均呈上升趋势。但真实的情况是，天龙屯堡旅游人次2007年达到历史最高点，2008年以后便开始逐渐下降，2010年旅游人次已不足20万。笔者在景区内对旅游商品经营户、住宿接待户以及普通村民进行访谈时，他们纷纷表示，游客数量已大不如前。2011年春节后，笔者再次到天龙屯堡进行调研，清晨到街上吃早餐，偶遇两位刚从天龙旅游公司辞职外出寻求生计的女导游。笔者问其辞职原因，其表示不断下滑的游客量导致依靠讲解频率与游客购物数量获取收入的机会明显减少，天龙旅游公司提供的基本工资难以维持生计，只能外出另谋出路。据两名女导游反映的景区经营状况，笔者到天龙旅游公司导游部进行进一步核查。但见导游部玻璃大门紧锁，透过大门往里看，整个大厅凌乱不堪，办公桌上布满灰尘，显然很久无人打理，与之前笔者多次到导游部调研时所看到的干净整洁、人群川流不息的景象形成鲜明对比。从之前贴满女导游照片的墙上可以看出，绝大部分导游已离开公司，只剩零星的几张照片挂在墙上。

天龙屯堡成为公司主导运营的村寨旅游的样板地，地方各级政府将天龙屯堡景区作为公司化运作的典范向外推介。然而，此时的天龙屯堡景区，其利益主体之间的信任、互惠等社会制度已无法再有效发挥重要作用，矛盾完全浮现。地方政府、旅游公司、社区居民之间互不认同，亟须外来力量的介入形成新的治理结构。

第五节　贵旅集团进入与天龙屯堡新的治理结构形成

一　贵旅集团成立及收购天龙屯堡景区

2012年，国务院颁布了《关于进一步促进贵州经济社会又好又快发展的若干意见》（以下简称"国发2号文件"）。"国发2号文件"是首个从国家层面系统支持贵州发展的综合性政策文件，是当时指导贵州省经济社会发展的纲领性文件，是党中央、国务院在贵州省发展的关键时期做出的重大战略决策，对贵州省发展具有划时代的里程碑意义。"国发2号文件"提出，努力把贵州建成文化旅游发展创新区，建成世界知名、国内一流的旅游目的地、休闲度假胜地和文化交流的重要平台。为贯彻落实"国发2号文件"，2012年5月，由贵州省政府批复，贵州饭店国际会议中心有限责任公司正式更名为"贵州旅游投资控股（集团）有限责任公司"（以下简称贵旅集团）。自此，贵旅集团成为贵州省唯一一家省属国有旅游企业。贵州省委、省政府要求贵旅集团尽快将集团打造成贵州省旅游产业龙头企业、旅游业发展的投融资平台，成为贵州旅游资源整合及要素经营的主体。为了增强贵旅集团的融资、资源整合能力，贵州省委、省政府经过综合考虑，将原贵州省旅游局一名长期从事旅游管理工作的副局长调至贵旅集团担任"一把手"，以便更好地整合资源，协调贵旅集团与地方政府、行业部门关系，增强贵旅集团的竞争力。在这样的政策环境下，几乎处于瘫痪状态的天龙屯堡景区进入贵旅集团的收购范围。其原因有以下几个方面。

首先，天龙屯堡景区特殊的区位优势。天龙屯堡与黄果树旅游景区毗邻，借助贵旅集团的融资能力与省属国有企业背景，能够增强资源整合能力，天龙屯堡旅游业复苏的可能性较大。其次，收购成本低。处于低迷时期的天龙屯堡景区与贵旅集团特殊的资源整合实力，决定了新的投资主体不会遭到漫天要价的威胁。最后，对于互不认同、信任缺失的天龙屯堡各行动主体而言，合作与互动的成本较高，彼此希望外来强势力量的介入，以便更好地整合现有的各方力量。在上述背景下，经过数轮谈判，各方达成共识：由贵旅集团出资买断天龙旅游公司在天龙屯堡、云峰屯堡的经营权，由贵旅集团代替天龙旅游公司为当地村民缴纳农民合作医疗保险费。2013年，贵旅集团对天龙旅游公司进行了全面收购，标志着与天龙屯堡有较强社会关联的天龙旅游公司作为经营主体的时代结束，天龙旅游公司更名为贵旅天龙旅游公司（以下简称贵旅公司）作为新的经营主体进驻天龙屯堡。作为拥有省级政府背景和较强投融资能力的贵旅集团，它的进入是否会给天龙屯堡景区带来新的希望？

贵旅公司于2013年获得经营权后，恰逢安顺市轮值作为第二轮贵州省旅发大会举办地，天龙屯堡景区被选为旅发大会的承办地。为迎接2015年在天龙屯堡景区举办的贵州省第二轮旅发大会，在省级人民政府、省级旅游行业管理部门，以及地方政府政策、资金积极支持下，贵旅公司作为项目实施主体，于2014年完成近4亿元资金项目（见表5-1），对景区进行升级改造。除了借助旅发大会的契机完善旅游基础设施建设，提升景区硬件品质和服务质量外，贵旅公司还从满足游客深度体验的需求出发，在原有产品业态的基础上，新建了樱花生态园、军迷大本营、农乐体验区、户外运动基地等景点，优化了天龙屯堡景区长期以来以人文景观为主的单一产品结构，与以天龙屯堡古镇、天台山为载体的人文景观相辅相成，相互补充，形成整体资源合力，提高天龙屯堡景区在贵州西线旅游市场上的战略地位。但遗憾的是，上述操作并没有转化为现实经济优势。

表4-1 贵旅公司为迎接2015年旅发大会建设项目一览

项目名称	建设内容	建设资金
旅游接待设施	修建屯堡旅游景区主大门、次大门各一座；修建A级景区停车场一个，可容纳800辆大小车辆，小型停车场2个，可容纳150辆小车；标准全自动公厕大小3个，半自动公厕3个；游客服务中心、休息阅览室、影视厅；旅游经营办公室、导游工作室、医务室等配套设施	1.8亿元
餐饮设施	对屯堡食坊进行升级改造，屯堡餐厅环境得到了很大改善，可同时容纳500人就餐	200万元
景区符号标识系统	按照国家AAAA级旅游景区标准体系要求，完善整个屯堡景区标识系统工程。做到双语标识、标准规范，积极营造独特、和谐、舒适的游览氛围	500万元
电子信息管理系统	统筹考虑建设社会公共安全信息指挥中心，监控系统、广播系统、微信提示等覆盖整个旅游景区，电子信息管理系统集文物保护、游客管理、交通管理、车辆管理、旅游信息服务多种功能为一体，提高屯堡景区的管理效率和水平	150万元
景区内部交通系统	为确保旅客进出景区安全、便捷、顺畅，景区投资300多万元采购环保旅游观光车，投资6000万元建设电瓶车、自行车游览观光线路	6300万元
旅游交通标识	为完善外部交通标识，景区设置了各类旅游交通标识60余处	600万元
景区内灯光系统	对景区内部进行灯光布置，在门头、古镇旅游沿线、河道、广场、树木、草坪安装夜景灯，整个景区大街小巷灯火通明，凸显古镇夜晚景致	400万元
绿化工程	在主景区入口、停车场、旅游线两旁、古镇内进行绿化改造，种植桂花树、樱花树及各类古树和花草	3000万元
其他	进行地面复古铺石、新建筑立面改造、老房维护及收购、三线地埋、雨污分流等工程建设	7000万元

二 企业入村与村寨回应

作为以省级政府为背景的国有企业，贵旅集团拥有较强的融资和协调能力，曾让部分天龙屯堡村民充满期待。但贵旅集团作为"外人"，脱嵌于村寨的项目实施机制，逐渐让村民从希望转向失望。

首先，贵旅公司作为外来经营主体，脱嵌于当地的社会文化网络，进驻天龙屯堡无法获得天龙旅游公司入村时的情感认同与社会支持。更为不利的是，天龙旅游公司时期因利益分割等问题产生的分歧与矛盾让村民对入村的贵旅公司带有防范心理。2012年，当天龙旅游公司将所有股权出让给贵旅公司时，村民内部开始流传"走了个小偷，来了个强盗"的说法，以此来形容村民对两个旅游实体的质疑。①情感认同、社会支持的缺失与防范心理共同叠加，无疑增加了贵旅公司与村民互动和交往的难度。以村寨为载体、村民作为活态文化的景区，若得不到村民的支持和认同，对游客的深度体验以及景区未来的市场秩序与有效管理都将不利。

其次，从项目实施机制与村寨关系来看。如果说情感、社会认同的缺失与"历史遗留"的防范心理一开始就构筑了贵旅公司与村民交往的屏障，那么项目入村则为贵旅公司、地方政府与村民搭建了合作平台，为共建社会资本与合作治理提供了可能与绝佳的机会。根据"成都经验"②和"卡阳模式"③，项目入村如果能充分考虑村民的主

---

① 葛荣玲.景观的生产——一个西南屯堡村落旅游开发的十年［M］.北京：北京大学出版社，2014：171.
② 郁建兴等.从行政推动到内源发展：中国农业农村的再出发［M］.北京：北京师范大学出版社，2013：211-212.
③ 青海省西宁市湟中区卡阳景区是脱贫攻坚时期快速成长的乡村著名景区。负责景区开发与运营的企业负责人一方面充分利用卡阳村获得的政府资金、项目等资源，不断完善卡阳村基础设施建设，丰富旅游产品业态，扩大旅游产业规模，促进当地乡村旅游发展；另一方面从乡村社会与历史文化出发，利用项目入村的时机动员村民，重建乡村权力秩序，激活村庄内部活力，将村民有效组织起来积极参与乡村旅游各项事务。同时，发展村集体经济，重建乡村社会秩序，实现乡村旅游发展与基层治理有效结合，为乡村旅游和企业发展奠定了坚实的社会和政治基础。

体性地位，将项目实施过程嵌入村寨历史文化、社会结构、利益分享与基层治理结构中，这样的项目不仅能获得村民的支持和认可，培育村寨的自我发展能力，让外来主体在村寨中获得合法性地位，还可以推动传统文化的传承和保护，最终将"民生项目"转换为"民心项目"。然而，从贵旅公司介入后的项目运作机制来看，其实践逻辑似乎与上述经验或模式相去甚远。贵旅公司与地方政府并非纯粹的政企关系，贵旅公司的属性特征决定了贵旅公司与地方政府在实践中属于科层制中的上下级关系，这样的关系与项目实施"时间短、任务重"的行政考核机制迫使地方政府在项目实施中尽力配合贵旅公司尽快完成项目实施任务。首先，即使基层政府与当地村民有着各种非正式的关系，如基层政府内部有天龙屯堡走出的村民，基层政府在与村民互动过程中建立的熟人社会关系，但面对科层制的治理结构与项目制考核机制，村民的诉求与利益并不会被置于优先考虑位置。在地方政府的组织、协调下，项目进展较为顺利并在规定的期限内完成。然而，基于技术①、权力与利益关系的综合考虑，上述项目的实施主体为贵旅公司、地方政府与外来承包商，除个别精英外，绝大部分当地村民在项目实施中无话语权，无法参与项目建设。因此，在4亿元的项目中，当地村民除了短暂性、临时性到项目建设单位就业获得微薄的劳务性收入以外，并未成为项目的受益主体。其次，地方政府与贵旅公司为项目实施主体，未能充分考虑当地的文化基础与村民偏好，也引发了村民不满。如项目涉及对农户房屋进行统一的立面改造，这一举动并未获得村民认可。很多村民表示改造遮蔽了当地的石头建筑特色，无法再凸显屯堡的军事文化历史特色，使天龙屯堡与省内其他古镇越来越相似。最后，因项目缺少以村民为主体的有效管理和监督，

---

① 为保障项目进展与质量，参与项目建设的单位往往需要具备一定的资质，普通村民显然不具备这样的资质，往往没有资格参与项目竞标。

实施中偷工减料的问题难以避免，工程质量堪忧。如房屋改造项目刚结束，部分建筑出现外包木板脱落的情况，存在安全隐患，引起村民不满。贵旅公司进驻以后，与村寨缺少社会关联，加之在项目建设中村民不仅不能获益，还面临文化被改造、项目工程存在安全隐患等问题，引发村民对贵旅公司与地方政府不满。除了村民与地方政府、公司存在的信任危机，体制内部条块分割的结构性障碍也是引发村民与地方政府、公司之间矛盾的重要原因。据贵旅公司领导反映，公司与地方政府关系并非"铁板一块"，因为体制内的结构性矛盾，一些和村民利益直接相关的问题确实未能得到妥善解决。如房屋立面改造出现木板滑落等相关问题，贵旅公司积极寻求相关职能部门协助解决，但职能部门之间存在相互推诿、搪塞的现象，导致该问题长期得不到妥善解决，从而使村民将该问题的责任归咎于贵旅公司与基层政府。不仅如此，受政府部门内部职能分工、部门利益、权力边界、软预算等方面的影响，以及受"时间短、任务重"的行政考核机制约束，项目在实施中并未充分考虑项目的文化内涵以及项目转化为产品业态的可能性，这不仅造成了项目资源的浪费，使市场规模与社会福利增加的可能性降低，也是导致当地村民、商户从期待转向失望的重要原因。

最后，贵旅公司自始就缺乏天龙旅游公司所拥有的社会资本优势，入村时因项目建设导致村民对公司与地方政府的认同不断降低。那么，在接下来的经营管理中，贵旅公司能否借助村寨精英、社会组织以及村寨法定组织改善政府、企业、村民之间关系，实现天龙屯堡旅游业的辉煌再造？贵旅公司接替天龙旅游公司入驻村寨后，为了充分利用原公司的人力资源及其社会网络资源，降低景区管理体制变动引发的交易成本，天龙旅游公司主要创建人ZRC及部分员工受邀留在了贵旅公司。然而，ZRC在经营天龙旅游公司时积累的经验与理念并未得到贵旅公司的认可，较大的心理落差使其最终选择离开贵旅公司。ZRC作为从天龙屯堡走出的乡村精英，成功之后返乡创业并获得成功，虽之后因利益分配等原因导致其与村民产生分歧，但其与村民的社会关联及频繁的交往互动使这样的分歧因天龙旅游公司并购而得以暂时性消解。不仅如此，ZRC作为创建人之一，在经营天龙屯堡时期获得的经济效益，及其对村寨建设所做的贡献，与贵旅公司进入后形成鲜明对比，这让村民更怀念CY、ZRC负责运营的天龙旅游公司时期。因此，ZRC的离职在一定程度上影响了当地村民对贵旅公司的认同。

> 他们（贵旅公司）来了以后我还上了两年班的嘞，他们给了我一个常务副总职位，后面我的想法得不到实现就不想整了，我们想的和他们想的不一样，后来我就辞职回家了。[1]
>
> ——ZRC

天龙旅游公司运营时期，老年协会负责人随着旅游业的兴起被边缘化，未能在旅游公司运营中扮演好"缓冲者"角色。但鉴于天龙旅游公司创建了人与村寨特殊的关系，以及老年人在村中的社会地位，旅游公司常常会不定期、不定额地资助老年协会，维持老年协会的日常活动开销，负责村内三教寺设施的维护，此举让老年协会在公司与村民之间产生矛盾后起到缓冲作用。与之相比，贵旅公司对老年协会这样的社会组织没有足够重视，未能让这样的社会组织成为其与村民加强理解与信任的纽带。

> 天龙旅游公司管理时，每年会给协会提供一定的经费支持。贵旅公司来了以后，对协会的经费支持就没有了。现在我们的经费基

---

① 根据2018年12月25日访谈记录整理，访原天龙旅游公司创建人之一ZRC。

本上都是由协会里老人自筹，老人们每年每人出 15 元用作协会经费，经费主要用于老年协会所在的三教寺的修缮，还有就是逢年过节给老人发点礼物。①

——老年协会成员

如果维系村民与贵旅公司之间关系的社区精英、社会组织不再发挥缓冲作用，那么作为村民利益代表的法定组织——村委会，是否还能在旅游公司、地方政府与村民之间发挥缓冲作用？实际上，早在天龙旅游公司作为经营主体时期，村委会主要成员因被公司吸纳作为代理人，村委会作为法定组织的合法性遭到质疑。随着农民旅游协会解体，老年协会对村寨法定组织的竞争、约束与监督作用减弱。与此同时，贵旅公司介入后，政企关系因科层制的治理结构与项目运作机制而合为一体，作为村寨法定组织代表的村委会负责人在这样的结构场域中因为缺乏有效的内部约束与监督，容易滑向贵旅公司，在实际工作中成为公司的下属分支机构，为公司服务。

我们村委选举，也喊我们去投票，但是村民真正选出的村干部都干不长。村民选举出来的村干部到了村委会以后没有实权，就被安排去说服村民同意流转土地，这类工作通常容易得罪村民。而且新选出的村干部到村委去上班，就会被原来就在里面上班的那些人排挤，都不和他说话，最后干不下去就自己走了。②

——ZJX

---

① 根据 2019 年 7 月 17 日访谈记录整理，访当地老年协会成员。
② 根据 2019 年 7 月 20 日访谈记录整理，访天龙村民 ZJX。

贵旅公司介入后，村委会作为村寨法定组织，其合法性不仅没有重建，反而进一步下滑。公司与村寨之间缺乏连接的纽带，使二者之间没有办法进行有效的沟通，导致公司与村民之间的矛盾不断加深。

那么，在市场经济环境下，贵旅公司运营后建立利益联结机制无疑是改善村企关系、获取社会支持最有效的手段。然而，贵旅公司介入后，并没有让利益分享成为建构公司与村民关系的机制。贵旅公司利用房屋作为旅游资源获取经济效益，但村民不仅不能从中直接获益，而且建房行为还受到约束，引发村民对贵旅公司和地方政府不满。贵旅公司介入后，地方政府加强对传统民居的保护，不允许景区内居民私自拆建自家房屋。对于地方政府的这一行为，村民内心并不认可，首先，景区内的房屋仍归家庭所有，政府干预缺乏合法性理由。其次，针对村民的诉求与不满，地方政府采取了相应的措施进行补救。对于确实想要新修房屋的村民，地方政府从景区外征收土地，再以每套（120平方米）68000元的价格出售给想要自建新房的居民，对景区内欲购用地的村民无任何优惠政策，这使景区内居民极为不满。对于无能力建房的村民，当地政府与房地产开发商合作，在天龙屯堡景区外不远处修建商品房，虽许诺以相对低廉的价格售卖给当地村民，但由于房屋面积、结构设计不适合当地村民日常生活习惯等原因，建好的房屋并未获得当地村民的认可，几乎处于闲置状态，无人愿意入住。综上，在地方政府和贵旅公司的合作过程中，村民表达诉求的机会被剥夺，怨气无处发泄，对贵旅公司和地方政府安排的事情表现出消极状态。这样的消极状态转移到游客身上，必然遭到游客的不满，最终使作为游客代理人的旅行社放弃天龙屯堡转而选择与天龙屯堡相似的村寨景区。

三　不同属性企业经营绩效：孰是孰非

（一）产品业态与文化内涵

天龙屯堡除了拥有传统建筑、地戏等富有地方特色的文化，还拥有丰富的宗教文化资源。景区内的三教寺、跳财神、祭雷神、米花神等传统活动营造着宗教文化的氛围。当年，屯堡人驻扎于此，军人们亲历战场杀戮，眷属们朝暮不安的担忧，促使他们形成了一种渴求神明救助的强烈宗教意识，三教寺便是最好的载体。除了宗教文化活动外，村里的社会文化活动不仅是拉近公司与村民关系的载体，更是屯堡文化旅游产品深度开发，传统治理结构与企业组织结构相互嵌入的重要平台。然而，地方政府、贵旅公司与村寨社会关联的缺失导致这样的社会文化资源无法得到有效的利用和转化。最终，在日常生活中，村民对地方政府、公司的不满和抵抗，导致社会文化活动与旅游产品业态分离。贵旅公司主导的屯堡旅游经营活动虽有较为完善的旅游基础设施和丰富的旅游产品作为支撑，但却因为脱嵌于当地社会结构与文化基础无法有效彰显屯堡文化特色。天龙旅游公司的经营早期依靠公司和村寨之间的特殊信任，以及农民旅游协会成员、村民对未来的期待而催生的对公司活动的积极参与，建构出鲜活的屯堡文化生活场景、和谐的人居环境与景区秩序，而这些已无法再现。随着游客消费偏好的日趋成熟和产品选择话语权的增强，以及各地如火如荼的古村镇旅游活动的广泛开展，同质化现象较为明显，知名度不够高的古村镇旅游地难以获得旅游者的青睐。

现在各地古镇较多，组团时只能选择一个古镇，多余的（古镇）会使游客反感。古镇基本都是人为的景点，差别不大，很多古镇外包装都一样。①

　　十几年前我带团到天龙屯堡，那时候在景区门口旁边餐厅吃饭是要排队的。现在旅行社不推天龙屯堡，感觉天龙屯堡完全商业化了，可看性不强。说它原生态，也不像，外面的游客本来就是来看当地老百姓生活的，但是看不到了，没有活态的文化作为支撑，做成"四不像"。游客到天龙屯堡景区走一趟，他们都不知道来干什么，游客会生气。现在游客的选择很重要，以前是被动选择，旅行社怎么安排，游客也不会说什么。现在是信息社会，宣传工具比较多，抖音啊什么的，都比较发达。旅行社要迎合游客的需求，游客在景点安排中有很强的话语权。旅行社60%以上的客人来自携程等中间商，旅行社很需要网评，游客喜欢去网上看产品、看反馈，这样，网评结果越来越重要。

　　现在的天龙屯堡还不如青岩古镇，（青岩古镇）有商业街，吃的东西多，去天龙屯堡还不如安排游客去青岩古镇购物、消费。而且，都是明朝留下来的东西，天龙屯堡有的青岩古镇也有，不就是看看房屋建筑、逛逛商业街吗，天龙屯堡有傩戏，青岩古镇也有。除非是专门搞历史文化研究的专家学者，否则对普通游客来讲，天龙屯堡和青岩古镇没有什么区别。

　　贵州现在主推"黄、小、千"②，基本上是三天行程，旅行社对外报的是4~5天。从外面来贵阳算第一天，第二天游黄果树，第三天游西江苗寨，第四天游小七孔，如果当天晚上返程，报价4天，如果第二天返程，报价5天。如果第五天下午返程，游客上午没事干，早上正好可以安排去青岩古镇，离贵

---

① 2019年6月10日对贵阳天悦旅行社负责人的电话访谈。该负责人为项目负责人所在学校培养的学生，毕业后与母校保持着长期合作关系。

② 黄果树、小七孔、西江千户苗寨。

阳近，有消费的地方，游客很满意。这样的行程是贵州这几年比较好推的旅游线路，尤其是观光游客比较满意。天龙屯堡景区虽然和黄果树景区在同一条线路上，但如果增加天龙屯堡的旅游时间，就会影响行程安排。如果游客再去看西江苗寨，就会觉得不合算，因为两个景点似乎也没什么差别。所以，综合考虑行程安排，天龙屯堡这样的"小景点"，我们是不会安排进行程里的。①

——CY

（二）市场拓展能力

贵旅公司强大的组织协调与融资能力让之前的天龙旅游公司只能望其项背。然而，在天龙旅游公司运营时期，公司的市场竞争、盈利能力与投资人的利益密切相关。因此，投资人有较强的动力去连接市场，甚至高薪聘请旅行社高层管理人员到公司担任要职。为了保持与旅行社的合作关系，天龙旅游公司经常邀请旅行社到村寨参加各类重要活动或节日庆典，确保与旅行社在利益联结的基础上强化情感交流与认同，获得旅行社的支持与青睐。与之相比，具有国有企业背景的贵旅公司，依靠地方政府支持，有较强的融资能力，但企业缺少内在动力主动对接市场、与旅行社保持合作关系。贵旅公司虽成立销售部，但笔者通过相应的引擎搜索，甚至没有发现贵旅公司建设天龙屯堡景区的网站，更不用说对景区的系统介绍。对天龙屯堡景区的相关介绍大多为天龙旅游公司时期的内容，并未更新。近年来，税务部门对国有企业收支情况的规范化管理使贵旅公司与旅行社之间通过门票优惠方式合作的风险与难度增加，这进一步降低了贵旅公司与旅行社主动合作的积极

---

① 2020年6月3日对导游CY的电话访谈。该导游为项目负责人所在学校的学生，毕业后一直从事导游工作，带团工作获得游客高度认可，与项目负责人及项目组成员长期保持着联系。

性。这样，企业内部动力的缺失与企业外部面临的税务风险的压力最终降低了贵旅公司主动联系市场的积极性，导致旅游效益不及天龙旅游公司经营时期。

> 以前私有企业经营的时候，CY他们经常往广东还有其他地方跑，去联络旅行社，拉游客，还会请旅行社的老总来我们这边吃杀猪饭，基本上人家愿意来，就是愿意和你合作了。但是现在贵旅公司的工作人员基本就不会出去跑了。像他们在门口售票的工作人员，不管卖不卖得出去票，一个月他们都有2000多元的工资。①

> 我们很少组团到天龙屯堡，政策不好，给旅行社的优惠力度不大，景区与旅行社走动不多。②

（三）与地方政府关系

贵旅公司的双重属性，即企业属性与政府背景，使贵旅公司与地方政府在相处过程中处于"尴尬"境地。贵旅公司的企业性质以及获得的政策支持，决定了贵旅公司与地方政府的关系并非完全意义上的政企关系，在实践中具体化为科层制中的上下级关系。贵旅公司负责人与部门领导对内常常按照行政权力论资排辈，发放酬劳；对外则常常按行政级别与地方政府对接工作。若按行政级别划分，贵旅公司负责经营的天龙屯堡景区属正处级单位，下属各部门领导属于正科级职务。天龙镇政府与贵旅公司下属部门一样，属正科级单位，二者平级。然而，当涉及与村寨、村民相关的地方性事务时，贵旅公司虽为正处级单位，却无法履行行政权力，必须依赖

---

① 2019年10月访天龙屯堡景区内商铺老板。
② 2019年6月10日对贵阳天悦旅行社负责人的电话访谈。

基层政府。再如协调解决天龙屯堡景区与天台山之间的关系问题，天龙屯堡与天台山景区属于天龙屯堡景区的两个重要组成部分，到天龙屯堡旅游的游客大多希望去天台山五龙寺。但天台山五龙寺是国家重点文物保护单位，由平坝县文物局具体负责管理。从行政级别来讲，平坝县文物局为正科级单位，与贵旅公司下属部门同级。然而，与天台山五龙寺的合作事宜，贵旅公司与当地文物管理部门长期未能谈妥，后通过贵旅公司借助上级政府的行政权力与平坝县文物局协调，双方的合作才走向正常化。这样，对贵旅公司而言，公司属性与行政级别嵌套，行政级别与行政权力分离，导致贵旅公司在与地方政府相处过程中处于"尴尬"境地。贵旅公司常常按照行政逻辑处理与地方政府相关的各项事务，地方基层政府表面上按照行政逻辑回应与贵旅公司相关的各项事务，私底下却将贵旅公司视为企业对待，对贵旅公司提出的各项服务与诉求置之不理或长期拖延。与之相比，在天龙旅游公司经营时期，公司创建人与地方政府、村寨居民之间存在的地缘、血缘与亲缘关系为公司获得村民、地方政府支持提供了社会制度的保障。贵旅公司作为"外人"，难以获得天龙旅游公司经营时期的社会支持与地方权力支持。

贵旅公司取代天龙旅游公司，虽然脱嵌于当地的社会文化网络，无法获得情感认同与社会支持。但凭借国家政策计划支持、国有企业身份，在我国现有的治理结构下，贵旅公司能获得天龙旅游公司无法比拟的资源、政策支持以及组织优势。若能抓住贵州省举办第二轮旅发大会的战略机遇，也可彻底改善天龙屯堡旅游业不断下滑的尴尬境况。贵旅公司具有的资源优势曾让部分天龙村民对其充满期待。但遗憾的是，在贵旅公司入村时，项目建设的实践逻辑导致村民对公司与地方政府的认同不断降低，贵旅公司作为"外人"的身份不仅未能改变，反而进一步强化。在贵旅公司经营与管理过程中，社会关联缺失及绩效激励不足等问题，使以村寨为载体的屯堡文化内涵无法向深度产品有效转化，与旅游市场的连接机制发生断裂，导致旅游人次非但没有上升，反而不断下滑。2015年旅发大会举办期间，参观游览者众多，其中相当部分的游客为现场观摩的行政官员。2016年天龙屯堡的旅游人次仅为12.64万。2018年12月，笔者再次到景区进行追踪调研，对驿茶站负责倒茶的大嬢嬢（当地人对中老年女子的称呼）进行访谈，两位负责倒茶的大嬢嬢告诉笔者："当时（天龙旅游公司经营早期）的游客都是成堆地前来，我们从早上来上班就一直忙着烧水泡茶，用大水缸（见图4-1）烧水煮茶都常常供不应求，有的游客来了都喝不上。这两年游客来的少了，公司领导让我们将大水缸换成小水缸（见图4-2），以前泡茶用的大水缸只能作为摆设，游客多的时候加一个茶壶。"①

　　旅游人次如果仅仅是观测旅游经济运行状况的一个维度，尚不足以说明旅游经济运行状况，那么，旅游公司吸纳村民就业的能力，旅游公司对村寨社会支持的承诺，以及景区内经营户的感知与评价则可作为补充。

　　贵旅公司进入后，在天龙景区设立后勤部、导游部、票务部、检票部、地戏组、天台山、财务部、综合办公室等部门，但由于游客数量较少，公司仅能吸纳60余名村民就业，吸纳人数仅为天龙旅游公司最红火时的1/3。绝大部分村内的年轻劳动力则主要涌向城市寻求发展机会，作为"外人"的贵旅公司难以与村民形成有效的联系。不仅如此，贵旅公司由于前期投入过大，游客人次较少，偿还银行贷款利息带来经营上的困难，最初在合作方案中设定的为村民缴纳合作医疗保险费的条款也未能兑现。为缓和与村民关系，贵旅公司一度被迫

---

　　①　2018年12月25日访天龙景区驿茶站工作人员。

图 4-1　驿茶站曾经使用的烧水缸

图片来源：贵州大学硕士研究生 SK 于 2018 年 12 月 25 日拍摄。

从村委会筹借该笔款项。但因旅游市场规模较小导致经营困难，加之医疗保险缴纳费用不断上调，原定贵旅公司全部承担的医疗保险费用改为贵旅公司与村民共同担负，这再次引发村民不满，旅游经济发展的社会基础不断受损。

在村寨旅游开发进程中，景区内各经营户与旅游公司之间既存在竞争关系，同时经营户生产与销售的产品多样化与旅游公司开发经营景区形成互补和支撑关系，互构为利益共同体。贵旅公司的进入并没有使游客数量增长，经营户的收入自然减少，对贵旅公司的态度逐渐消极。贵旅公司对于景区内商户的诉求不予理会的态度使经营户对公司的态度雪上加霜，利益共同体走向解体。

图4-2 驿茶站现在使用的烧水用具

图片来源：贵州大学硕士研究生 SK 于 2018 年 12 月 25 日拍摄。

天龙旅游公司经营最好时期我们一天随便都卖到一两千元，贵旅公司接管以后，游客就少了，一开始的时候一两天不开张都会觉得很心慌，现在一两周不开张都是正常的，我们都习惯了。①

有些导游带游客不按导览图上的主游览线路带，他们带着游客从出口处进来，然后又从出口处出去了，这样的话游客就不会经过我们这一排店铺。天龙旅游公司经营的时候，如果出现这样的情况，导游是会被罚款甚至开除的，但是现在的贵旅公司，你去举报是没有什么作用的，他们也不会管。②

无论是天龙旅游公司经营时期，还是贵旅公司经营时期，天龙的老百姓一直都很支持旅游的。因为老百姓知道，只有旅游发展起

---

① 2019 年 10 月 20 日访景区内银饰店老板。
② 2020 年 1 月 12 日访景区店铺老板。

来了，自己的房屋才有价值，才有销售小商品的机会。但是贵旅公司不争气，管理不好，老百姓很生气。①

作为拥有省级政府背景和较强投融资能力的贵旅公司，并未给天龙屯堡的旅游业带来新的希望。情感认同的缺失，以及天龙旅游公司作为经营主体时留下的阴影，让村民产生防范心理，增加了贵旅公司与村民交往的难度。项目入村时村民主体性地位的缺失，导致村民不仅不能获益，还遭受文化被改造、因项目工程质量引发的安全隐患等问题，这让村民对地方政府与贵旅公司的认同与信任不断降低。在经营中，国有企业固有的内部员工激励不足的问题引发的旅游经济利益不增反减的现实，以及社区精英、老年协会组织与公司关联的断裂，使贵旅公司的运营脱嵌于当地的社会网络与文化，公司经营处于"悬浮"状态，难以获得村寨的认同、理解与支持。综上，社会关联的断裂，经济利益的下滑以及基层民主作为政治保障的缺失，使天龙屯堡景区的政治、经济与社会无法形成结构性互构的关系，这样的治理结构显现内聚力不足的特征，旅游发展走向崩溃的可能性较大。

第六节　天龙屯堡旅游开发进程中治理结构演化的启示

本书以长期田野追踪为基础，拉长研究的时段，讨论村寨治理结构变化与村寨旅游发展演化之间的内在逻辑关联，从治理结构与制度安排的视角回应村寨旅游发展演化的内在特征与机理。笔者认为，在村寨旅游开发进程中，仅仅依靠单一的制度安排很难突破村寨旅游发展的瓶颈，有效的制度供给必然是在多方参与、多方协调、平等互信以及相互

---

① 2020年1月10日访天龙小学校长CZZ。

监督原则下的公有体制与私人体制的结合。①地方政府与行业管理部门、旅游公司与旅行社等市场主体、以村寨集体行动为单位的村寨社会之间的多元互动是突破旅游发展困境的必然选择，是推动村寨旅游可持续发展的内在结构要求和有效保障。

天龙旅游公司作为经营主体介入村寨旅游开发的实践显示：借助当地社会文化网络资源和村民对旅游业期待获得的认可与支持，彰显出旅游市场的活力；通过对旅行社负责人的高薪聘请，搭建与旅游市场连接的通道，增强了与市场的亲密度，实现了文化资源的创造性转换。然而，在村寨旅游发展中，社会组织、村寨精英作为"中间人"的功能式微与凝聚力下降，最终导致农民走向原子化，使企业不得不面对原子化的农民。企业虽拥有资本和管理技术优势并承担推动地方经济发展的重任，而受到地方政府重视，但以村寨为载体的景区凸显的村民人力资本的主体性价值，必然使旅游公司面临与原子化农民无休止的讨价还价的高额交易成本。同样，旅游公司通过非正式关系，借助地方政府"求商若渴"的政策机会主义，将经济利益嵌入旅游公司与地方政府的合作中，并因此使当地居民与公共利益受损，且得不到上级政府的认可，这样的合作方案自然无法公之于众，这反过来为地方政府表达经济诉求提供了制度空间。而当这样的经济诉求无法得到满足时，地方政府建立公共秩序的动力必然受到影响，导致公共秩序生产不均衡、不稳定的状态。按照这种理解，如果政治过程公正并保护基本权利，结果将会是共同的善的一种令人满意的表达。②然而，当制度缺失无法对公司逐利行为进行约束，对公司履行社会责任激励不足；当原子化的

---

① 陈志永等.乡村旅游资源开发的阶段性演化与产权困境分析——以贵州天龙屯堡为例 [J].热带地理，2012 (2)：201-209.

② 菲利普·塞尔兹尼克.社群主义的说服力 [M].马洪，李清伟，译.上海：上海世纪出版集团，2009：120.

农民为了私利而成为"钉子户"，但因为未在合同约定的主体范围内而无法引借制度对其行为进行规避；当市场对社会关系的侵蚀而导致公共舆论缺失无法实现社会自律；当政府表达经济诉求的愿望未能通过制度及时纠偏；当人们仅仅关注自身利益，而不考虑他人必须忍受的代价时，公共福利处于危险之中也就在所难免了。当经济理性原则嵌入村民日常生活、村寨公共空间、旅游公司与地方政府的合作方案中，忽略了旅游经济运行所依赖的社会基础和基层政治框架，最终使旅游经济运行因缺少社会支持与政府公共秩序的有效供给而陷于"孤立无助"的状态，旅游业走向衰落也就在所难免。

与天龙旅游公司相比，贵旅公司作为"外人"，脱嵌于天龙屯堡的社会基础与文化网络，进入村寨无法获得情感认同与社会支持。贵旅公司在运营中，因项目建设未能凸显村民的主体性地位，加之项目建设的科层制逻辑与部门权力分割的运行机制，不仅导致项目资源的浪费，也进一步强化了政企一体的"外人身份"而无法获得村民支持。在村寨景区运营中，以村民为主体的社会支持的缺失，使以村寨为载体的屯堡文化内涵无法向深度旅游产品有效转换，降低了村寨旅游的吸引力。企业经营业绩的好坏并不与企业负责人考核形成必然关联，政治逻辑对市场规范的影响使企业领导人缺乏对接市场、主动参与市场竞争的动力。天龙屯堡旅游开发实践显示，以村寨为载体的旅游开发成功与否，并不取决于资本的私有或国有属性，关键是在资源向产品转换的过程中，能否获得社区的认可与支持。脱嵌于村寨的社会基础与文化网络的旅游基础设施、产品业态与组织结构，使旅游经济运行陷入"孤立无助"的状态，最终因社会支持不足、旅游吸引力有限难以可持续发展。

在村寨旅游开发中，虽然缺乏一套行动主体博弈的正式规则，但是，并不意味着完全没有博弈规则。相反，规则实际上是嵌入传统的社会结构与文化网络中的，且大多被普遍认可但没有成为正式规定的一些民间规则，具有一定的约束力。[①]在天龙屯堡旅游开发进程中，村民与公司、地方政府之间的矛盾没有转化为公开的冲突、群体性事件甚至上访事件，这其中的一些非正式规则实际上发挥着重要的调节作用，成为以村寨为载体的景区不可忽视的约束力量。因此，对于入村的企业而言，理性的做法是将现代企业组织结构内嵌于传统社会结构力量之中，这属于诱致性制度创新，制度变迁的成本低。从治理的角度讲，这样的治理结构更具权威性，既能满足人们对传统的依恋，用传统力量约束旅游开发进程中部分村民的"搭便车"行为，甚至对个别"钉子户"也能起到约束作用，同时也能适应现代市场化社会的需求，内外统一，为游客提供友好、和谐、健康的旅游环境。

以村寨为载体的旅游开发和经营管理活动，不同于自然景区与人造景观的开发与经营管理，村寨旅游产品的文化内涵，旅游吸引力的维系，甚至国家赋予的各类荣誉、符号的价值拓展与延伸均需要村寨社会的整体性支持。缺乏村民的有序组织与整体性参与，不仅会使村寨旅游产品因缺乏活态文化支撑而弱化旅游吸引力，更为不幸的是，村民的无序参与甚至会导致景区进入"丛林社会"，使旅游活动不得不停止或被新的治理主体与规则所取代。天龙旅游公司经营时期，旅游业成功起步和快速发展时的"低投入与高产出"特征，并非真正的投入低，而是在此过程中村民的人力资本价值未计算进旅游开发成本。若将人力资本价值进行折算，投资成本将会很高。这也就意味着旅游公司应该对社区居民的人力资本价值进行一定程度的补偿，尊重村民的人力资本价值。

---

① 王春光，孙兆霞.村民自治的社会基础和文化网络——对贵州省安顺市J村农村公共空间的社会学研究 [J].浙江社会科学，2004（1）：137-146.

由于中国特殊的国情与土地制度安排，在村寨旅游开发进程中，村寨与景区的叠合、人力资本与非人力资本的特殊关联决定了旅游资源的产权结构具有整体性特征，即旅游资源产权绝非一个简单的经济问题，实际上是一种将基层社会、经济、政治乃至伦理关系融汇起来的复合产权①；也绝不是简单的法律或某一学科理论可以解决的问题。有限的学科知识与理论不仅使我们看不到全景，反而把事物复杂的多重面向遮蔽了，于解决问题不利。这与西方国家建立在个人主义基础上的私有产权、民主政治有着本质上的区别。若按照西方的产权逻辑，无论是天龙旅游公司还是后来的贵旅公司，首先需要和屯堡文化资源的载体和实际使用者——当地村民进行谈判，只有达到双方都能接受的条件，旅游开发经营活动才能展开；但天龙屯堡旅游开发的实践并非如此。天龙旅游公司更多的是依靠投资人与村民之间特殊的情感、信任，贵旅公司则更多依靠国有企业。即以村寨为载体的旅游经营活动，并不是一种市场化安排下的产权结构，而首先是具有社会性合约和政治性安排的权力结构。这实际上提醒我们，在我国村寨旅游开发进程中，资源产权归属不清的问题一定程度上可以通过特殊的社会制度与政治过程中的反复协商达成共识，并通过社会福利增量确定企业使用产权的合法性，弥补因资源归属不清而出现的交易成本和潜在矛盾。这在国内的部分村寨景区以及郎德苗寨景区均有成功的案例与实践。然而，天龙屯堡旅游开发实践则更多贡献的是失败的教训：在旅游公司主导村寨旅游开发与经营管理的过程中，因社会关联的逐步断裂，基层公共事务治理中讨价还价的协商民主过程以及环节的缺失，加之市场规模与社会福利增量双重目标未能实现，使旅游经济运行脱嵌于村寨的社

---

① 渠敬东，周飞舟. 从总体支配到技术治理——基于中国30年改革经验的社会学分析 [J]. 中国社会科学，2009 (6)：109.

会基础。最终，基层民主、利益分享、社会基础的结构性要素不仅无法相互支撑，反而因相互之间结构性张力而走向失序。因村寨与景区叠合，合作失序必然反映到景区市场秩序中来，避免不了对游客体验带来负面影响，最终遭遇市场遗弃。

资本价值与功能得到前所未有地凸显。加之特殊的自然生态、历史文化与社会结构等要素形成的村寨制组织优势与制度底色，强有力地支撑着村民在与外来主体的博弈中不落下风。

（2）治理目标：多重、复合与动态

首先，不同的参与主体必然导致目标多元，这是引发民族旅游村寨矛盾和冲突的根源。其次，各参与主体的目标既充满了张力和矛盾，也有共通与复合的特征。若缺少共通与复合，相互之间无法达成共识，矛盾与张力无法消解。最后，治理目标的动态性。民族旅游村寨治理目标随旅游发展阶段演化出现动态特征。在旅游业发展初期，各参与主体对旅游带来的红利充满期望，自愿让渡短期利益追求长远预期利益。随着旅游业的快速发展，市场规模的红利让各参与主体对利益分享充满期待，希望从已有的"蛋糕"中获得应有份额。处于衰落或二次旅游开发阶段，各参与主体期望更高。概而言之，治理是一个目标向善的动态过程。

（3）治理对象：多层次性、交叉性与复杂性

民族旅游村寨治理既包括村寨层面的人居环境、道路交通等基础设施的建设，以及自然景观的维护等物质层面的对象；也有因争抢游客而引发的村民之间的矛盾与纠纷，以及因游客流向、聚集产生的市场空间与村民生产、生活空间叠合引发的市场失序等制度层面问题；还包括村民价值信仰、文化禁忌与现代市场契约精神相契合或产生冲突等精神层面的问题。因村寨空间与景区空间相互交织甚至叠合，治理对象具有"牵一发而动全身"的特征，稍有不慎，可能引发连锁反应，甚至激化村内原有的矛盾。综上，民族旅游村寨治理对象具有多层次性、交叉性与复杂性等特征。

（4）治理单元："下沉""整合""扩张"并存

空间与单元是治理的重要依托，由于历史、社会、经济、政治、文化等多重原因，民族旅游村寨治理空间与单元出现"下沉""整合"

"扩张"三类形态。如郎德上寨行政村，虽然包含郎德上寨与村寨对岸的包寨，但整个旅游活动的开展以郎德上寨为空间与单元。换言之，郎德上寨的旅游开发并未停留于行政村层面，而是"下沉"至自然寨。研究发现，除了空间上的不便，更重要的是由于历史、社会与文化的原因，包寨一直被郎德上寨视为"外人"，村内重要的公共文化活动，如12年举办一次的"招龙"、每年举办一次的"扫寨"均是在郎德上寨完成的，这为郎德上寨旅游共同体的形成提供了社会基础与制度底色。同样，西江苗寨旅游开发前曾有四个行政村，因旅游开发的需要，四个行政村被合并，"整合"成当前的西江苗寨。新组建的西江苗寨曾一度面对行政管理的混乱，两届村主任无法选出，村支书由乡镇领导兼任。但经过多年的互动与磨合，加之村寨合并前四个行政村共享当地的市场网络、社会结构与文化活动，合并后的西江苗寨虽出现短暂性基层政治波动，但最终因历史文化基础和制度底色的影响，村寨治理呈现有序、活力与繁荣的景象。在村寨旅游发展中，区位条件、资源优势以及政策支持等方面的差异，催生中心村和周边村寨"众星捧月"的旅游发展格局。为了更好地发挥中心村的带动作用，同时更好地支持中心村发展，延长旅游产业链，丰富产品业态，村寨"扩张"形态出现。

（5）治理环境与机制：转型社会背景下的多重治理机制

孙立平的研究指出，中国的社会整合经历了一个从传统社会的先赋性整合（以血缘、地缘为基础），到改革前的行政性社会整合，再到契约性社会整合的历史性变革。就社会整合而言，中国仍处于一个过渡性的阶段。这个阶段存在一个先赋性、行政性、契约性以及其他整合形式共存的局面。[①]文本中的案例显示：与孙立平所强调的三类不同性质的整合机制相比，民族旅游村寨的行政性、契约性整合内嵌于村寨先赋性

---

① 孙立平. 改革以来中国社会结构的变迁 [J]. 中国社会科学，1994（2）：47-62.

整合机制中，即村寨社会结构与文化网络之中，受传统社会关系与制度的约束。在这样复杂的场域中，无论是传统的自治机制、人民公社时期全能型政府的治理机制，抑或纯粹的市场机制，都无法回应民族旅游村寨治理中的复杂问题，而要依靠三种不同的治理机制交互并用。从案例地的实际运作来看，治理并非完全依靠强制性的制度安排或法律，主体之间并非严格意义上的契约关系，而是一种基于社会关系和社会信任的动态关系。这样的关系以社会信任与交往为基础，各方在讨价还价中达成共识，确保利益相对均衡。随着旅游经济的发展和变化，利益均衡的格局被打破，新的利益诉求凸显。这需要在相关利益主体动态博弈中重新建构利益格局，达成新的共识，实现利益相对均衡。这样的治理机制源于民族旅游村寨模糊的资源产权结构，同时与当前我国乡村社会快速发展和结构转型有关。

二 民族旅游村寨治理模式：一套尚未定型的方案

模式，即解决问题的一套相对完整的方案。民族旅游村寨治理模式，即解决民族旅游村寨发展中诸多事务的方案。有学者指出，一个事物如果可以被称为模式，至少应在以下几个方面有世界认同的标准：①模式应有一种制度的稳定性；②模式应与其他模式有所不同，有独特性和差异性；③模式一旦确立后能够被他人所模仿，是可以扩散的；④模式应既能被自己承认，又被他人认可。[1]研究发现，就我国民族旅游村寨治理而言，上述四个方面还没有被完全确定，这既是模式凝练的难点也是有待观察的重要原因。

首先，从模式的制度稳定性来看，古人云，不识庐山真面目，只缘身在此山中。数十年来，中国社会经历了而且仍然经历着翻天覆地的变化。这样转型、复杂与多元逻辑嵌套的社会，无疑给从事社会科学研究

---

① 张静. 反应性理政 [J]. 经济社会体制比较，2010 (6)：109.

的人提供了千载难逢的机遇。然而，不得不承认，要从扑朔迷离的场景、事件中凝练出制度底色和制度运行的特征、规律，无疑具有较大的难度。从郎德上寨及天龙屯堡旅游开发的经验来看，旅游村寨治理的制度似乎并不稳定，两个旅游村寨先后经历了二次旅游开发，前后制度并不一致，制度并未趋向稳定。

其次，从模式的差异性来看，对民族旅游村寨而言，村寨与景区叠合，旅游者的流动与集聚引发了外来力量入村。在外来力量与村民互动过程中，政府逻辑、市场逻辑、社会与文化逻辑在同一空间场域叠合与嵌套，形成多元共存的制度结构。这样复杂的空间场域，很难用简单的政府主导型、市场主导型以及社会主导型的单一模式或力量机制来描述。笔者曾将贵州西江苗寨、郎德上寨及天龙屯堡简单描述为政府主导型、社区主导型及企业主导型三类不同模式。然而，随着研究的深入推进，笔者发现，这样简单、理想化的分类主观性地遮蔽了旅游村寨内部的组织过程与微观运作机制，我们并未真正找到模式的独特性和差异性。

再次，从模式的可扩散性来看，民族旅游村寨治理是一套完整的系统和地方性经验，治理结构源自当地地域空间、历史文化、社会结构以及生计方式。学术研究的重要任务，其实就是要从不同视角、不同层面、不同维度来把握这套整体经验的内在逻辑。作为一套内在的逻辑，不是外来理论所能轻易解释的；同时，作为地方性经验，很难有普适性价值，扩散的可能性并不大。

最后，从模式是否被认可来看，即使是在村寨旅游领域取得辉煌成绩，创造出"西江神话"的西江模式也并没有得到各界的认同。西江苗寨虽创造了"西江神话"；但因过度商业化、产业转型升级困境、贫富差距明显拉大等问题遭到外界批判。郎德上寨的村寨治理模式虽得到学术界、文化领域人士认同，却很难吸引外来企业，在旅游发展中地方政府与旅游管理部门曾多次希望引进外来企业参与旅游开发与运营。在天龙屯堡旅游发展过程中，地方政府、企业、农民旅游协会与旅行社的多元互动，曾创造短暂的辉煌，却最终走向衰落。在二次开发中，无法再现往日的辉煌，其模式自然不被看好。

三 理论与限度：基层治理的经典议题遭遇民族旅游村寨治理实践

基层治理是国家治理的基石，基层社会的和谐、稳定及繁荣发展是国家有效治理的重要保障。在中国，"国家"和"社会"从来就不是像现代西方主要理论所设定的那样是二元对立的、非此即彼的实体。历史演变中，中国的"国家"和"社会"无疑是紧密缠结、互动、相互塑造的既"二元"又"合一"的体系。①在不同的历史时期，国家与社会关系的动态变换呈现不同的治理结构与样态。这样多元、复杂而多变的国家与社会关系引起了国内外学者长期的关注与激烈争论。以至于著名的"汉学三杰"之一的孔飞力也不免发出这样的感叹："在中国长期的帝制历史上，没有哪个根本性问题比之什么是统治乡村地区的适当方式引起过更为激烈的争辩了。"②因此，对我国基层治理研究的经典议题的回顾与梳理不仅有助于把握基层治理研究的基本脉络与学术进路，将民族旅游村寨治理实践纳入基层治理研究的学术轨道，也有助于推动我国基层治理研究的深入，以此丰富我国基层治理研究的理论体系。

（一）传统社会时期的基层治理与经典议题

对于中国农村基层社会治理的研究，费孝通的"双轨政治"是一个无法绕开的经典议题。费孝通从提高政治效率、防止贪污和无能腐蚀行政效率的问题出发，提出"双轨政治"的治理原则。即政治决不能只在

---

① 黄宗智.国家与社会的二元合一：中国历史回顾与前瞻［M］.桂林：广西师范大学出版社，2022：192.
② 孔飞力.中国现代国家的起源［M］.陈兼，陈之宏，译.北京：生活·读书·新知三联书店，2013：59.

自上而下的单轨上运行。一个健全的、能持久的政治必须是上通下达、来还自如的双轨形式。①这一经典议题与治理原则以下列条件作为基础。①中国传统政治结构有中央集权和地方自治两个层面。②中央所做的事是极有限的，地方的公益活动不受中央的干涉，由自治团体管理。自治团体因当地人民的具体需要而产生，享受着地方人民所授予的权力，不受中央干涉，"天高皇帝远"是中央与基层关系的生动写照。在地方自治中，宗教的、习俗的制裁力支持着这些自治团体的运行。③在基层治理实践中，表面上似乎只有自上而下的政治轨道执行政府命令，而当政令与人民接触时，中国政治中极重要的人物——绅士，可利用其社会网络资源，将政令带来的压力传递至上层甚至皇帝本人，形成"双轨政治"②。因此，传统社会时期，正是借助这样的"双轨政治"，皇帝即使无为而能天下治，集权的中央可以有权无能、坐享其成。当上述条件发生变化时，政治效率将遭遇侵蚀。随着自上而下的保甲制度的推行，原本受着自然、历史与社会条件决定的完整的自治单位遭到破坏。"地方团体有它的完整性；保甲却是以数目来规定的，而且力求一律化。""原来是一个单位的，后被分割了，原来是分别的单位，后被合并了，甚至东凑西拼，支离破碎，表面上的一律，造成实际上的混乱。""于是官民两套在基层社会开始纠缠。"③在费孝通看来，问题的严重以至僵化发生在保甲的人选上。在推行保甲制的过程中，乡村原有的权力结构被打破，乡村有声望的人在利益驱使下，放弃了地方立场加入行政系统。进入行政系统的乡绅依旧可以支配地方上的事务，但其地位却发生了改变，他不再能拒绝上级命令，不能动用自下而上的政治轨道，这

---

① 费孝通.费孝通全集（第五卷）[M].呼和浩特：内蒙古人民出版社，2009：47.
② 费孝通.费孝通全集（第五卷）[M].呼和浩特：内蒙古人民出版社，2009：40-41.
③ 费孝通.费孝通全集（第五卷）[M].呼和浩特：内蒙古人民出版社，2009：42-43.

类地方也就完全成了下情不能上达的政治死角。基层政务陷入僵持，行
政效率遭遇侵蚀。①费孝通提出的"双轨政治"以及对导致自下而上的
轨道淤塞的原因分析，为我们把握传统社会时期基层政治的权力结构与
运行机制提供了重要思路。遗憾的是，面对上述基层治理的困境，费孝
通并未给出具体的解决办法。针对友人关于基层行政僵化的责问，费孝
通做出这样的回答："我并没有把怎样恢复政治双轨的意见说明，因为
我只想提出原则上的问题，以及现状的诊断罢了。"②"如果能把附着
在绅士这个名词上的恶感和成见除去，我想地方上的领袖人才在恢复政
治双轨中实是有相当重要的地位的。""依我看来，将来乡村社区里自会
生长出新的社会重心和新的领袖人物来的。"③即便无具体的解决办法，
费孝通先生基于当时中国农村基层社会治理问题提出的理想图景仍为当
今基层治理提供了重要参考，依旧有当代价值。

　　除费孝通的"双轨政治"外，杜赞奇基于华北满铁资料的研究提出
"权力的文化网络"概念，为我们认识国家权力在乡村社会微观运作机
制提供了重要视角。其提出的文化网络由乡村社会中多种组织体系以及
塑造权力运作的各种规范构成，包括在宗族、市场等方面形成的等级组
织或巢状组织类型；同时包括非正式的人际关系网，如血缘关系、庇护
人与被庇护人、传教者与信徒等关系。上述文化网络的要素是权力运
行、权威存在和施展的基础。文化网络是地方社会中获取权威和其他利
益的源泉，也正是在文化网络中，各种政治因素相互竞争，领导体系得
以形成。④权力运行中，不仅地方政权，而且中央政府都严重依赖文化

---

① 费孝通.费孝通全集（第五卷）[M].呼和浩特：内蒙古人民出版社，2009：
　　42-43.
② 费孝通.费孝通全集（第五卷）[M].呼和浩特：内蒙古人民出版社，2009：48.
③ 费孝通.费孝通全集（第五卷）[M].呼和浩特：内蒙古人民出版社，2009：
　　48-49.
④ 杜赞奇.文化、权力与国家：1900—1942年的华北农村[M].王福明，译.南
　　京：江苏人民出版社，2010：1-2.

网络，从而在华北乡村中建立自己的权威。20世纪国家政权抛开，甚至毁坏文化网络以深入乡村社会的企图注定是要遭到失败的。①

除费孝通的"双轨政治"与杜赞奇的"权力的文化网络"外，黄宗智基于晚清、民国时期的历史档案与法律文书，充分观照历史事实，创造性地提出"第三领域"及"集权的简约治理"的概念框架。

黄宗智指出："之所以中央集权，是因为帝国以皇帝个人名义声称拥有绝对（世袭）的权力。行政权威并没有分割于相对独立的政府各部门，也没有为政府和市民社会所共享，而是聚集在中央。"②即便如此，中国古代的政治体制不能被简单地总结为"专制"③。具体至国家和基层社会关系层面，中国的治理体系从古代、近代到当代，都展示了简约治理的倾向，以及高度依赖社区的道德化非正式民间调解机制，并且由此产生了多种多样的源自国家正式机构和民间非正式组织之间的互动而形成的"半正式""第三领域"治理系统。④为更好地建构扎根于中国实际的理论，黄宗智引入历史过程分析法，将这一概念置于民国时期、集体化与"大跃进"时期、改革时期的历史情境和演变中，对中国政治体制与权力结构进行了深入分析，进一步增强了概念框架的解释力，拓展其适用边界。⑤

面对这一看似对立实则统一的概念，黄宗智对其生成机制与内在逻辑进行了解读。首先，世袭主义君主制的逻辑要求政府机构保持最少数

---

① 杜赞奇. 文化、权力与国家：1900-1942年的华北农村［M］. 王福明，译. 南京：江苏人民出版社，2010：5.

② 黄宗智. 国家与社会的二元合一：中国历史回顾与前瞻［M］. 桂林：广西师范大学出版社，2022：97.

③ 黄宗智. 国家与社会的二元合一：中国历史回顾与前瞻［M］. 桂林：广西师范大学出版社，2022：117.

④ 黄宗智. 国家与社会的二元合一：中国历史回顾与前瞻［M］. 桂林：广西师范大学出版社，2022：116.

⑤ 黄宗智. 国家与社会的二元合一：中国历史回顾与前瞻［M］. 桂林：广西师范大学出版社，2022：121-125.

量的科层，以免切断整个体系倚为纽带的个人忠诚，造成地方性的世袭分割。其次，从一个长时期过密化小农经济中抽取的有限赋税也是对官僚机构充分科层制化的另一个限制，恰巧契合了清政府减少国家强加于社会负担的愿望。最后，政府实际运作中源自儒家和法家融合的思想意识形态也是形成这一治理结构的重要文化来源。[①]因此，"集权和简约治理实际上乃是相互关联、相辅相成的一个二元合一体制"。[②]

黄宗智的论证并未止步于此，他将韦伯有关传统中国权力结构的判断和迈克尔·曼关于权力与社会渗透的理论进行了比较分析。黄宗智认为，韦伯从他的两个理想政府类型"世袭主义君主制度"和科层制（"官僚制"）区别出发，结合中国历史实际，颇具洞见地提出"世袭主义"（君主制）的官僚制概念，用以表达中国政治的权力结构。这对既矛盾又统一的理论框架对厘清中国治理的特征与内在逻辑具有较强的说服力。[③]与此同时，黄宗智又批判性地指出："无论是他的理想化治理模型，还是关于中国历史实际的'世袭主义官僚制'概念，最终都局限于政府的正式机构和功能上。"[④]这样的概括并不能涵盖中国乡村社会中长期存在的半正式乡保、乡地、村长和"非法官员"，也不能涵盖与政府协作，在公共事务和地方治理中扮演越来越重要角色的晚清和民国时代的士绅以及商人精英。[⑤]继韦伯之后，迈克尔·曼在政府正规权力中区别了中央集权化的程度（他称之为"专制权力"）和政府深入社会的

[①] 黄宗智. 国家与社会的二元合一：中国历史回顾与前瞻 [M]. 桂林：广西师范大学出版社，2022：90-99.

[②] 黄宗智. 国家与社会的二元合一：中国历史回顾与前瞻 [M]. 桂林：广西师范大学出版社，2022：224.

[③] 黄宗智. 国家与社会的二元合一：中国历史回顾与前瞻 [M]. 桂林：广西师范大学出版社，2022：92-93.

[④] 黄宗智. 国家与社会的二元合一：中国历史回顾与前瞻 [M]. 桂林：广西师范大学出版社，2022：93.

[⑤] 黄宗智. 国家与社会的二元合一：中国历史回顾与前瞻 [M]. 桂林：广西师范大学出版社，2022：94.

程度（他称之为"基层渗透权力"），并考虑到政府权力在行政、立法、司法三个部门间的分立和制衡，可将美国视为"低度专制权力与高度基层渗透力"。与之相比，考虑到以皇帝个人名义代表的中央权威，其专制权力程度很高，但基层渗透能力的程度很低。尽管有上述见地，和韦伯的分析一样，迈克尔·曼同样受到黄宗智的批评。黄宗智指出："迈克尔·曼的专制权力和基层渗透力间的区分，不能把握发生在政府官方和民间社会的中间领域内的治理方法。"[①]通过深入比较，黄宗智提出了存在于国家、社会之间的"第三领域"概念，突出国家与社会二者之间重叠和合作的治理领域。在这一领域内，二者相互重叠、协力运作。

黄宗智提出的既对立又统一的有关中国政治体制的结构特征与分析框架对于认识我国基层社会中国家与社会之间的关系具有非常重要的参考价值。但深入研究发现，黄宗智的分析框架仍是结构化的，缺少对主体行为尤其是国家与社会互动实践的深入关注。对此，黄宗智本人也认识到这一不足之处："这几对概念都更多地展示了政府制度上的结构和目的，较少涉及政府的实际运作或治理实践，而恰恰是后者赋予了前者实质内容。"[②]

（二）新中国成立后至改革开放之前的基层治理与经典议题

新中国成立后至改革开放前，我国进入了一个总体性社会的阶段。在这样的社会结构中，国家几乎垄断着全部重要资源，不仅包括物质财富，也包括人们生存和发展的机会及信息资源。以这种垄断为基础，国家几乎对全部的社会生活实行着严格而全面的控制。同时，国家对任何相对独立于国家之外的社会力量，要么予以抑制，要么使之成为国家机构的一部分。可以说，到20世纪50年代中后期，一个相对独立的、带

---

① 黄宗智.国家与社会的二元合一：中国历史回顾与前瞻［M］.桂林：广西师范大学出版社，2022：95.

② 黄宗智.国家与社会的二元合一：中国历史回顾与前瞻［M］.桂林：广西师范大学出版社，2022：107.

有一定自治性的社会已不复存在。[①]

这样的宏观描述对于认识当时我国的政治体制无疑具有重要的价值。但事实表明，组织结构与具体实践往往存在着不一致的情况。毕竟，制度表达与制度实践之间始终存在裂痕甚至鸿沟。

我国基层治理的特殊阶段，只能作为一个特定历史阶段加以关注，虽然有制度遗产，但不能概括我国基层治理的全部。即使是在这样的全能治理时期，同样存在国家与社会互动的记录与事实。李怀印以集体化时期农民的日常劳动策略为例指出，影响生产队社员日常劳动行为的，不单是官方的经济政策，还有根植于村社之中的种种非官方的制约因素，包括生产队内部的权力关系、亲属纽带、性别角色、集体伦理、公众舆论等。换言之，生产队不单是受国家政策制约的经济组织，更重要的是，它还是一个包含一系列隐性规则和社会关系的共同体，正是这些看不见的观念、惯例和权力社会关系，时时刻刻影响着村民的日常思维和行为。[②]由此，将人民公社时期群众与基层干部关系视为统治与屈从的二元对立的解释框架是难以立足的。实际上，无论是大跃进之后我国农村各地"自留地"比例的确定，还是人民公社后期"三级所有、队为基础"的农村经营体制的改革，都是国家与乡村社会关系调适的结果。因此，即使是在人民公社时期全能体制的组织结构与制度环境下，村内非正式的隐性制度在形塑村民的观念和行为方面，与显性的、正式的外来制度同样重要。不仅如此，朱晓阳、张乐天都曾指出，由于特殊的历史基础与社会结构，个别乡村国家权力下沉反而强化了村寨认同，乡村传统得以复兴与再造。[③]综上，1949年之后国家权力对乡村的有力渗

---

① 孙立平.改革以来中国社会结构的变迁［J］.中国社会科学，1994（2）：47-62.

② 李怀印.乡村中国纪事——集体化和改革的微观历程［M］.北京：法律出版社，2010：164.

③ 朱晓阳.小村故事：罪过与惩罚（1931-1997）［M］.北京：法律出版社，2011：9-15.张乐天.告别理想——人民公社制度研究［M］.上海：上海人民出版社，2012：4-5.

透，并没有侵蚀和淘汰革命前的社会关系和行为习惯。尽管乡村政治运动不断反复，但以血缘亲属、邻里和私人友谊为基础的传统群体纽带，加上对个人利益得失的权衡，仍然决定着村中的人际关系。正是农民群体中内生的惯例和观念，以及外设的政治制度和话语体系，决定了村民表达意愿以及与干部互动的方式。①可即便如此，经历了国家权力下沉与国家化建构，自上而下的行政权力已经下沉至村寨社会中，这已成为不容争辩的事实，必将对村寨社会产生影响。

（三）复杂社会背景下的基层治理与经典议题

现代化进程中，亨廷顿关于"简单社会到复杂社会政治秩序"议题的讨论为我们关注复杂社会背景下基层治理基本问题提供了理论指引。亨廷顿强调："在简单的社会里，即便没有政治，或至少没有高度分权化的政治机构，共同体也照样可以生存。"②"现代化引导的社会，由于缺乏大家庭、村庄、民族或者部落原有的那种'自然的'共同体。加之社会规模较大，疆界又往往由地理和殖民事件所划定，故而现代化社会往往是'多元的'社会，兼容并蓄众多的宗教、肤色、种族和语言群体。怎样把这些原生的社会势力糅合为单一的民族政治共同体，就成为一个越来越棘手的问题"。③有学者指出："从历史到当代，基层政权相对于中央权威并不是被动的执行者，它们已经营造了（非法律权利意义上的）'自主'活动空间，并导致了国家管治对它们的严重依赖。由于这种依赖，国家不得不容忍基层政权的不当行为对于国家权威在道德和治理原则上的损害，来换取基层社会的象征性服从，以便通过它们的间

---

① 李怀印.乡村中国纪事——集体化和改革的微观历程［M］.北京：法律出版社，2010：6.

② 塞缪尔·P.亨廷顿.变化社会中的政治秩序［M］.王冠华，译.上海：上海世纪出版集团，2014：9.

③ 塞缪尔·P.亨廷顿.变化社会中的政治秩序［M］.王冠华，译.上海：上海世纪出版集团，2014：332.

接控制得以持续。"①国家与社会关系方面，黄宗智指出："中国具有悠久的二元互动合一的思维传统，国家与社会间存在并存、拉锯、矛盾、互动、相互渗透、相互塑造的关系。"②这实际上意味着"当国家的治理逻辑向下延伸到基层社会，必然遭遇到基层政府的官僚制逻辑和基层社会内部的运作逻辑，三者在相互作用中塑造了国家政策执行和制度变迁的过程。因此，当我们将目光转向国家政策在基层社会的执行落实过程时，必须相应地关注多重的制度逻辑的参与和互动过程"。③实际上，对复杂社会的关注不应忘记历史过程与制度底色。王铭铭在对社区历程的研究中强调："中国是一个人类学定义上的'复杂社会'，在这个社会中发展起来的社区难免受大社会的中央集权、地方政府、社会基层和'大传统'的意识形态影响或冲击，我在社区史的断代中也把政治史包括在分析范围之内。"④换言之，当我们关注基层治理问题时，必须有历史视野。割裂历史基础和制度底色的基层治理研究是不完整的。

当我们将市场维度引入，治理的结构将变得更为复杂。施坚雅曾指出："传统中国社会中处于中间地位的社会结构，既是行政体系和市场体系这两个各具特色的等级体系的派生物，又纠缠在这两个体系之中。"⑤改革开放以来，尤其是在国家推动的市场化进程中，中华文明的"仁政"理念和"政党—国家"体制下的"为人民服务"的道德理念受到了个人逐利意识的冲击。"仁"与"和"道德理念主导下的国家与

---

① 张静.基层政权：乡村制度诸问题 [M].北京：社会科学文献出版社，2022：7.

② 黄宗智.国家与社会的二元合一：中国历史回顾与前瞻 [M].桂林：广西师范大学出版社，2022：193.

③ 周雪光.中国国家治理的制度逻辑：一个组织学研究 [M].北京：生活·读书·新知 三联书店，2017：339.

④ 王铭铭.社区的历程：溪村汉人家族的个案研究 [M].北京：生活·读书·新知 三联书店，2021：31.

⑤ 施坚雅.中国农村的市场和社会结构 [M].史建云，徐秀丽，译.北京：中国社会科学出版社，1998：55.

社会二元合一的传统已经再次陷入失衡的状态。这是改革后中国面临的至为庞大、至为重要、至为紧迫的问题。①在这一背景下兴起的民族村寨旅游，从治理目标、治理主体、治理对象、治理单元、治理环境与机制来看，无论是"双轨政治""权力的文化网络""集权的简约治理"，还是韦伯的"世袭主义官僚制"，都无法对民族旅游村寨治理的新问题做出合适的回应。当理论无法合理地回应现实问题时，恰好为理论创新提供了难得的机遇。

第二节　民族旅游村寨治理研究目标：以实践研究为基础探寻上下贯通的多层级复合"共治"模式

学术研究中，提出前沿性的问题是获得学术话语权的立足之基。对此，我们常常可以选择从理论洞见与偏差中发现问题，从文献资料及历史记录中发现问题，从经验与事实追问中发现问题，从理论与实践的"悖论"中发现问题，从理论分析框架及方法逻辑中发现问题。总之，获得问题的来源较为广泛，领域不同，"前沿"问题也各不相同。虽然获得问题意识的来源与渠道不同，但最活跃的"前沿问题"须在实践中才能找寻到。②当前，无论是中国，还是西方国家，理论研究落后于实践是无须争议的事实。这也正好为理论更新与重构提供难得的机遇。但遗憾的是，由于受限于自身的知识结构、经验积淀以及研究范式，面对实践的丰富性、复杂性及变动性，研究者常常视而不见、听而不闻。即使有研究者欲从实践出发，开展社会科学的研究，却因实践的复杂与多变而感到力不从心。周雪光的这段话，或许是绝大多数当前从事社会科

---

① 黄宗智.国家与社会的二元合一：中国历史回顾与前瞻［M］.桂林：广西师范大学出版社，2022：127.
② 张静.提问是发现的开始.汪晖，王中忱.区域（第9辑）［M］.北京：社会科学文献出版社，2022：122-143.

学研究工作者心态和状态的真实写照："古人云，不识庐山真面目，只缘身在此山中。数十年来，中国社会经历了而且仍然经历着翻天覆地的变化。对于一个社会科学学者来说，这是一个千载难逢的研究机遇。但在研究过程中，面对扑朔迷离的场景、事件和众多头绪，常有剪不断理还乱的感叹。有时想象自己能够抓着自己的头发拔地而起，超越一时一事一地之囿，俯瞰把握这些林林总总现象之间的总体关联和来龙去脉。"①

民族旅游村寨的复杂场域及多元嵌套的制度逻辑为我们开展民族旅游村寨治理研究提供了千载难逢的机会，同时也带来前所未有的挑战。

民族村寨旅游开发实质是将地方政府及其行业主管部门、旅游企业、村民有效动员并组织起来，发挥各自优势投入旅游规划与决策、旅游管理、旅游监督及利益分享的动态过程。学理上，民族村寨旅游开发过程可概括为"政府—市场—社会"三者结构与动态关系，即民族村寨旅游开发进程中政府、市场、社会三类不同性质组织之间的权力边界、关系动态演化过程。民族旅游村寨空间场域的特殊性，以及政府逻辑、市场逻辑、社会与文化逻辑叠合与嵌套，形成多元制度的共存、依赖。如此制度逻辑下的村寨治理既不同于传统中国乡绅基础上的"双轨治理"，也有别于各少数民族地区因特殊的地理环境与历史过程形成的"自治"样态；与集体化时代自上而下的"总体性治理"大相径庭；与改革开放以来国家权力选择性上移与市场化进程逐步推进过程中形成的"城中村"，以及广大中西部地区因农民外流形成的"空心化"治理存在结构上的差异；与西方国家建立在对立冲突的价值取向基础之上的"多中心"治理有着属性与功能上的差异。可见，民族旅游村寨治理研究是一个颇具挑战性的议题。这样的挑战不仅源自学术研究与问题本身，还

---

① 周雪光. 中国国家治理的制度逻辑：一个组织学研究 [M]. 北京：生活·读书·新知 三联书店，2017：3.

需统筹考虑在中国国家治理体系与治理能力现代化背景下的政治"治理"议题。

自 2004 年党的十六届四中全会制定的《中共中央关于加强党的执政能力建设的决定》中提出"加强社会建设和管理，推进社会管理体制创新"，并提出"建立健全党委领导、政府负责、社会协同、公众参与的社会管理格局"以来，"党委领导、政府负责"的提法一直在社会管理的政策文件中存在。2012 年，党的十八大报告《坚定不移沿着中国特色社会主义道路 为全面建成小康社会而奋斗》对社会建设和管理的内容进行了补充完善，指出社会体制改革的"四个加快"，其中之一是"加快形成党委领导、政府负责、社会协同、公众参与、法治保障的社会管理体制"。2013 年，党的十八届三中全会通过了《中共中央关于全面深化改革若干重大问题的决定》，提出"全面深化改革的总目标是完善和发展中国特色社会主义制度，推进国家治理体系和治理能力现代化"，"社会治理"这一新概念第一次出现在党和国家的文献中，取代了过去的"社会管理创新"，并且把创新社会治理体制置于国家发展战略的高度。这是党的社会建设理论与实践的一次重大创新，意味着中国社会建设在顶层布局上进入崭新阶段。从社会管理到社会治理，反映了治理主体、治理方式、治理范围、治理重点等方面的明显不同，意味着社会治理由过去政府一元化管理体制转变为政府与各类社会主体多元化协同治理体制，凸显了公众参与在社会治理中的基础性地位。①需注意的是，"党委领导、政府负责"的位置与提法始终未变，并一直延续至 2019 年党的十九届四中全会通过的《中共中央关于坚持和完善中国特色社会主义制度推进国家治理体系和治理能力现代化若干重大问题的决定》。可见，"党委领导、政府负责"是我国

---

① 江必新. 以党的十九大精神为指导加强和创新社会治理 [J]. 国家行政学院学报，2018 (1): 23-29.

社会治理政策的刚性规定，是不允许改变的。国家宏观层面的"治理"主要关注的是党委领导下政府对制度的执行能力，而不是来自西方社会多元"治理"含义中的治理。因此，国家层面有关"治理"的政策论述与西方社会的"治理"概念与理论有着本质的区别。源自西方社会的"治理"理论与中国社会治理结构"正由传统的体制内单中心治理向党政引领下的多元治理结构转变"①的政策话语并不一致，微观层面的多元合一的治理结构必须嵌入宏观层面的政治体制与价值诉求中。

在现有的关于社会治理的政策文件中，"社会协同、公众参与、法制保障"虽为源自西方社会的"治理"理论留下了制度空间。但由于这种政策取向在更大程度上仍停留在认知和理念层面而缺乏实际政策工具和制度安排的支撑。因此，各地在理解当前社会管理创新时，仍然是按照既加强政府行政管理又加强社会组织建设的方向操作。②基于以上原因，从我国国情、历史以及行政体制的现实出发，上下贯通的多层级复合"共治"理应成为我国民族旅游村寨治理的理想模式。多层级上下贯通与横向治理之间并不是彼此独立的两条主线，相反，它们相互衔接。基层横向治理层面形成的多方共治，可以更好地汇集社会意见并向纵向治理机制传递，有助于纵向治理贯彻到底。因此，这样的结构既在一定程度上发挥了纵、横两种机制的整合效力，又使两者间的张力得到一种制度性的舒缓。展望未来，改革探索者如果能在更高层面建立与基层共治平台相衔接的多层级共治结构，那么则有可能开创一种新的社会管理格局。③从理论研究的角度来讲，现阶段源自

---

① 李友梅. 中国社会治理的新内涵与新作为 [J]. 社会学研究，2017（6）：27-34.
② 李友梅. 中国社会管理新格局下遭遇的问题——一种基于中观机制分析的视角 [J]. 学术月刊，2012（7）：13-20.
③ 李友梅. 中国社会管理新格局下遭遇的问题——一种基于中观机制分析的视角 [J]. 学术月刊，2012（7）：13-20.

西方社会"治理"理论的探讨在宏观层面只能停留在应然与概念阐发，源自微观层面的、鲜活的实证案例则为治理理论深入研究提供了载体和理论创新的可能。

第三节　民族旅游村寨复合共治模式的动力机制与限制因素

一　民族旅游村寨复合共治模式的动力机制

（一）国家社会管理创新的制度安排为模式的形成提供了政策依据和保障

2013年，党的十八届三中全会提出，将"完善和发展中国特色社会主义制度，推进国家治理体系和治理能力现代化"作为全面深化改革的总目标。并在社会治理领域提出"创新社会治理，必须着眼于维护最广大人民根本利益，最大限度增加和谐因素，增强社会发展活力，提高社会治理水平，维护国家安全，确保人民安居乐业、社会安定有序"。这是党中央关于中国特色社会主义社会管理体系的最新表述，是创新社会治理体制的新要求、新部署。新的表述将"社会管理"改为"社会治理"，由"管理"到"治理"，虽一字之差，但"治理"的含义更深刻、内容更丰富、要求更明确。这标志着我国将由传统的社会管理体制向适应时代发展要求的现代社会体制转变，也就是要通过深化体制改革和管理创新逐步实现国家社会治理的现代化。这是我们党对人类社会发展规律、对中国特色社会主义建设规律认识的新飞跃，是社会建设理论和实践的创新发展。社会管理新的政策取向为合作共治模式创新提供了政策依据和有效保障。

（二）民间力量与外来利益主体在资源与功能上的互补为模式的形成提供了可能

我国各少数民族都有对村寨公共事业进行管理的传统模式和要素，

这些传统管理模式和要素对维系少数民族村寨的社会治安、经济生产和环境保护等发挥了重要作用。这些传统管理模式和要素中的某些方面对于当今少数民族村寨公共事业管理、乡村社区建设乃至精神文明建设都具有借鉴和启示意义。^①这套制度安排是村民在处理人与人、人与自然、人与社会之间关系时自然形成的一套内在组织结构与制度安排,是村寨世代相传的结果,多年来为村寨内部的稳定和谐发挥着重要作用。在民族村寨旅游开发进程中,吸收有益的地方性知识,并融入现代管理制度,不仅可以增强社区对国家管理的认同、营造和谐的旅游环境,也是构成旅游吸引力、差异化的重要元素。^②从民族旅游村寨治理实践来看,这些传统的结构要素与民间力量在协调民间纠纷与矛盾方面发挥着地方政府难以取代的作用。2013年,西江苗寨东引村参与景区迎宾接待活动的一名老年妇女年龄较大,行动不便,西江苗寨旅游公司与景区管理局考虑到安全问题,将其劝说回家。老妇人失去工作后不仅失去了一份收入,而且也失去了每日与村中老年人共同接待游客时获得的生活自信与存在感。失落的老妇人为表示抗议,在自家的屋檐上插满白旗,故意破坏景区形象。地方政府、旅游公司及村委会领导多次到老妇人家中说服未果。此时,旅游黄金周即将到来,若白旗不能取下,景区形象将会受损,并给地方政府与景区管理局带来风险。最终,在个别社会精英的建议下,地方领导借助老妇人所在自然寨老年协会的力量,由协会负责人与该老妇人沟通。接到如此棘手的任务,老年协会负责人先召集协会主要成员开会,大家一致表示该老妇人的行为已经影响了景区形象,将会损害整个景区的利益。老年协会通过讨论,最后达成共识,由协会负责人去劝说该老妇人,告知其行为已损害村寨利益,若不将白旗

---

① 姚周辉. 民族村寨公共事业传统管理模式、要素及其对当代的启示 [J]. 贵州民族研究, 2003 (3): 171-176.
② 何景明. 边远贫困地区民族村寨旅游发展的省思——以贵州西江千户苗寨为中心的考察 [J]. 旅游学刊, 2010 (2): 59-65.

收回，老妇人去世后老年协会成员将不会为其送终，最终将老妇人说服。此案例说明，在民族村寨旅游开发进程中，地方政府面对老妇人这样的群体，往往束手无策，借助地方社会力量却能迎刃而解。可见，对民族村寨传统社会力量的赋权并不必然削弱政府治理的能力，二者能够各自发挥优势，在资源与功能上实现互补。

（三）地方政府主导的治理模式无法回应村寨公共事务的复杂性

从我国民族旅游村寨发展历程来看，旅游业在尚未形成良好的发展态势前，很难吸引战略型投资商参与民族村寨的旅游开发，大多数民族村寨旅游业发展主要依靠地方政府的强力推动。在此过程中，容易形成"强政府"的治理结构，村寨居民对公共事务参与程度较低，容易产生依赖思想，主体性意识与自我成长能力较弱。与此同时，在村寨旅游快速发展过程中，公共事务治理的难度不断增加：不同利益群体逐渐形成，各种利益与偏好的张力日益明显；旅游场域中的结构差异使社会不公平现象突出；游客体验受到影响；传统文化保护与传承内在动力缺失，生态环境急剧恶化；不稳定因素增多，维稳的代价不堪重负。如收入不平等并不是简单的经济问题，也与社区居民在村寨中的权力结构息息相关；生态环境恶化并非旅游容量与承载力有限所致，可能是权力与利益结构失衡导致弱者通过非正式手段故意发泄的结果；房屋建筑"控建问题"并不是由于制度供给不足，而是由纵横复杂的权力结构以及地方习俗共同促成。景区与村寨空间及功能的交叉重叠，以及公共事务之复杂运行，需要更为系统的复合型治理作为应对方案。因此，对地方政府而言，化解压力与防范风险最优的选择便是实施公共决策时主动邀请社区加入，听取社区声音，充分体现民主性，构建公共事务的责任分担与利益共享的新治理机制，减少地方政府的决策风险。

（四）村寨居民权利意识的逐步觉醒要求治理结构多元化

受我国传统政治文化影响和现有政治体制的束缚，当前我国大多数地方政府仍然沿用传统的公共决策模式。①然而，不容忽视的是，民族村寨旅游开发进程中村民的产权意识、民主意识、利益表达意识都逐渐增强，对旅游开发的认知逐渐发生了变化。村民们为了维护自身利益，常常通过有组织的集体行动使公共决策趋向村寨社区。不仅如此，旅游开发所带来的信息流和旅游流为过去相对稳定的村寨生活带来了诸多变化。这些变化不仅改变了村民的日常生活，也在改变村寨内外部关系，改变乡村社会治理的过程和结构。②政策信息不再被政府所垄断，地方领导动员和说服农民的难度增加。因为信息能够通过网络实现共享，村民们更加容易组织起来。旅游发展中一旦发生敏感问题，往往会引起村寨内部群众及村外社会的高度关注，这使村寨社会矛盾与公共问题的影响更具全局性、广泛性与深远性。凡此种种都意味着地方政府应认真考虑如何调整行为边界，改善与乡村社会的利益关系。政府规划一切、管理一切的方法难以奏效，一切以政府组织为中心的治理格局应该逐步转变。

（五）社会组织的多元化要求尊重社会力量的治理参与权

国内研究"善治"的著名专家俞可平指出："国家治理体系就是规范社会权力运行和维护公共秩序的一系列制度和程序。它包括规范行政行为、市场行为和社会行为的一系列制度和程序，政府治理、市场治理和社会治理是现代国家治理体系中三个最重要的次级体系。更进一步说，国家治理体系是一个制度体系，分别包括国家的行政体制、经济体制和社会体制。"③好的社会系统是社会自组织、政府、市场并存，既相生相克，又能平衡的系统。④民族村寨旅游发展的实践表明，地方政

---

① 倪咸林.社会复合主体：城市公共治理的结构创新——以杭州市城市治理经验为例 [J].南京师范大学学报（社会科学版），2013（2）：30-37.

② 赵树凯.农民的政治 [M].北京：商务印书馆，2011：132.

③ 俞可平.沿着民主法治的道路，推进国家治理体系现代化 [EB/OL]，中国农村研究网，2013-12-04.

④ 罗家德，师满.社会管理创新的真义与社区营造实践——清华大学博士生导师罗家德教授访谈 [J].社会科学家，2013（8）：1-4.

府试图构筑的在单一治理结构下的"社会福利网"和"安全阀"，不仅在经济上无力承担重负，也不可能真正动员社会资源来满足庞大而多变的公共需求，而且可能为此承担维稳的政治压力。不可忽视的是，村寨旅游开发进程中产生的各类性质不同的民间组织，有的是新兴民间组织，如农家乐协会、老年妇女接待队等；也有的是传统社会组织在旅游发展语境下的复兴与再造，如老年协会、老年古歌队等。这些组织的出现，实现了不同利益主体之间的信息沟通和意愿表达，有利于维护旅游市场和社会秩序，他们在协调行业、村寨、村民与政府间关系，监督村寨法定组织和地方政府施政行为方面发挥着一定的作用，是减少政府社会管理成本、提高政府公共决策效率的重要依托。在民族村寨旅游开发进程中，针对民间组织不断成长的现实，地方政府需要做出有效回应，尊重社会组织的治理参与权，将民间组织变为政府工作的伙伴和助手，减少与政府的权力角逐。

二 民族旅游村寨复合共治模式的限制因素

（一）地方政府在合作共治模式中的行政路径依赖

在民族村寨旅游开发进程中，地方政府及行业管理部门的介入有利于推动村寨基础设施建设，完善公共服务，借助项目有效转换和丰富产品业态，拓宽并延长旅游产业链，最终达到提升村寨景区品质、提高村寨旅游目的地综合经济效益的目的。然而，面对社区居民的多元化诉求、混乱的旅游市场秩序、村民乱搭乱建以及带客逃票的机会主义行为，地方政府用重"处置"轻"防范"的行政惯例来处理，不仅增加了行政成本，而且面临自下而上的信任危机。

（二）村寨组织自治能力不足，村民公共意识缺失

社会组织是社会良性运行的依托和抓手。借助于社会组织，人们相互联系、相互沟通，以此建立人与人之间的诚信和互助关系，有效协调社会矛盾。村民可通过社会组织表达和维护利益与诉求，培育民主管理

的素养。①在民族村寨旅游开发进程中，大多数社会组织自治能力明显不足。①社区自治能力缺失。因收入来源的多样化导致村民逐渐出现分化，村寨归属感弱、邻里互动减少、社区参与水平低等问题，严重影响着村民的自治能力。②社区组织行政化特征明显。民族旅游村寨虽有村委会、村党支部这样的村寨法定组织，也有老年协会、农家乐协会等这样的社区组织。但在大多数村寨这两种不同性质的组织均无法在人员、财务、管理权限上独立于当地政府。自治能力缺失，使民族旅游村寨和地方政府、外来企业之间互动与合作的难度增加。

在民族村寨旅游开发进程中，社区居民参与旅游经营，获取旅游收益无可厚非。但在获取丰厚收入的同时，部分村民参与旅游的目的更多是关注经济收益，对村寨整体发展、集体利益以及长远规划缺少理性认识，突出地表现为盲目扩建房屋，旅游旺季时随意摆放摊位，争抢游客等行为。在个别民族旅游村寨，部分村民在表达诉求过程中甚至出现过度维权的情况。如2012年7月25日西江苗寨200余名村民围堵景区道路的群体性事件。不明真相者以为此次参与堵路的村民应该是旅游开发中获益较少的羊排上寨或东引村的部分村民。然而，笔者通过深入访谈得知，事件的怂恿者主要为开面包车带客逃票者，因对"白天不准车辆进出"的新规定不满。可见，社区参与不能等同于不受限制的个体私利，民主参与的意志必须受理性的调节和社会公德的约束。阎云翔在《私人生活的变革——一个中国村庄里的爱情、家庭与亲密关系（1949—1999）》中提出"无公德的个人"，用以描述农村中那些不讲责任和义务的人。这种"无公德的个人"看似在争取个人权利，具有与现代社会公民相似的气质，实际上却只是过度功利的个人主义的畸形发展。②正如罗伯特·帕特南所言："一个地方的传统文化只有变成'理

---

① 李景鹏.中国公民社会成长的若干问题［J］.社会科学，2012（1）：13-22.
② 阎云翔.私人生活的变革——一个中国村庄里的爱情、家庭与亲密关系（1949—1999）［M］.龚小夏，译.上海：上海人民出版社，2017：32、266.

性公民文化'后，方能成为'民主的运行基础和自发合作进行社会治理'的资源。"①综上，在民族村寨旅游开发进程中，社区公共参与精神和参与理性的缺失，使其很难与地方政府、外来资本形成协同治理的新格局，严重制约着景区公共事务管理水平。

（三）合作共治的制度供给不足

一定意义上，治理是不同行动主体围绕着规则的制定和执行而展开的过程。②然而，在民族村寨旅游开发进程中，因村寨居民认知能力以及所掌握的信息有限，外来企业往往通过制定一些含混模糊的合作方案，构建更符合自己利益的制度空间。方案的模糊性与可操作性的缺失最终只能使合作方案以失败而告终。综上，因合作治理的制度供给不足，作为弱势群体的村民很多时候只能选择非制度性渠道影响决策③。诸如堵景区门口、上街游行、暗中破坏旅游设施等。另外，外来企业的激励制度与约束制度的缺失，导致企业逐利的短视机会主义明显。

第四节　民族旅游村寨合作共治模式的路径探索

一　民族旅游村寨合作共治模式的理念构建

"公共性"作为一个抽象的概念和价值取向，有着丰富、动态的内涵。在价值层面上，"公共性"是一种道德关怀，彰显社会公平与正义；在利益取向上，"公共性"关注社会的普遍利益和长远利益，致力于实

---

① 罗伯特·D·帕特南. 使民主运转起来 [M]. 王列等，译. 江西人民出版社，2001：195-196.
② 余军华. 公共治理：概念与内涵 [J]. 中国行政管理，2013（12）.
③ 宋煜萍. 公众参与社会治理：基础、障碍与对策 [J]. 哲学研究，2014（12）：90-93.

现公共利益。①从社会建设的角度讲，"公共性"既是社会建设的重要目标又是社会建设的支撑性条件之一。②作为政府的治理理念，"公共性"揭示了政府存在的价值和理由，体现人民主权和政府行为的合法性原则，行政若背离公共性就不能称之为"公共行政"③。在民族村寨旅游开发进程中，无论是作为价值取向、利益分配、社会建设目标还是治理理念，"公共性"的缺失依然是景区治理面临的挑战。理念是行动的先导，"公共性"理念是促成政府、企业与村寨社区良性互动的先决条件，缺少公共性的价值取向与理性追求，将使多方合作治理与旅游业可持续发展举步维艰。

二　民族旅游村寨合作共治模式的主体构建

一是民族村寨旅游发展进程中政府治理能力的提升。毋庸置疑，我国现有体制下的社会治理变革，需要发挥政府"元治理"的作用，做好公共事务治理的顶层设计，对不利于公共事务治理的体制机制问题进行改革和创新，破解体制内公共事务治理碎片化的组织困境，成为公共事务治理结构改革的重要组织者和推动者。受传统思想的约束与限制，民族村寨部分村民的公共意识薄弱。因此，在旅游开发进程中地方政府应积极搭建村民参与的公共互动平台，让村民通过参与平台充分交流、沟通、协商与合作，逐步形成对公共利益的信仰和承诺，克服利己主义的短视行为。

二是推动村寨组织的建设与发展。在村寨旅游发展中，村寨组织在人事任免、决策规划、集体行动等方面都有较多束缚，没有充分发

---

① 王乐夫，陈干全.公共性：公共管理研究的基础与核心 [J].社会科学，2003 (4)：67-74.

② 李友梅，肖瑛.当代中国社会建设的公共性困境及其超越 [J].中国社会科学，2012 (4)：125-135.

③ 公维友，刘云.当代中国政府主导下的社会治理共同体建构理路探析 [J].山东大学学报（哲学社会科学版），2014 (3)：52-59.

挥承接政府转移职能和增强村寨自治的功能。因此，地方政府制定措施推进村寨组织的发展成为转变政府职能和创新社会管理的必然要求。一方面，要加快组织"去行政化"进程，剪断政府部门、旅游公司与村寨组织之间的利益链，让组织回归村寨。另一方面，针对村寨组织发展的现实困境，需设立专项基金和激励基金，打破地方政府与村寨组织之间不合理的利益关系，推动村寨组织回归村寨。政府通过向村寨组织授权和购买服务的方式，增强村寨组织的服务功能，把村寨组织打造成村寨建设的主体，拓宽村寨组织和村民参与景区治理的渠道与路径，引导社会各方面积极有效地参与景区公共事务管理，增强村民对村寨的信心与认同感。与此同时，改变政府在景区管理中包揽过多的制度安排，实现政府治理和社会参与良性互动。完善政府与村寨组织的长效沟通机制以及村寨组织决策参与机制，发挥村寨组织反映民意、维护群众利益、化解社会矛盾等方面的中间作用，实现国家与社会良性互动。

三是培养积极主动的村民。将引导、宣传、塑造公共美德与村寨文化建设有机结合。民族村寨受地方传统的深刻影响，社会舆论对村民及村干部的行为具有天然的约束功能，这为构建村寨舆论监督机制奠定了客观的社会基础，为非正式制度效应的有效发挥提供了空间。对此，应扩大村民的知情权，将损害村民和村庄利益的行为公布于众，使违规者暴露于村民的舆论监督下，由此形成长期舆论约束。

我国社会治理的变革和调整，其原动力来自国家权力的积极推动。党的十八届三中全会要求，政府在治理新型范式下应该注重强化公共事务治理的顶层设计，着力破解体制机制层面的突出问题，发挥其凝聚能力、资源整合能力、责任控制能力，做公共事务治理的重要组织者、推动者、参与者、服务者。提升民族旅游村寨政府治理能力，核心是转变政府职能，关键是要正确处理好政府和社会的关系，强化政府社会管理和公共服务的职能。在处理与村寨关系时，地方政府需要积极转变职能，逐渐退出景区经营，成为市场规则的"主导者"和"制定者"、利益博弈的"协调器"与"平衡器"、景区公共服务的"推进者"。

三　民族旅游村寨合作共治模式的利益构建

利益是合作治理的黏合剂，利益分配的关键在于平衡不同行动主体的多元诉求，在分工合作的基础上形成风险共担、利益共享的新秩序。在民族村寨旅游开发进程中，地方政府、外来企业在思想上应充分认识人力资本的内涵属性和旅游吸引力的构景价值所在，并从村民的利益出发，赋予村民利益表达的机会，引导村民通过正式渠道理性表达诉求，化解矛盾。考虑到村寨受益不均的客观现实，在景区建设、经营管理中，应优先考虑招收难以获益的村民，增加村民的工资性收入。另外，需通过旅游路线的设计，把游客引向不同区域，增加不同区域农民的获益机会。从公司与农户的关系来看，大部分民族旅游村寨因无法从根本上解决旅游公司与农户之间的利益关联机制问题，从而难以对村民违规建房、带领游客逃票、违规占道经营等机会主义行为产生内在约束。从长期来看，稳定旅游公司与农户的关系，需要将旅游公司与农户捆绑为一个利益共享、风险共担的共同体，在壮大公司实力的同时激发村寨居民参与的内在动力。

四　民族旅游村寨合作共治模式的场域构建

在民族村寨旅游开发进程中，外来行动主体与村民之间的信息不对称以及决策偏好，导致双方互不信任，合作难度增加。为推动双方合作，需要以村寨重大事务为契机，构建公共事务协商的场域，为合作治理提供空间与平台。各种不同意见与诉求通过公共场域得以充分表达，在此基础上达成的公共政策与制度规范具有较强的稳定性和权威性，易得到参与主体的普遍认可，降低集体行动与协同治理的成本。但公共性的生成不可能一蹴而就，需要逐渐推进。通常来讲，场地、活动经费和组织机制是"公共性"形成的基本条件，三者缺一不可。公共生活的开展不仅需要组织者、需要场地和经费，更需要得到社区居民的积极参与和合作。①近年来，项目入村与资本下乡似乎为社区公共生活的形成提供了物质基础。但现实情况并非如此，很多项目入村抑或资本下乡，这些资源的输入不仅未能撬动社区公共生活，当地百姓对输入的资源或项目漠不关心，有的乡村还因为资源输入过程中的制度设计考虑不周，导致乡村公共性被侵蚀，甚至撕裂乡村社会原有的社会关系。因此，无论是项目下乡还是资本入村，都需要通过组织体制的改革和创新，将资源输入与村民自治建设有机结合，培育村寨公共性。在这方面，成都市无疑走在了全国的前列。成都改革的意义在于，将公共服务和社会管理改革机制与村级民主机制结合，使公共服务的提供能建立在村民民主讨论的基础上，这种结构是一种典型的促能增效的模式。它能将行政主导与农民的主体地位很好地结合起来，从而通过行政力量提升农村治理能力。②

　　民族村寨公共空间的功能存在差别，公共空间的关联性越强，公共空间在村寨中的地位越高，越能获得人们的关注。关联性强的公共空间甚至会产生集聚作用，不仅会产生公共空间资源和人力资源的集聚，更容易形成舆论等非正式制度。不仅如此，这样的公共空间事关众多人的利益，因此，制度引援成为必要。在民族旅游村寨合作治理中，地方政府如果能以公共事务为载体，充分考虑当地的历史、文化、社会结构以及村民的利益，将资源注入村寨，充分挖掘治理的地方性智慧，发挥村民的主体性作用，通过民主决策、管理、监督实现公共事务的治理，这样有助于培育共同体，将外部力量有机嵌入村落已有的权利结构中，获

---

① 黄平，王晓毅.公共性的重建——社区建设的实践与思考［M］.北京：社会科学文献出版社，2011：245.
② 郁建兴.从行政推动到内源发展：中国农业农村的再出发［M］.北京：北京师范大学出版社，2013：212.

得村民认可，达到善治的目标。

如今，"信息社会已不再是一个乌托邦式的美好憧憬，而是一种已经、并正在加速变成现实的技术社会形态"。[①]信息技术与大数据为景区治理提供了更加开放多元的公共平台，这一虚拟平台使参与者不受时间和空间的约束，将参与者有效组织起来，借此表达参与者的诉求和意愿。在这样的治理背景下，地方政府应以网络空间为载体，及时发布与村寨发展相关的信息，汇集与旅游业发展相关的公共议题，动员村民参与公共政策的制定和修改、公共事务的管理与监督。村民若有疑虑、困惑和不满，可选择网上沟通、网下解决的办法。当然，网络空间作为公共平台，表达诉求不应逾越法律和伦理底线，网络言论、行为都应有边界，不应该也不可能为所欲为，否则网络空间将损害社会的公共价值。

五　民族旅游村寨合作共治模式的制度建设

在民族村寨旅游开发进程中，多元主体理性的扩张无疑增加了协同治理的难度。要从个体理性走向集体理性，应是一个激励的过程，是一个制度化的过程，需要通过制度建设来弥合个人理性与集体理性的裂痕。制度包含正式制度与非正式制度。

正式制度是指人们有意识地制定并有相应机构负责强制执行。如《文物保护法》、具有法律效力的旅游规划、村民与旅游公司签订的租赁合同等。有效运作的制度往往是由一系列具有有机联系的制度体系所构成，包含组织制度、管理制度、监督制度、利益分配制度、补偿制度等。因此，在村寨旅游开发进程中，地方政府应不断根据形势变化和景区出现的新情况、新问题，及时引导村寨对制度进行调整和创新，将新事物和新问题尽快纳入制度体系。在制定过程中，《文物保护法》、《旅

---

① 孙伟平，赵宝军.信息社会的核心价值理念与信息社会的建构［J］.哲学研究，2016（9）：120-126.

游法》、中央政策和地方性法规等应与村规民约有效衔接，使制度嵌入村寨内部并获得生长点，避免村民与旅游公司各行其"是"。当然，完善的制度安排应该是规范性制度安排和惩戒性制度安排的统一，明确应该做什么、不应该做什么、必须做什么、不能做什么等问题。如果制度本身刚性不足，即制度安排与制裁手段脱离，势必会导致行动主体的投机行为，使制度的执行力受到影响。①

在重视正式制度建设的同时，村寨特殊的社会环境为非正式制度效应的有效发挥提供了空间。非正式制度如道德观念、风俗习惯、信用与声誉等。在民族村寨旅游开发进程中，地方政府、旅游公司与村民之间如果完全依靠正式制度来约束双方行为，会因为农户分散、信息不对称而无法起到应有的约束作用。值得关注的是，村民之间天然存在的亲缘、血缘和地缘关系以及在此基础上形成的道德、习俗和信任等非正式制度，一方面能够对分散农户的机会主义行为进行监督和约束；另一方面容易将村民有效组织起来，对地方政府和旅游公司的行为产生约束。

在地方政府、公司与村寨合作治理中，信任是促进治理的关键因素。在一个有高度信誉和易于合作的组织中，行动主体的合作成本较低，而且容易开展大的联合行动；反之，交易关系维系的链条会很脆弱，维持和运作成本会很高，合作和联合行动也难以做大。②因此，外来利益主体与村寨通过长期合作建立起来的信任对双方而言是一份具有很高价值的资产。但建立信任是一个长期重复的博弈过程，不可能一蹴而就。在村寨旅游开发进程中，地方政府与旅游公司可考虑完善相应的信息发布机制，让当地村民对景区发展的战略规划、经营目标、利润分成等问题充分了解，逐渐产生信任。地方政府与旅游公司在合作过程

---

① 卢福营.冲突与协调——乡村治理中的博弈［M］.上海交通大学出版社，2006：62-63.

② 周立群，曹利群.农村经济组织形态的演变与创新——山东省莱阳市农业产业化调查报告［J］.经济研究，2001（1）：69-75，83.

中，注重公共空间的营造，汇集与旅游业发展相关的公共议题，整合多元主体，让村民表达诉求，对重大决策进行集体协商，形成共识，降低决策的执行成本。另外，外来的旅游公司与村寨没有血缘、亲缘关系，是一个"外来者"，村民猜忌、不信任在所难免。对此，旅游公司应考虑选择村寨服务为切入点，构建"新熟人社区"。如积极参与村寨的传统文化活动，并给予物质上的帮助和支持，在与村民的集体行动中逐渐培育具有法律和契约精神的"新熟人社区"，构筑互信、互惠和守望相助的社区公共文化。针对村寨中的弱势群体，如老年人群体，旅游公司应积极践行社会责任，除了给予老人物质上的帮助和支持外，还应尽可能为老人们创造发挥自身所长和参与公共活动的平台，通过部分履行家庭赡养功能改善与村民的关系，增强凝聚力，通过与村寨长时间、经常性的互动，最终形成稳定的社会关联、社区情感和社区公共文化。

第六章

民族旅游村寨治理模式：实践逻辑、研究反思与未来展望

第一节　民族旅游村寨治理的实践逻辑

　　中国地域广阔，历史文化底蕴深厚，各少数民族村寨的地域环境、历史文化、生计方式、权力秩序与社会结构差异较大。正因为如此，费孝通先生早在20世纪80年代就指出："因为各地所具备的地理、历史、社会、文化等条件不同，所以在向现代经济发展过程中采取了不同的路子。不同的发展路子就是我所提出的不同发展模式。"[①]因此，"农民自己搞工业，不同的地方，由于条件和基础不一，会有很多不同的办法。中国地方很大，各地条件不同，农民要富起来，要根据各地不同的条件，创造很多不同的模式"。[②]费孝通有关区域发展模式的论述给我们研究民族旅游村寨治理模式提供了重要启示。笔者在对贵州民族旅游村寨长期跟踪研究中发现，即使在同一县域内，同族群的西江苗寨、郎德上寨形成了两类不同的治理模式。表面看，西江苗寨与郎德上寨的旅游发展与治理模式的形成似乎都是当地政府推动的结果，但深入研究后发现，两个旅游村寨发展进程中治理模式的

[①]　费孝通.农村·小城镇·区域发展——我的社区研究历程的再回顾 [M] //费孝通.费孝通文集（第十五卷），北京：群言出版社，2001: 5.

[②]　费孝通.从"江村"到"温州模式"[M] //费孝通.费孝通文集（第十一卷），北京：群言出版社，1999: 344.

形成实际上是地方政府和村寨内部治理要素在不同时空条件下相互形塑的结果。

民族旅游村寨具有不同于民族村寨、自然景区以及人造景区，以人为主体的活态景区的特征尤为明显。村寨向景区转换过程中，村寨空间与景区空间重叠，村寨资源产权模糊，利益交叉密集，地方政府和外来资本的进入使利益主体多样、目标多元，在此过程中权力网络、市场规则与传统制度相互交织，公共事务治理的复杂性凸显，治理难度增加。自旅游开发以来，中国民族村寨经历了翻天覆地的变化。这样转型、复杂与多元逻辑嵌套的社会，无疑给从事社会科学研究的学者提供了千载难逢的机遇。然而，村寨中扑朔迷离的场景、事件，无疑又增加了村寨治理研究的难度。

民族旅游村寨治理结构与模式不可能一成不变，任何试图一劳永逸建构所谓完善、稳定的治理模式或治理结构的尝试都是注定要走向失败的。在民族村寨旅游开发进程中，内外环境的变化、不同行动主体的进入与退出、游客规模和结构的改变，都将会影响民族旅游村寨的治理结构与治理机制，旅游开发进程中各类公共事务治理结构与机制的调整或创新也就成为必然。同时，全国各地民族村寨旅游发展进程的差异，使这一研究需要广泛、深入地展开，才能对民族旅游村寨治理的一般逻辑与规律有全面的把握和认识。上述民族旅游村寨的治理实践及其内在逻辑为我们展开研究提供了丰富的素材。然而，从现有的研究来看，有关民族旅游村寨治理模式的研究存在以下问题和不足，亟须反思，并引起重视，这样才能真正将民族旅游村寨治理模式的研究推向深入。

第二节　民族旅游村寨治理模式研究的反思

一　概念与理论上的"先入为主"

社会科学具有鲜明的时代特征和地域特征，中国社会科学的主要目标是理解中国实践。[①]在一次全国性的关于民族旅游研究的学术会议上，一位大会主题发言人指出，当前中国的民族村寨旅游研究不具有本土化的特色，无法触及民族旅游村寨内在的关键环节。然而，当发言人介绍其近几年指导的博士、硕士的论文选题时，却一如既往地聚焦于旅游研究的热门话题。诸如"社区参与与增权""原真性""空间生产"等。上述概念或大词几乎完全来源于西方国家。这样在概念层面讨论中国的民族旅游村寨相关问题，会带来什么样的影响和结果？这是接下来要讨论的问题。

概念、理论是我们认知世界的工具。然而，概念在为我们提供认知世界的机会和可能的同时，也遮蔽了深度认识世界的绝佳机遇。这警示我们：概念与理论是从事社会科学研究的重要凭借，但绝不能盲目、简单地套用概念与理论。彭加勒在《科学与假设》中提出："在研究一个问题之前，研究者必须提出一个假设，用来解释他的研究可能得出的结果。这个假设不应限制研究者收集具体的资料，而是指导他按照肯定该假设和否定该假设的方式选择并组织资料。如果这个假设不能够解释结果，就要对其做修正，或用一个新的假设替代它，然后作进一步地调查。研究者必须对其初步结果中不规则的东西做出解释，反复修改最初的假设，并继续其调查，直到建立起一个令人满意的命题。"[②]过去数

---

① 贺雪峰.新乡土中国［M］.北京：北京大学出版社，2013：414.
② 转引自马若孟.中国农民经济［M］.南京：江苏人民出版社，1999：28.

十年来，西方学术界对于中国问题的解读发生了明显的变化，不再是发现中国实践中与西方相通的东西，而是倾向于用中国的特殊性来解读中国的经济、政治体制以及社会转型实践等。美国著名学者阿图罗·埃斯科瓦尔曾指出："中国发端于20世纪70年代晚期的深刻转型与改革开放需要中国自己的学术研究和解释框架。"[①]黄宗智在不惑之年强调，研究中国需要"在最翔实可靠的经验证据的基础上来决定对不同理论及其不同部分的取舍，采用的是结合多种理论传统中洞见的方法。整个过程中的关键是不墨守任何一种理论，而是针对实际而'活学活用'现有理论资源，并且随时按需要而建构新的概念——只要其有助于理解自己所看到的经验实际"。[②]西方学派对中国研究范式的转化，为我们研究中国民族旅游村寨治理模式提供了思路与范例。

笔者对国内有关民族旅游村寨治理的文献进行深入研究发现，大部分的研究成果将源自西方社会特定环境下的概念去历史化、抽象化，先入为主，带着理论假设到田野中寻找素材来论证理论的合理性和存在价值。在西方话语的框架下讨论中国的问题，对西方学者而言，有一种天然的亲和力，研究成果自然容易得到西方学者的认可和接受。遗憾的是，这样的研究范式使研究者难以敏感地发现田野中有价值的"问题"，当然也就无法对田野中"问题"本身的内在逻辑与演化规律展开有价值的分析，最终陷入为西方理论"打补丁、修边角"的尴尬境地，无法凝练并创造出基于本土特色与地方经验的原创性概念，形成理论自觉和文化自信。最终，民族旅游村寨治理实践所蕴含的深层理论研究价值，以及丰富鲜活的案例素材与经验事实，被理论的普世话语所淹没。从学术创新和研究发现的角度来讲，学术研究就是要按照一定的研究范式，对

---

① 阿图罗·埃斯科瓦尔.遭遇发展——第三世界的形成与瓦解［M］.北京：社会科学文献出版社，2011：2.
② 黄宗智.实践与理论：中国社会、经济与法律的历史与现实研究［M］.北京：法律出版社，2015：667.

已有的研究成果或概念持怀疑甚至否定的态度。然而，以概念和理论为导向的研究范式容易导致研究者在既定框架下凝练问题，展开研究。这样的研究很难突破既定框架，找到创新点。

田野调查是调查者与被调查者互动并逐步建立信任关系的过程。研究者进入田野访谈被调查者时，被调查者同样希望了解研究者的背景、调查目的、调查内容、调查结果与村寨之间的关系，然后再决定对调查者的态度。这样的调查过程很微妙，一旦被调查者发现调查者的关涉深浅与范围、对村寨的熟悉程度、研究水平、调查态度与其预计有出入，被调查者往往不愿接近调查者，更不用说接受深度访谈。在许多"学术名村"，被调查者经历了诸多研究者的"洗礼"，那些带着理论预设来论证理论合理性的访谈者，往往很难得到村民的认可和支持，访谈效果自然会大打折扣。

二　忽视了民族村寨的社会结构、文化机制与村民的主体性

20世纪50年代，美国哥伦比亚大学著名的社会学教授米尔斯出版了著作《社会学的想象力》。作者将个人困扰和公共问题连接起来，从个人或群体在社会中所处的位置来判断他们获得各种资源和机会（如教育、就业、安全等）的可能性，凸显了结构力量如何形塑和影响我们的生存机会和人生境遇。在日常生活中，结构的力量无所不在，社会学的想象力也无处不在。①深陷西方社会结构与文化逻辑中的研究者建构的概念与理论是西方社会科学家在观察西方社会现象的过程中总结的，西方社会科学家所观察到的正式的制度、组织、机构以及非正式的风俗习惯等，都有其产生的特定原因和发展的内在逻辑。中国学者将解释西方社会的概念机械地应用到中国，而不是用科学的方法来观察中国社会。这样概念与理论上的"先入为主"牵引着研究者将关

---

① 晋军.结构的力量："泰坦尼克号"上的生与死［J］.读书，2016（8）：77-83.

注的重点聚焦于理论本身，研究路径往往朝着"理论—田野中收集资料—回到理论"的单循环方向。这样的研究路径因受框架所限，容易忽视村寨内部的社会结构、文化机制与村民的主体性等问题，造成研究者无法真正把握村寨的整体性与本体属性，对处于复杂环境中的民族旅游村寨治理的研究也就只能浅尝辄止、隔靴搔痒。除了带着概念与理论进村，还有一些研究者携带规范性、结构性的问卷入村。为了进行问卷调查，研究者常常在入村前准备一份结构完整的问卷，所需观察的事项预先在问卷中确定好。这样的研究设计看似规范、科学，然而，对于严肃的科学调查来说，一份在缺乏对所要观察社区的结构完整认识的情况下制定的问卷，即使没有误导之嫌，也是无用的。[①]这类过度重视"科学"而缺失"社会"内在要素的研究，很多都是肤浅的"科学"。如果不能说是伪科学的话，很多严格来说只是对一般寻常见识的形式化表述。[②]

民族村寨旅游开发是民族文化市场化的转化过程，无论过程多么激进，都只有通过利用可供转换的条件机制才可能发生。离开条件机制谈转化，会使我们的研究无法触及对象的深层结构，浮于表面。如费孝通先生所言，任何社会绝不会有一天突然变出一个和旧有结构完全不同的样式，所谓社会变迁，不论怎样快，也是逐步的；所变的，总是整个结构中的一小部分。[③]但遗憾的是，国内大部分有关民族旅游村寨治理模式的研究或因为学科视野所限、理论准备不够，或对田野点跟踪时间不长，并没有将治理模式嵌入当地的社会结构与文化机制中展开研究，自然无法发掘和理解民族旅游村寨治理模式背后诸多不易被发现的结构性力量和制度逻辑。一次在西江苗寨的田野调查中，笔者询问房东寨中"苗王"（鼓藏头，民间领袖，负责当地的祭

---

① 费孝通.费孝通全集（第三卷）[M].呼和浩特：内蒙古人民出版社，2009：209.
② 郑永年.中国的知识重建[M].北京：东方出版社，2019：26.
③ 费孝通.乡土中国 生育制度[M].北京大学出版社，2012：76.

鼓仪式）家如何走？房东回答："你要去灭亡家。"起初，我以为我没听清楚，或者对方发音不准。我又再次问道："就是你们村里的鼓藏头家。"对方回答："我知道，鼓藏头家，我们不叫'苗王'，当地村民都叫他'灭亡'。"这矛盾称呼引起了笔者的兴趣，为什么地方政府和旅游公司努力塑造的"苗王"，到了百姓口中变成了"灭亡"？了解西江苗寨的历史文化与治理传统的研究人员都知道，在当地治理结构中，民间精英的权威与财富、权力并没有必然的关联，权威获得源自自然承袭或精英在村寨中为村寨做出的贡献。对鼓藏头的表述差异，背后经历了哪些事件？地方政府、市场力量的介入导致当地的社会结构出现了什么样的变化？这些问题都值得从治理视角展开讨论。经过讨论，笔者凝练出"苗王抑或灭亡——民族村寨旅游开发进程中传统精英角色表述差异"的选题。如果对当地历史文化、社会结构不熟悉，研究者不仅无法凝练出这样有价值的选题，还很有可能让这样有价值的话题轻易划过去。

中国现代化进程中，农民并非是"历史的弃儿"，也不是拖历史"后腿"的被改造者，而是具有自主性的推动制度创新的重要主体。[①]在民族村寨旅游开发进程中，面对地方政府、外来企业的强势进入，当地村民常常借助村寨社会网络和历史文化传统中蕴含的组织资源合理应对，甚至巧借在与外来利益主体互动与博弈过程中所建构起来的规则与秩序，以及地方性治理智慧和社会资源，表达诉求。然而，在村寨旅游研究中，这样的地方性知识深藏于当地村民的日常生活与惯例习俗中，具有较强的隐蔽性与动态性，常常为人们所忽视，或因外来研究者学术修为不够、知识能力有限而被视为当然存在。如果研究者总是带着体制内教育的优越感进入田野，田野点居民的主体性价值和地方性知识容易

---

① 应小丽.农民自主行为推动制度创新的社会基础——新中国成立以来浙江农村经验的分析［J］.中国农村研究，2010年卷·上：190.

被我们所携带的"先进理论"所忽视和遮蔽。在民族村寨旅游开发进程中，大量的地方性知识在各民族交往中以及景区治理结构中应扮演怎样的角色？如何认识地方性知识实现价值的各种转换机制与条件？处于现代社会发展边缘的民族所具有的知识如何在积极参与主流世界的交往中发挥更大的作用？这些问题都是治理研究应该给予重视的。

三　横向比较与层次分析不足

在民族旅游村寨治理模式研究中，加强个案之间的横向比较研究，是突破个案研究的局限，拓展与延伸个案研究，逐步从局部走向整体、由点及面，从而达到了解我国民族旅游村寨治理模式整体面貌的需要。从学术研究的进路来说，在互相比较中看出同类村寨的差别，再从各村寨具体条件出发去找出差别的原因，这样才能进一步看到村寨发展和变动的规律，进入理论的领域①，并深化对个案的认识，总结、凝练出民族旅游村寨治理的结构属性与特征，治理结构或模式作为一种外在表达自然也就清楚了。然而，在此前有关民族旅游村寨治理结构或模式的研究中，理论界常通过抽象化和理想化的模型来显示整合了的概念或事物系统的内在联系与逻辑。如政府主导型、企业主导型、社区主导型或者混合治理型模式。结构性的理想模型有助于了解民族旅游村寨一些基本的、宏观上的差异。然而，中国自近代以来，传统与现代始终是相互交织在一起的。用某一治理模式或结构来理解一个多种系统长期并存、传统与现代相互交织互嵌的民族旅游村寨是不够的。

建立在横向比较基础上的类型学研究有助于我们深刻认识并把握中国民族旅游村寨的内在属性与结构特征，但即使是把所有的村寨类型都研究一遍，把所有这些类型都加在一起，也始终没有走出村寨层次，同样还不能得出民族旅游村寨的全貌，因为整个中国的乡村文化和社会并

---

① 费孝通. 社会调查自白［M］. 北京：北京出版社，2017：130.

不等于许多民族旅游村寨所加在一起的总数。村寨固然是中国文化和社会的基本方面，但是除了这基础知识之外还必须进入从这基层社会所发展出来的多层次的社会，只有进行实证的调查研究，才能把包括基层在内的多层次相互联系的各种社会综合起来，才能概括地认识"中国文化和社会"这个庞大的社会文化实体。①当前，城乡互动所发生的信息流、旅游流、资源流以及在此进程中的文化碰撞与交融为我们认识"转型"语境下的民族村寨旅游及其治理模式提供了重要视角。除此以外，小城镇作为民族村寨与城市之间的过渡形态，作为中国农村基层最为重要的政治、经济、文化甚至社会交往的中心，也是民族旅游村寨治理研究不可忽视的环节。

四　缺少长期田野追踪与纵向历史观照

科学研究最基本的两个层面为：在多案例基础上横向层面的共性考察；纵向层面的因果考察或逻辑推演。从我国现实研究来看，大多研究往往是在课题支撑下展开的，课题的时限性要求课题组成员在规定的时间内完成研究，课题结束，调查研究也随即停止。这样的研究过程既缺乏长期田野跟踪，也缺乏历时性研究。研究中，课题组成员虽获得了多样本之间的共性，但对样本的结构属性尤其是样本的变化关注不够。实际上，无论是村寨旅游研究问题的浮现，还是研究结论的得出抑或原创性问题的凝练，都需要长时间连续不断的田野追踪。人类学主张与被调查对象"同吃、同住、同劳动"，为了更好地了解被调查对象行为的文化逻辑。美国学者怀特历经几十年深入观察并最终完成《街角社会》。费孝通先生在完成《江村经济》后，还曾多次回访，于晚年关注小城镇与乡镇企业，将村落研究提升至乡镇层面，进一步深化对中国乡村的认

---

① 费孝通.江村经济——中国农民的生活［M］.北京：商务印书馆，2006：327-328.

识。社会学家周雪光通过对中国北方一个农业镇推行"村村通"修路工程的调查，讨论乡村公共产品供给中国家与社会关系及其对乡村治理结构的影响。[①]综上，为了消除课题导向带来的研究缺陷，我们需要不断否定和反思前期已有的研究成果，在已有研究的基础上纵深推进，沿着一定的学术进路，持续不断进行追踪研究。以笔者长期关注的田野点——贵州郎德上寨为例，笔者对郎德上寨旅游运行的认识最初来源于已发表的文献。受已有文献的影响，最初入村时，笔者将村委会、旅游接待小组两个不同性质的组织视为"两块牌子，一套人马"。然而，笔者连续三年[②]参加郎德上寨的招龙仪式，2016~2019年连续四年参加村寨的扫寨仪式，逐渐对村内两个组织的角色、功能、组织性质以及组织间关系有了较为全面的了解。实际上，组织的权力来源及合法性权威生成、组织运行的经费来源及经费开支范围、组织开展活动的内容以及负责人的选举等都有明显差异。村内两种不同性质组织的博弈与互动，推动了村民自治的深化，增强了村寨的集体行动能力。

除了对民族旅游村寨进行长期田野跟踪，将田野点相关话题嵌入长期历史演化进程中也尤为必要。马克思提出"人们自己创造自己的历史，但是他们并不是随心所欲地创造，并不是在他们选定的条件下创造，而是在直接碰到的、既定的、从过去继承下来的条件下创造。"[③]国内著名学者曹锦清曾指出："历史如同一条源远流长的河，河在某处转弯，在某处汇入新的支流，在某处突然中断形成瀑布，在某处突然停滞形成大湖，然而却依然是同一条河。历史亦是如此。就中国的农业、农村、农民社会与地方政府关系而言，历史的继承性远

---

① 周雪光. 通往集体债务之路：政府组织、社会制度与乡村中国的公共产品供给 [J]. 公共行政评论，2012（1）：46-77.

② 笔者于2008年第一次进入郎德上寨，2014~2016年，连续三年参加村寨举办的招龙仪式。

③ 马克思. 路易·波拿巴的雾月十八日 [M] //马克思恩格斯选集（第一卷）. 北京：人民出版社，1963：585.

远超出它们的表面变化。"①因此，在民族旅游村寨研究中，如果不了解村寨历史以及现代国家建构历程，就无法真正理解现存的治理模式的来龙去脉。在前面的案例研究中，无论是全民参与，以"工分制"为分配特征的郎德模式，还是地方政府主导，村民参与的西江模式，均体现了历史演化进程中治理模式的实践。在对西江苗寨"政府主导、社区参与"的治理模式研究中，笔者一直对地方政府和村寨之间的关系存有困惑。与全国很多以村寨（落）为载体的景区类似，西江苗寨旅游发展进程中出现了政府、旅游公司与村民之间的矛盾，个别村民甚至在自家屋檐上插白旗以表达不满。上述事件出现后，部分到西江旅游的外来游客，以及个别专家学者对事件表示担忧，甚至在网络上传播一些不当言论。但事件最终处理结果显示，西江苗寨的每一次对抗性事件最终都能在村寨内部得到圆满解决，并没有出现上访的情况。为什么看似激烈的冲突最终能在村寨内顺利平息，而并没有像一些民族村寨景区那样出现上访的情况？一次偶然的机会笔者和苗学研究专家讨论该问题，该专家告诉笔者："早在晚清政府推行'改土归流''开辟苗疆'政策时，西江苗寨村民欲与清朝军队抗争。后通过村民集体协商并在村寨内部达成共识'为保护全寨人的安全，避免流血牺牲，村寨将派出代表到当时驻扎清军的重镇——台江县施洞镇，与当时驻军首领谈判'，最终保住了整个村寨。"民国时期以及新中国成立后，当地均出现过村民和地方政府博弈的重大事件，最终事件均在村寨内得以平息。这实际上意味着西江苗寨历史上就有与政府博弈互动的经验与传统，西江苗寨旅游开发进程中出现的几次村民与旅游公司、政府有矛盾的事件，是历史事件在当地的延续和再现。综上，民族旅游村寨处于传统与现代的历史转换之中。那些能够对现代社会产生深远

---

① 曹锦清. 黄河边的中国——一个学者对乡村社会的观察与思考［M］.上海：上海文艺出版社，2000：243.

影响的本源型传统，构成现代社会发展的基础性制度，是现代社会的历史起点和给定条件。在探索现代社会发展道路的过程中，注重传统的"延续性"与注重超越传统的"创新性"同样重要。

五　过程与微观机制分析以及国家建构视角的缺失

民族旅游村寨治理研究关注的是正式的制度、组织、机构，以及非正式的风俗习惯等。这些事务有其产生的深层原因和发展的内在逻辑，不是宏观、中观视野及理论框架与短期的田野工作所能阐释。在民族村寨旅游开发进程中，旅游者流动与集聚引发的资本、权力的进入，以及村寨内部因收入、资源接触而产生的分化，加之村寨与景区叠合导致多元制度逻辑嵌套无疑都增加了公共事务治理的难度。在村寨与景区叠合、行动主体相互形塑的空间场域中，公共事务的治理异常复杂，并呈现过渡与渐变的特征。在这样特殊的场域中，各行动主体一方面受到相互建构所形成的复杂多元的场域规则的制约，另一方面各行动主体充分发挥主观能动性，充分利用场域中的资源、机会与条件，实现自身的目标与诉求。在这样复杂多元、动态演化的旅游场域中，任何单向与线性、静态与动态、单一学科的理论与研究方法都难以回应民族旅游村寨场域中的公共事务。针对已有的民族旅游村寨治理研究中理论与方法方面存在的不足，社会学学界倡导的"过程—事件"①分析研究方法，给我们重要启示。该方法将公共事务治理看成一个动态的过程，强调要抓住重要事件，用细密的过程叙事来展示参与主体之间极其微妙的互动过程。正是在这种过程中，无论是国家的因素还是本土的因素，无论是正

---

① 孙立平."过程-事件分析"与当代中国国家-农民关系的实践形态［M］//清华大学社会学系、清华社会学评论特辑，鹭江出版社，2000；应星.大河移民上访的故事［M］.北京：生活·读书·新知三联书店，2001；吴毅、小镇喧嚣：一个乡镇政治运作的演绎与阐释［M］.北京：生活·读书·新知三联书店，2007；应星.村庄审判史中的道德与政治——1951-1976年中国西南一个山村的故事［M］.北京：知识产权出版社，2009.

式的因素还是非正式的因素，无论是结构和制度还是文化的因素，都以一种复杂的方式交融在一起。①"过程-事件"分析法有助于揭示民族村寨旅游场域中种种复杂而隐秘的关系，有助于更为全面、客观、准确地把握旅游开发进程中公共事务的多元逻辑嵌套特征，并找寻解决之道。

随着现代国家的发展，基层社会愈来愈被国家所塑造。国家与社会的相互渗透，使人们很难找到一个国家与社会之间的清晰界限。对于中国来说，国家视角更为重要；离开国家，我们根本不可能全面深入地理解农村社会。②因此，对民族旅游村寨治理模式的研究，必须将模式嵌入国家与社会双向互动的历史进程中，这样才能全面、系统地认识治理结构的特征。虽然近年来民族旅游村寨治理的相关研究也有国家视角的观照，但主要停留于单一、静态的视角，无法将国家与村寨的关系嵌入动态、双向的发展过程中，尤其是"过程-事件"分析研究框架，导致治理研究停留于较为简单的表象层面。未来有关民族旅游村寨治理的研究，应以村寨重大事件为观测对象，将国家与村寨社会的互动关系嵌入整个事件中，发现地方政府与村寨社会诸多隐秘而非正式的关系。而正是这样隐秘而非正式的关系不仅为我们找到了学术研究新的进路，同时也有助于探寻解决民族旅游村寨公共事务治理的有效路径。

民族旅游村寨治理模式的研究，需要通过对村寨进行长期跟踪调研和深入研究，在扎实的经验研究的基础上通过多学科视野和研究范式转换使研究的"问题意识"真正根植于村寨社会本身，形成对中国民族村寨旅游经验的把握，使村寨治理模式的研究具有扎实的学理基础，避免盲目套用西方理论对中国民族村寨形成切割式、碎片化式的研究，在此

---

① 应星. 农户、集体与国家——国家与农民关系的六十年变迁 [M]. 北京：中国社会科学出版社，2014：4-5.

② 徐勇. 现代国家、乡土社会与制度建构 [M]. 北京：中国物资出版社，2009：50-51.

过程中逐渐凝练出原创性命题，形成有中国主位视角和主体性特征的村寨旅游研究。①

第三节　未来展望：迈向实践的民族旅游村寨治理模式研究

费孝通强调："科学研究的观察与一般的观察不同，它是一种带有目的的有计划的观察，即为获取原始资料而进行的观察。科学研究不能离开原始资料，而原始资料的可靠程度，就在于我们对事物观察的细致、全面和科学性。"②从这一角度来说，研究首先要将事实描述清楚，没有第一手资料，就难以做出一流的学问。③总体来讲，当前我国以村寨为载体的旅游研究，或因为缺少完整的基线调查，或因为缺少长期跟踪，或因为受前期理论框架的影响，导致无论是对旅游事项的逻辑表达与准确描述，还是对村寨内部结构的认知，都远远不够。在对民族旅游村寨治理研究中，如果我们连基本的事实都未能落实清楚，这样的学术研究无疑成了"无源之水"而陷入"空发议论"的尴尬境地。

从目前的研究来看，学术界尚未对治理理论的定义、内涵等诸多关键问题达成共识。治理理论尚不足以构成一个成熟的理论范式，更像是一种价值主张或社会思潮。④面对处于"学术迷雾"中的治理理论，如果我们依然坚持从理论导向出发，探讨民族旅游村寨治理的诸多问题，不仅不能从根本上解决现实中存在的问题，同时也不能将治理研究引向深入。在这方面，布迪厄对马克思、韦伯的研究提出挑战，试图超越主观与客观、意志主义和结构主义之间的长期分歧，提出了以实践为根据的"实践理论"

---

① 陈志永.以村落为载体的旅游研究：田野追踪与话题选择——贵州郎德苗寨10年跟踪研究的心得与体会 [J].旅游研究，2018（1）：8-11.

② 费孝通.社会调查自白 [M].北京：北京出版社，2017：17.

③ 徐勇.中国农村村民自治（总序）[M].武汉：华中师范大学出版社，1997：4.

④ 田凯，黄金.国外治理理论研究：进程与争鸣 [J].政治学研究，2015（6）：47-58.

设想。黄宗智的实践社会科学研究指出："只有着眼于实践过程，我们才能避免理念化了的建构的误导，尤其是意识形态化了的建构的误导。同时，着眼于实践中未经表达的逻辑，正是我们用以把握不同于现有理论框架的新的概念的一条可能的道路。"①20世纪80年代，费孝通的学术生涯在经历磨难之后重获新生，提出的"行行重行行"的调查理念以及穿梭于中国城乡及区域发展的实地调查。近些年来，国内颇具影响力的"华中乡土派"提倡乡村治理研究应将理论和概念落到具体经验中，找寻理论和概念具有的适用边界，在经验中把理论与概念具体化和清晰化。②这样的研究范式无疑是找寻民族旅游村寨治理模式的有效路径，也是基于实践基础上与西方理论对话并可能形成新的概念的重要手段。

　　个案研究是自21世纪初以来村寨旅游实证研究较多使用的方法，典型个案研究，常常能发现隐藏在村寨旅游现象背后的深层次的文化、历史与社会逻辑。需要注意的是，典型个案有它的特殊性，典型的代表意义同时伴有以偏概全的弊病与限度。如果不能处理好个案，就容易误入只见"树木"不见"森林"的以偏概全的经验主义的歧途。我国的村寨旅游地历史悠久、地域广阔、民族众多，研究者用微型社会学的方法穷尽对村寨旅游的认知显然难以做到。因此，利奇于1982年在《社会人类学》一书中向研究中国农村的社会人类学家提出"中国这样广大的国家，个别社区的微型研究能否概括中国国情"的疑问，连费孝通这样的社会人类学大师都认同利奇教授"局部不能概括全部"的定式，进而提出用"逐渐接近"的"类型"概念和"模式"概念等手段来达到从局部到全面的了解。③值得关注的是，因村寨与景区叠合，游客的流动与

---

① 黄宗智.实践与理论：中国社会、经济与法律的历史与现实研究［M］.北京：法律出版社，2015：235-236.

② 贺雪峰.在野之学［M］.北京：北京大学出版社，2020：27.

③ 费孝通.江村经济——中国农民的生活［M］.北京：商务印书馆，2006：318-319.

集聚吸引了外来力量入村。在外来力量与村民互动过程中，政府逻辑、市场逻辑、社会与文化逻辑在同一空间场域叠合与嵌套，形成多元共存的制度结构。那么，民族旅游村寨治理的结构、样态与特征是什么？已有的"类型""模式"或理论框架难以对民族旅游村寨治理实践做出有效回应。结构性的理想模型分析有助于了解资本主义社会和前资本主义社会、工业社会和前工业社会的一些基本的、宏观的不同。但用来理解一个长期在多种系统、多种技术时代并存下的社会，是远远不够的。[①]这样一个多种社会类型并存与嵌套的社会迫使我们抛弃简单的理念化了的结构分析与类型分析，而要从复杂、多元、混合的历史演化与现实实践出发展开研究，建构概念与理论。那么，研究民族旅游村寨治理的个案，其价值与意义何在？当前国内以村寨旅游为个案完成的学术成果不少，但从个案研究中发现了什么新问题？提炼出了哪些独特而又有价值的观点？建构出什么样的分析框架和理论模型？目前来看，对这些问题的研究较少，这也是当前我国村寨旅游研究出现量的堆积但无质的突破的重要原因。当然，承认个案研究的限度并不能否定其在限度内的成就和价值。更关键的是，依托个案研究扎实的基础优势，如何通过丰富研究视角，绘制出一幅反映中国村寨旅游特征与整体面貌的画卷，而不是沉醉于个案内部各结构性要素完美的系统组合。这需要我们以扎实的田野调查和长期跟踪为基础，在此基础上对田野点内部的结构性要素进行逻辑关联，通过在理论与田野经验间的反复穿梭，在"村庄内部提问题，现象之间找关联"[②]，将田野点的问题嵌入历史演化进程中并展开类型化横向比较研究，最终在扎实的经验研究的基础上凝练出原创性"问题"，然后将"问题"嵌入区域性、复杂性的整体环境中，拉长研究的历史时段，破除学科壁垒，展开立体式的学术研究。

---

① 黄宗智．实践与理论：中国社会、经济与法律的历史与现实研究［M］．北京：法律出版社，2015：235.
② 贺雪峰．在野之学［M］．北京：北京大学出版社，2020：13.

村寨作为一个研究单位，并非意味着它就是一个独立的单位，还需将其进行拓展与延伸，这既是为了持续、纵深推进村寨旅游研究的需要，同时也是为了更好地认识村寨旅游的属性和特征。当前，全世界的居民已抛弃了划地聚居、互不往来、遗世孤立的区位格局，不同程度地融入和稀疏紧密不同的人和人相关的大网络，绝对封闭孤立的人群可以说已经存在了。①我国西南少数民族地区，因受地缘环境、历史等原因的影响，村寨与周围村寨之间有着非常密切的文化、政治、经济联系。如侗族村寨之间的"月贺"，村寨之间相互邀请到村中做客。苗族的鼓藏节本身是宗亲之间轮流过节，以增加交往机会和增强凝聚力的一种制度安排。传统社会时期，苗族村寨之间的"议榔"制本身就是一种较大范围内的族群政治活动。因此，村寨旅游研究不能只关注村寨单位本身，还需要将其与周边村寨进行整体性的关联思考，将旅游村寨放入当地文化圈、婚姻圈、市场圈甚至族群政治圈展开研究。

所谓学术，是人类对宇宙实体的认识，物质世界和精神世界本身浑然一体，并没有分门别类。当然人在认识实体的时候必须要分析，要有先后次序；人们之间还要有分工，各有偏重，人为分割各部分之间是相互联系的。假如我们把这种分割绝对化，单刀直入，只专一门，在某一个孤立点上做学问，那么就不可能真正揭示客观世界存在的奥秘，也就不可能有新的学术成就可言。②因此，学术研究不仅需要知识的广度与厚度，还需要注重学科相互交叉与渗透，融会贯通，这样的学术研究才有纵深感。当前的乡村社会完全不同于过去，具有复杂社会的特征，农民的行动逻辑既不同于费孝通描述的"熟人社会"，也不同于施坚雅的"市场共同体"，也不同于斯科特的"道义小农"和波普金的"理性小农"。经历了新中国成立后国家权力下沉以及集体化运动，宗族的势力

---

① 费孝通.江村经济——中国农民的生活［M］.北京：商务印书馆，2006：328.
② 费孝通.社会调查自白［M］.北京：北京出版社，2017：4.

与权威已不同于过去，市场化进程中资源流动引致的社会分化，以及在村寨旅游开发进程中游客、地方政府、外来企业、村落组织与家庭、个人等多元互动，使我们对民族旅游村寨的把握和认识越来越困难。因此，有关民族旅游村寨治理的研究应当是在广泛的学科基础上展开深入研究，简单地套用某一西方理论或政策话语，或借用某一单一学科理论与方法，都无法清楚地认识村寨旅游。

托马斯·库恩曾指出："'范式'代表着一个特定共同体的成员所共有的信念、价值、技术等构成的整体。"①按照国内著名学者徐勇的理解，范式即在某个时期，学界基本接受、认可的研究基础、理念、框架、逻辑、准则、伦理和分析工具等。在共同的范式下，学者们有对话的基础、创新的条件、纠错的机制，有衡量研究水平高低、检验研究质量好坏的基本准则，它就像照妖镜一样，能够使假冒伪劣的实证研究显形，能够让带来知识增量的实证研究脱颖而出。②从我国民族旅游村寨治理研究的现实来看，基本的、共同的研究范式缺失，是导致研究出现上述若干问题的重要原因。针对上述以民族旅游村寨治理模式为讨论对象而展开的研究及其存在的问题与分歧，亟须借鉴中外社会科学已有的学术传统，建构一个立足于本土经验的实证研究范式，从实践科学研究的视角出发解决好从实践到理论的学术生产的机制问题。

第四节　研究不足及下一步研究进路

本书选取贵州典型民族旅游村寨，结合长期田野跟踪的优势，拉长研究的历史时段，将民族旅游村寨治理模式嵌入当地的地域环境、历史文化、社会结构、生计方式以及权力等级秩序中，力图以治理为主题，

---

① 托马斯·库恩.科学革命的结构［M］.金吾伦，胡新和，译.北京：北京大学出版社，2003：157.
② 徐勇.现代国家、乡土社会与制度建构［M］.北京：中国物资出版社，2009：33.

将治理与村寨内部的上述研究进行纵横逻辑关联，探寻中国民族旅游村寨治理模式的实践逻辑和公共事务治理之道。然而，本研究跨越了政治学、经济学、社会学、历史学、文化人类学、旅游学等学科，增加了研究的难度，导致研究中还有诸多问题需要继续追问。

研究中，笔者及其带领的团队曾到云南玉龙县玉龙雪山景区内甲子村、青海省湟中县卡阳村进行深入调研。两个村借助于脱贫攻坚的政策机遇，仅用两年时间便解决了贫困问题。笔者对两个村的研究，本可以结合脱贫攻坚的时代特征，将党政体制的组织优势与民族旅游村寨治理模式进行逻辑关联思考。但因为笔者对两地的历史文化、社会结构以及国家化进程中国家与社会互动关系研究不够深入，加之时间有限，历时性研究不足，很难展开较为深入、系统的研究。因此，笔者并未将上述两个颇有价值的案例放入本书，实为遗憾。

当前，我国正处于社会转型期，民族旅游村寨内外环境变化较快，短暂的学术研究很难穷尽村寨旅游的全部。解决这一问题的唯一途径是在广泛地阅读经典文献的基础上，脚踏实地，长期扎根田野，在理论与实践之间反复穿梭，从中发现有价值的问题并展开研究。在研究中，对自己的研究发现抱着一种不断反思的态度，既勇于坚持自己的观点，又随时准备在有足够说服力的新证据面前放弃自己的结论，接受更有说服力的理论、模式和观点。①这样方能更好地认识民族村寨旅游，推动民族村寨旅游研究的深入。

---

① 苏力. 努力创造有更多中国经验的法学 [J]. 文史哲，2019（2）：29-32.

参考文献

著作部分

马克思.路易·波拿巴的雾月十八日［M］//马克思，恩格斯.马克思恩格斯选集（第一卷）.北京：人民出版社，1995：585.

马克斯·韦伯.经济与社会（第一卷）［M］.阎克文，译.上海：上海人民出版社，2013：330.

黑格尔.法哲学原理［M］.张企泰，范扬，译.北京：商务印书馆，1997：2.

孔飞力.中国现代国家的起源［M］.陈兼、陈之宏，译.北京：生活·读书·新知三联书店，2013：2，59.

塞缪尔·P·亨廷顿著.变化社会中的政治秩序［M］.王冠华等，译.上海：上海世纪出版集团，2014：9，332.

孟德斯鸠.论法的精神（上册）［M］.张雁深，译.北京：商务印书馆，1997：273.

施坚雅.中国农村的市场和社会结构［M］.史建云，徐秀丽，译.北京：中国社会科学出版社，1998：3-5，55.

埃莉诺·奥斯特罗姆.公共资源的未来：超越市场失灵和政府管制［M］.郭冠清，译.北京：中国人民大学出版社，2015：9.

罗伯特·D·帕特南.使民主运转起来［M］.王列，译.江西人民出版社，2001：195-196.

阿图罗·埃斯科瓦尔.遭遇发展——第三世界的形成与瓦解（中文版前

言）［M］.北京：社会科学文献出版社，2011：2.

埃莉诺·奥斯特罗姆.公共事务的治理之道：集体行动制度的演进［M］.余逊达，译.上海：上海译文出版社，2013：19.

曼瑟·奥尔森.权力与繁荣［M］.苏长和，稽飞，译.上海：上海世纪出版集团、上海人民出版社，2014：5.

萧公权.中国乡村：19世纪的帝国控制［M］.张皓等，译.北京：九州出版社，2018：10.

黄宗智.明清以来的乡村社会经济变迁：历史、理论与现实：全3卷（超越左右：从实践历史探寻中国农村发展出路）［M］.北京：法律出版社，2014：195-198.

黄宗智.实践与理论：中国社会、经济与法律的历史与现实研究［M］.北京：法律出版社，2015：235-236，667.

黄宗智.国家与社会的二元合一：中国历史回顾与前瞻［M］.桂林：广西师范大学出版社，2022：192，92，93，94，95，97，99，107，116，117，121-125，224，127，193.

李怀印.乡村中国纪事——集体化和改革的微观历程［M］.北京：法律出版社，2010：6，164.

杜赞奇.文化、权力与国家：1900—1942年的华北农村［M］.王福明，译.南京：江苏人民出版社，2010：1-2，5.

托马斯·库恩.科学革命的结构［M］.金吾伦、胡新和，译.北京：北京大学出版社，2003：157.

弗里曼.中国乡村，社会主义国家［M］.陶鹤山，译.北京：社会科学文献出版社，2002：13.

菲利普·塞尔兹尼克.社群主义的说服力［M］.马洪，李清伟，译.上海：上海世纪出版集团，2009：19，87，120.

费正清.美国与中国（第四版）［M］.张理京，译.北京：世界知识出版社，1999：20.

马若孟.中国农民经济[M].南京：江苏人民出版社，1999：28.

彭德成.中国旅游景区治理模式[M].北京：中国旅游出版社，2003：1-197.

吴文智.中国公共景区政府规制研究[M].北京：旅游教育出版社，2011：1-253.

田世政.中国自然保护区域管理体制：解构与重构[M].北京：中国环境出版社，2018：1-76.

孙九霞.旅游人类学的社区旅游与社区参与[M].北京：商务印书馆，2009：323.

王春光等.社会建设与扶贫开发新模式的探求[M].北京：社会科学文献出版社，2014：67.

王春光.移民空间的建构——巴黎温州人跟踪研究[M].北京：社会科学文献出版社，2017：97.

周永广.山村旅游业可持续发展研究——以基层组织和机制创新为切入点[M].杭州：浙江大学出版社，2011：104.

罗家德等.云村重建纪事——一次社区自组织实验的田野记录[M].北京：社会科学文献出版社，2014：11，233，24-25.

金颖若，周玲强.东西部比较视野下的乡村旅游发展研究[M].北京：中国社会科学出版社，2011：212，233-234，136，145.

张辉.中国旅游产业发展模式及运行方式研究[M].北京：中国旅游出版社，2011：240-245.

吴正光.郎德上寨的苗文化[M].贵阳：贵州人民出版社，2005：2.

李天翼.贵州民族村寨旅游开发模式研究[M].成都：西南交通大学出版社，2014：94.

雷山县旅游局.雷山县旅游志[M].2007：9-48.

关凯.族群政治[M].北京：中央民族大学出版社，2007：165.

王铭铭.社区的历程：溪村汉人家族的个案研究[M].北京：生活·

读书·新知 三联书店，2021：31.

曹锦清．当代浙北乡村的社会文化变迁［M］．上海：上海远东出版社，
　　1995：47.

曹锦清．黄河边的中国——一个学者对乡村社会的观察和思考［M］.
　　上海：上海文艺出版社，2006：243.

张乐天．告别理想——人民公社制度研究［M］．上海：上海人民出版
　　社，2012：4-5，199.

朱晓阳．小村故事：罪过与惩罚（1931-1997）［M］．北京：法律出
　　版社，2011：9-15.

费孝通．江村经济——中国农民的生活［M］．北京：商务印书馆，
　　2006：12.

费孝通．费孝通全集（第二卷）［M］．呼和浩特：内蒙古人民出版社，
　　2009：10，22，318-319，327-328.

费孝通．费孝通全集（第三卷）［M］．呼和浩特：内蒙古人民出版社，
　　2009：174-176，209.

费孝通．费孝通全集（第五卷）［M］．呼和浩特：内蒙古人民出版社，
　　2009：34-48，49，40-41，47，42-43.

费孝通．费孝通全集（第十卷）［M］．呼和浩特：内蒙古人民出版社，
　　2009：344.

费孝通．费孝通全集（第十五卷）［M］．呼和浩特：内蒙古人民出版
　　社，2009：5.

费孝通．社会调查自白［M］．北京：北京出版社，2017：4、
　　17、130.

费孝通．乡土中国 生育制度［M］．北京：北京大学出版社，2012：
　　24，48-75，76.

徐勇．现代国家、乡土社会与制度建构［M］．北京：中国物资出版社，
　　2009：50-51，33.

徐勇.中国农村村民自治［M］.武汉：华中师范大学出版社，
　　1997：4.

徐勇.乡村治理的中国根基与变迁［M］.北京：中国社会科学出版社，
　　2019：50.

徐勇.城乡差别的中国政治［M］.北京：社会科学文献出版社，
　　2019：6.

陈庆德.经济人类学［M］.北京：人民出版社，2002：318，373.

刘锋等.地方文化资源与乡村社会治理——以贵州清水江流域苗族为例
　　［M］.北京：社会科学文献出版社，2018：207-208.

郑永年.中国的知识重建［M］.北京：东方出版社，2019：26.

贺雪峰.治村［M］.北京：北京大学出版社，2017：314.

贺雪峰.新乡土中国［M］.北京：北京大学出版社，2013：103，
　　157，414.

贺雪峰.在野之学［M］.北京：北京大学出版社，2020：13，27.

郁建兴.从行政推动到内源发展：中国农业农村的再出发［M］.北京：
　　北京师范大学出版社，2013：211-212，263.

孙兆霞等.屯堡社会如何可能——基于宗教视角的考察［M］.北京：
　　社会科学文献出版社，2016：91，89-90.

孙兆霞等.屯堡乡民社会［M］.北京：社会科学文献出版社，2005：
　　48，38.

张定贵.屯堡地戏与屯堡族群社会：基于仪式视角的研究［M］.贵阳：
　　贵州大学出版社，2019：231.

孙立平."过程-事件分析"与当代中国国家-农民关系的实践形态
　　［M］//清华大学社会学系.清华社会学评论（特辑），鹭江出版
　　社，2000.

杨胜明.乡村旅游——反贫困战略的实践［M］.贵阳：贵州人民出版
　　社，2005：107，105，108.

葛荣玲.景观的生产——一个西南屯堡村落旅游开发的十年［M］.北京：北京大学出版社，2014：171.

邹统钎.北京市郊区旅游发展战略研究——经验、误区与对策［M］.北京：旅游教育出版社，2004：192.

赵树凯.农民的政治［M］.北京：商务印书馆，2011：132.

阎云翔.私人生活的变革——一个中国村庄里的爱情、家庭与亲密关系（1949—1999）［M］.龚小夏，译.上海：上海人民出版社，2017：32，266.

张静.基层政权：乡村制度诸问题［M］.北京：社会科学文献出版社，2022：7.

黄平，王晓毅.公共性的重建——社区建设的实践与思考［M］.北京：社会科学文献出版社，2011：245.

卢福营.冲突与协调——乡村治理中的博弈［M］.上海交通大学出版社，2006：62-63.

应星.农户、集体与国家——国家与农民关系的六十年变迁［M］.北京：中国社会科学出版社，2014：4-5.

钟洁.西部民族地区社会转型时期的旅游社会冲突问题研究［M］.北京：科学出版社，2018：88.

王汝辉.民族村寨社区参与旅游制度与传统文化保护比较研究［M］.北京：人民出版社，2012：102.

周雪光.组织社会学十讲［M］.北京：社会科学文献出版社，2009：70，220-221.

周雪光.中国国家治理的制度逻辑：一个组织学研究［M］.北京：生活·读书·新知 三联书店，2017：339-386，3.

俞可平.论国家治理现代化［M］.北京：社会科学文献出版社，2014：20-21.

张小劲，于晓虹.推进国家治理体系和治理能力现代化［M］.北京：

人民出版社，2014：81.

司马云杰. 文化社会学［M］. 北京：华夏出版社，2011：167-168.

杨宗亮. 云南少数民族村落发展研究［M］. 北京：民族出版社，
2012：8、10.

尹绍亭. 一个充满争议的文化生态体系——云南刀耕火种研究［M］.
昆明：云南人民出版社，1991：148.

管彦波. 民族地理学［M］. 北京：社会科学文献出版社，2011：
294-296.

朱其臻. 柔性扶贫——基于乡村价值的扶贫理念［M］. 郑州：中原农
民出版社，2016：128.

论文部分

张爱萍. 旅游企业的信用问题及其治理对策［J］. 旅游科学，2003
（2）：25-27.

张朝枝，徐红罡. 中国世界自然遗产资源管理体制变迁［J］. 管理世
界，2007（8）：52-65.

吴三忙，李树民. 基于交易成本节约视角的旅游景区治理模式选择研究
［J］. 旅游科学，2006（4）：24-29.

孙九霞. 大理洱海旅游环境治理事件中的主体博弈与权益协商［J］. 地
理科学，2020（9）：1468-1475.

王翔. 共建共享视野下旅游社区的协商治理研究——以鼓浪屿公共议事
会为例［J］. 旅游学刊，2017（10）：91-103.

史玉丁，李建军. 过度旅游：乡村社会的现实挑战与治理创新［J］. 商
业研究，2019（8）：9-13.

杨昀，保继刚. 旅游大发展阶段的治理困境——阳朔西街市场乱象的特
征及其发生机制［J］. 旅游学刊，2018（11）：16-24.

周国忠，姚海琴．旅游发展与乡村社会治理现代化——以浙江顾渚等四个典型村为例［J］．浙江学刊，2019（6）：133-139．

任鸣．健全"跨界治理"机制 共筑旅游合作基石［J］．旅游学刊，2007（12）：28-31．

黄爱莲．分权与旅游治理：基于欠发达地区的实证分析［J］．广西民族研究，2012（2）：178-183．

张毓峰，乐雅．旅游目的地治理理论构建：一个整合分析框架［J］．财经科学，2019（8）：123-132．

刘庆余．从"旅游管理"到"旅游治理"——旅游管理体制改革的新视野［J］．旅游学刊，2014（9）：6-7．

孟危、保继刚．从运动式治理到常态治理：5A景区治理的政策网络分析［J］．旅游学刊，2019（4）：66-76．

陈水映．基于多元共治的政府治理机制与优质旅游发展［J］．旅游研究，2018（6）：2-5．

王汝辉，刘旺．民族村寨旅游开发的内生困境及治理路径——基于资源系统特殊性的深层次考察［J］．旅游科学，2009（3）：1-5．

王林．从困境到理性：村落遗产旅游中的自组织研究——以龙脊平安寨为例［J］．旅游科学，2013（2）：36-45．

盖媛瑾，陈志永．民族村寨景区化发展中自组织模式及其优化研究——贵州郎德苗寨的案例［J］．黑龙江民族丛刊，2016（6）：56-71．

盖媛瑾，陈志永．苗族村寨"扫寨"仪式与社会秩序建构——对黔东南郎德上寨"扫寨"仪式的文化人类学考察［J］．黑龙江民族丛刊，2019（6）：115-123．

张鸣．来自传统世界的资源［J］．读书，2003（1）：146-152．

吴其付．从普通村民到社区精英：中国旅游精英的典型个案——以阳朔"月亮妈妈"为例［J］．旅游学刊，2007（7）：87-90．

王林.乡村旅游社区文化遗产的精英治理——以广西龙脊梯田平安寨村委会选举为例 [J].旅游学刊,2009 (5):67-71.

陈纪,赵萍.多元精英参与地方民族事务治理:基于乡村旅游治理实践形态的个案考察 [J].西北民族研究,2019 (4):90-101.

孙九霞,史甜甜.旅游商业化的社区治理研究——以新疆喀纳斯社区为例 [J].中南民族大学学报(人文社会科学版),2012 (3):47-52.

吴炆佳,孙九霞.哈尼梯田世界文化遗产地文化治理研究 [J].旅游学刊,2020 (8):71-80.

徐莉,马阳.旅游扶贫背景下民族社区治理的多元权力结构探究 [J].西南民族大学学报(人文社科版),2018 (10):198-202.

唐仲霞、刘梦琳.旅游社区治理多主体共生模式研究——基于青海省两个典型社区实例 [J].人文地理,2018 (6):125-131.

白凯,杜涛.民族旅游社区治理:概念关联与内部机制 [J].思想战线,2014 (5):94-98.

王超.精准帮扶与社会治理路径研究——基于贵州肇兴侗寨旅游产业帮扶的扎根分析 [J].中国农业大学学报(社会科学版),2017 (5):70-78.

刘俊.民族旅游村寨治理的法治维度——以贵州雷山县"西江模式"为例 [J].原生态民族文化学刊,2019 (1):48-55.

周其仁.市场里的企业:一个人力资本与非人力资本的特别合约 [J].经济研究,1996 (6):71-80.

孙立平.改革以来中国社会结构的变迁 [J].中国社会科学,1994 (2):47-62.

刘平.新二元社会与中国社会转型研究 [J].中国社会科学,2007 (1):104-117.

刘金海.乡村治理模式的发展与创新 [J].中国农村观察,2016 (6):

67-74.

田凯，黄金.国外治理理论研究：进程与争鸣［J］.政治学研究，
　　2015（6）：47-58.

李风华，赵会龙.福山转变问题：治理挑战视野下的中美政制比较
　　［J］.湖南师范大学社会科学学报，2016（2）：50-57.

李风华.治理理论：渊源、精神及其适用性［J］.湖南师范大学社会科
　　学学报，2003（5）：45-51.

俞可平，李景鹏，毛寿龙，高小平，彭兴业，杨雪冬，董礼胜.中国离
　　"善治"有多远——"治理与善治"学术笔谈［J］.中国行政管理，
　　2001（9）：15-21.

格里·斯托克，华夏风.作为理论的治理：五个论点［J］.国际社会科
　　学杂志（中文版）1999（2）：19-29.

潘年英.占里侗寨的两个时代［J］.中国民族，2016（3）：46-49.

贺雪峰.论利益密集型农村地区的治理——以河南周口市农村调研为讨
　　论基础［J］.政治学研究，2011（6）：47-56.

贺雪峰，谭林丽.内生性利益密集型农村地区的治理——以东南H镇调
　　查为例［J］.政治学研究，2015（3）：67-79.

沈佩萍.反思与超越——解读中国语境下的治理理论［J］.探索与争
　　鸣，2003（3）：9-13.

周雪光.权威体制与国家治理：当代中国国家治理的制度逻辑［J］.开
　　放时代，2011（10）：67-85.

周雪光.中国国家治理及其模式：一个整体性视角［J］.学术月刊，
　　2014（10）：5-11.

周雪光.社会建设之我见：趋势、挑战与契机［J］.社会，2013（3）：
　　11-17.

郑杭生.治理理论的适用性、本土化与国家化［J］.社会学评论，
　　2015（2）：34-36.

刘鹏，刘嘉．非均衡治理模式：治理理论的西方流变及中国语境的本土化［J］．中国行政管理，2019（1）：109-115.

王建民．扶贫开发与少数民族文化——以少数民族主体性讨论为核心［J］．民族研究，2012（3）：46-54.

刘纬华．关于社区参与旅游发展的若干理论思考［J］．旅游学刊，2000（1）：47-52.

宋林飞．"民工潮"的形成、趋势与对策［J］．中国社会科学，1995（4）：78-91.

苑鹏．"公司+合作社+农户"下的四种农业产业化经营模式探析——从农户福利改善的视角［J］．中国农村经济，2013（4）：71-78.

徐勇．基于田野实践构建中国政治学理论［N］．中国社会科学报，2020年8月18日.

单文君，王婉飞．乡村旅游产业组织模式的有效性研究———基于交易费用理论视角［J］．浙江树人大学学报，2013（4）：32-37.

孙九霞．中国社区参与旅游发展的模式建构——以云南、广西的案例分析为基础［J］．中国旅游研究（香港），2006（1-2）：130-136.

孙九霞．赋权理论与旅游发展中的社区能力建设［J］．旅游学刊，2008（9）：22-27.

吴大华．论民族习惯法的渊源、价值与传承——以苗族、侗族习惯法为例［J］．民族研究，2005（6）：11-20.

周相卿．黔东南雷山县三村苗族习惯法研究［J］．民族研究，2005（3）：49-58.

王绍光．治理研究：正本清源［J］．开放时代，2018（2）：153-176.

陈志永等．郎德苗寨社区旅游：组织演进、制度建构及其增权意义［J］．旅游学刊，2013（6）：75-86.

陈志永，刘锋.社会转型背景下村寨集体行动何以可能——堂安侗寨村民自组织能力的社会人类学考察 [J].黑龙江民族丛刊，2018 (5)：81-88.

陈志永，吴亚平.乡村旅游资源开发的阶段性演化与产权困境分析——以天龙屯堡为例 [J].热带地理，2012 (3)：201-209.

陈志永.以村落为载体的旅游研究：田野追踪与话题选择——贵州郎德苗寨10年跟踪研究的心得与体会 [J].旅游研究，2018 (1)：8-11.

曹端波，陈志永.遭遇发展的村落共同体：以贵州雷山县上郎德苗寨为例 [J].中国农业大学学报，2015 (6)：46-57.

吴亚平，陈志永.民族村寨旅游开发发展中地方政府逐利行为的生成逻辑及治理研究 [J].黑龙江民族丛刊，2016 (3)：84-89.

陈志永，潘盛之."差价策略"：西江苗寨旅游市场的经济人类学分析 [J].湖北民族大学学报（哲学社会科学版），2021 (5)：10-19.

左冰，保继刚.制度增权：社区参与旅游发展之土地权利变革 [J].旅游学刊，2012 (2)：23-31.

保继刚，孙九霞.社区参与旅游发展的中西差异 [J].地理学报，2006 (4)：401-413.

保继刚，左冰.为旅游吸引物权立法 [J].旅游学刊，2012 (7)：11.

杨晓红，岑乔.我国社区旅游参与的法律实践实证研究 [J].旅游学刊，2013 (8)：51-57.

唐兵，惠红.民族地区原住民参与旅游开发的法律赋权研究——兼与左冰、保继刚商榷 [J].旅游学刊，2014 (7)：39-46.

张琼，张德淼.旅游吸引物权不可统一立法之辨析 [J].旅游学刊，2013 (12)：90-96.

袁泽清.论少数民族文化旅游资源集体产权的法律保护 [J].贵州民族

研究，2014（1）：18-22.

渠敬东，周飞舟.从总体支配到技术治理——基于中国30年改革经验的社会学分析［J］.中国社会科学，2009（6）：104-127.

郑杭生."理想类型"与本土特质——对社会治理的一种社会学分析［J］.社会学评论，2014（3）：3-11.

陈万灵.农村社区机制：组织制度及其行为框架［J］.学术研究，2002（7）：24-28.

安永军.政权"悬浮"、小农经营体系解体与资本下乡——兼论资本下乡对村庄治理的影响［J］.南京农业大学学报（社会科学版），2018（1）：33-40.

石朝江.苗族传统社会组织及功能［J］.中南民族学院学报（哲学社会科学版），1993（3）：23-27.

廷贵，酒素.略论苗族古代社会结构的"三根支柱"——鼓社、议榔、理老［J］.贵州民族研究，1981（4）：42-47.

李廷贵.再论苗族习惯法的历史地位及其作用［J］.贵州民族学院学报，1998（3）：3-5.

谭同学.粤北杉村排瑶社会治理转型研究［J］.民族研究，2013（4）：50-60.

贺雪峰.改革开放以来国家与农民关系的变迁［J］.南京农业大学学报（社会科学版），2018（6）：11-16.

马翀炜.村寨主义的实证及意义——哈尼族的个案研究［J］.开放时代，2016（1）：206-221.

马翀炜.文化符号的建构与解读——关于哈尼族民俗旅游开发的人类学考察［J］.民族研究，2006（5）：61-69.

杨正文.从村寨空间到村寨博物馆——贵州村寨博物馆的文化保护实践［J］.中国农业大学学报（社会科学版），2008（3）：6-20.

邓大才.村民自治有效实现的条件研究——从村民自治的社会基础视角

来考察［J］．政治学研究，2014（6）：71-83．

徐林，宋程成．农村基层治理中的多重社会网络［J］．中国社会科学，2017（1）：25-45．

卢晖临，李雪．如何走出个案——从个案研究到扩展个案研究［J］．中国社会科学，2007（1）：118-130．

郑宇．中国少数民族村寨经济的结构转型与社会约束［J］．民族研究，2011（5）：23-32．

陈庆德等．中国民族村寨经济转型的特征与动力［J］．民族研究，2004（4）：28-37．

翁瑾，杨开忠．重渡沟"景区公司+农户"的旅游产业组织模式研究［J］．经济经纬，2004（1）：135-138．

沈延生．村政的兴衰与重建［J］．战略与管理，1998（6）：1-34．

阮云星，张婧．村民自治的内源性组织资源何以可能？——浙东"刘老会"个案的政治人类学研究［J］．社会学研究，2009（3）：112-138．

景跃进．中国农村基层治理的逻辑转换——国家与乡村社会关系的再思考［J］．治理研究，2018（1）：48-57．

左冰．西双版纳傣族园社区参与旅游发展的行动逻辑——兼论中国农村社区参与状况［J］．思想战线，2012（1）：100-104．

郭凌．重构与互动：乡村旅游发展背景下的乡村治理［J］．四川师范大学学报（社会科学版），2008（3）：16-22．

周雪光．通往集体债务之路：政府组织、社会制度与乡村中国的公共产品供给［J］．公共行政评论，2012（1）：46-77．

李友梅，肖瑛．当代中国社会建设的公共性困境及其超越［J］．中国社会科学，2012（4）：125-135．

李友梅．中国社会治理的新内涵与新作为［J］．社会学研究，2017（6）：27-34．

李友梅.中国社会管理新格局下遭遇的问题——一种基于中观机制分析的视角［J］.学术月刊，2012（7）：13-20.

杨玉梅.旅游企业与原住民的关系治理［J］.经济问题探索，2011（4）：173-176.

高春留，程励.基于"产村景"一体化的乡村融合发展模式研究——以武胜县代沟村为例［J］.农业经济问题，2019（5）：90-97.

王春光，孙兆霞.村民自治的社会基础和文化网络——对贵州省安顺市J村农村公共空间的社会学研究［J］.浙江社会科学，2004（1）：137-146.

张静.反应性理政［J］.经济社会体制比较，2010（6）：109.

姚周辉.民族村寨公共事业传统管理模式、要素及其对当代的启示［J］.贵州民族研究，2003（3）：171-176.

何景明.边远贫困地区民族村寨旅游发展的省思——以贵州西江千户苗寨为中心的考察［J］.旅游学刊，2010（2）：59-65.

李景鹏.中国走向"善治"的路径选择［J］.中国行政管理，2001（9）：16.

李景鹏.中国公民社会成长的若干问题［J］.社会科学，2012（1）：13-22.

杨雪冬.要注意治理理论在发展中国家的应用问题［J］.中国行政管理，2001（9）：20.

江必新.以党的十九大精神为指导 加强和创新社会治理［J］.国家行政学院学报，2018（1）：23-29.

倪咸林.社会复合主体：城市公共治理的结构创新——以杭州市城市治理经验为例［J］.南京师范大学学报（社会科学版），2013（2）：30-37.

罗家德，师满.社会管理创新的真义与社区营造实践——清华大学博士生导师罗家德教授访谈［J］.社会科学家，2013（8）：1-4.

余军华，袁文艺. 公共治理：概念与内涵 [J]. 中国行政管理，2013
　　（12）：52-55.

宋煜萍. 公众参与社会治理：基础、障碍与对策 [J]. 哲学研究，
　　2014（12）：90-93.

王乐夫，陈干全. 公共性：公共管理研究的基础与核心 [J]. 社会科
　　学，2003（4）：67-74.

马良灿. 重新找回村落集体经济 [J]. 河海大学学报（哲学社会科学
　　版），2020（5）：83-90.

董磊明. 从覆盖到嵌入：国家与乡村1949-2011 [J]. 战略与管理，
　　2014年（3-4合编本）.

公维友，刘云. 当代中国政府主导下的社会治理共同体建构理路探析
　　[J]. 山东大学学报（哲学社会科学版），2014（3）：52-59.

孙伟平，赵宝军. 信息社会的核心价值理念与信息社会的建构 [J]. 哲
　　学研究，2016（9）：120-126.

周立群，曹利群. 农村经济组织形态的演变与创新——山东省莱阳市农
　　业产业化调查报告 [J]. 经济研究，2001（1）：69-75，83.

晋军. 结构的力量："泰坦尼克号"上的生与死 [J]. 读书，2016
　　（8）：77-83.

苏力. 努力创造有更多中国经验的法学 [J]. 文史哲，2019（2）：
　　29-32.

李丽. 郎德工分制中的道义、理性与惯习——农民行为选择的田野研究
　　[D]. 贵州师范大学硕士学位论文，2008：7，28-29.

调查报告

中央民族学院民族学系83级雷山县实习组. 贵州省黔东南苗族侗族自
　　治州雷山县报德乡郎德上寨民族调查报告 [R]. 1986年8月：5.

后　记

　　本书是国家社会科学基金项目最终成果。课题原名为"民族旅游村寨治理模式的实践逻辑与制度创新研究"，2015年批准立项。本书出版时最终成果名为《民族旅游村寨治理模式：实践逻辑与制度创新》。课题立项本是值得庆幸之事，但之后家庭遭遇重大变故，让我经历了常人难以承受的痛苦与煎熬，甚至动过更换就职单位，脱离原有工作、生活环境的念头。对学术的情怀与兴趣，支撑着我一步步走出痛苦，在亦师亦友的贵州大学刘锋老师的鼓励和引导下，将研究议题嵌入区域性的社会文化背景中展开整体性、结构性、层次性、历史性研究并进行横向对比研究。这样的研究尝试对于一个工商管理学科出身的研究者而言无疑具有相当大的难度，既是对学科界限的破除，也需要研究范式转换与方法创新。除了多学科理论积淀、扎实的田野追踪，还需要研究者发挥学术主体性，在理论与田野之间反复穿梭。既是创新尝试，必然存在问题与缺陷，我将在未来的持续研究中不断努力改进。

　　课题顺利结题后，书稿提交给出版社。书稿提交后，与社会科学文献出版社的编辑们进行了近两年的反复沟通，该书终于得以出版，特别感谢出版社的艰辛付出！

陈志永

2023年10月7日于贵阳花溪

图书在版编目(CIP)数据

民族旅游村寨治理模式：实践逻辑与制度创新 / 陈
志永著. -- 北京：社会科学文献出版社, 2023.11
　ISBN 978-7-5228-1962-4

Ⅰ.①民…　Ⅱ.①陈…　Ⅲ.①民族地区－乡村－社会
管理－研究－中国　Ⅳ.①C912.82

中国国家版本馆CIP数据核字（2023）第106223号

民族旅游村寨治理模式：实践逻辑与制度创新

著　　者 / 陈志永

出 版 人 / 冀祥德
责任编辑 / 宋　静
文稿编辑 / 秦　丹
责任印制 / 王京美

出　　版 / 社会科学文献出版社·皮书出版分社（010）59367127
　　　　　　地址：北京市北三环中路甲29号院华龙大厦　邮编：100029
　　　　　　网址：www.ssap.com.cn
发　　行 / 社会科学文献出版社（010）59367028
印　　装 / 三河市龙林印务有限公司

规　　格 / 开　本：787mm×1092mm　1/16
　　　　　　印　张：17　字　数：229千字
版　　次 / 2023年11月第1版　2023年11月第1次印刷
书　　号 / ISBN 978-7-5228-1962-4
定　　价 / 128.00元

读者服务电话：4008918866